한국의 놀이문화

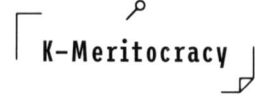

K-Meritocracy

한국의 능력주의

한국인이 기꺼이 참거나
죽어도 못 참는 것에 대하여

박권일 지음

이데아

목차

"그건 참아도 이건 못 참지!"

행복한 나라는 모두 저마다의 이유로 행복하지만 불행한 나라는 서로 닮았다.[•] 모두 불평등이 심각하다. 한국의 가계소득 격차는 경제개발협력기구OECD 36개국 중 32위로 최하위권이다.[1] 즉, 선진 자본주의 국가 중 불평등이 가장 심한 나라 중 하나다. 실제로 많은 사람들이 '불평등이 큰 문제'라고 걱정하고 분노한다. 그런데 이런 이야기를 곰곰 듣다 보면 흥미로운 점을 발견하게 된다. 사람들이 정말 걱정하고 분노하는 대상이 '불평등'이 아니라는 것이다. 그들은 '불평등'이 아니라 '불공정'에 불같이 화를 내고 있었다.

이 책은 '불평등은 참아도 불공정은 못 참는' 한국 사회와

[•] "행복한 가정은 서로 닮았지만 불행한 가정은 모두 저마다의 이유로 불행하다"; 레프 니콜라예비치 톨스토이, 《안나 카레니나》, 윤새라 옮김, 펭귄클래식코리아, 2011.

한국인에 대한 보고서다. '불평등은 참아도 불공정은 못 참는' 그 심성의 기저에 도사린 것이 바로 능력주의meritocracy다. 능력주의는 본래 능력에 따른 지배merit/cracy를 뜻하지만, 실제로는 능력과 노력에 따른 응분desert의 보상체계라는 의미로 사용된다. 능력이 우월할수록 더 많은 몫을 가지고 능력이 열등할수록 더 적은 몫을 가지는 것은 당연시되곤 한다. 가령 능력이 열등한 이가 능력이 우월한 이와 같은 몫을 가진다면, 그것은 사회 전체의 생산성을 저해하는 비효율이자 부정의한 사태로 강하게 비난받는다.

'개인의 능력 차이는 명백하다. 따라서 불평등은 자연스럽다.' 이런 논리가 당연하게 들리는가? 축하한다. 당신은 어디 가도 빠지지 않을 어엿한 능력주의자다. 고백컨대 이 글을 쓰는 사람도 한때 투철한 '꼬마 능력주의자'였다. 어릴 때부터 그렇게 교육받고 자랐고 아무 의심 없이 그걸 진리로 믿었다. 능력주의는 직관에 호소한다. 좌우, 진보와 보수를 막론하고 많은 사람들이 이를 보편적 정의로 받아들인다. 문제는 그 자연스러움이다. 과연 그게 옳아서 자연스러운 걸까? 그렇지 않다. 능력주의는 옳지 않다. 능력주의는 정의를 가장한 부정의, 즉 사이비 정의다.

능력주의는 왜 나쁜가? 사람들로 하여금 불평등을 심각한 문제로 인식조차 하지 못하게 만들기 때문이다. **능력주의는 불평등을 당연시함으로써 불평등을 재생산한다. 불평등이 심화되면 민주주의도 악화한다.** 사회학자 신광영은 "불평등의 심화가

민주주의의 위기를 초래"한다고 지적하고, 그 메커니즘에 대해 "경제적 차원의 변화가 곧 바로 정치적 차원에서 변화를 만들어내는 것이 아니라 정치에 대한 대중적 인식을 매개로 하여 이루어진다"고 설명했다.[2]

능력주의의 핵심 기능은 불평등이라는 사회구조적 모순을 온전히 개인의 문제로 돌리는 것이다. 그 결과 불평등으로 가야 할 문제의식은 모두 불공정 논란에 빨려 들어가고 만다. 이 책의 목표는 그러한 사태가 어떻게, 왜 일어나는지 밝히고 나름의 대안을 제시하는 것이다. 이 과정에서 우리는, 개인의 능력이라는 게 생각보다 명백하지 않으며 그 차이에 대한 현재의 보상체계도 대부분 정당하지 않다는 사실을 알게 된다. 많은 사람들이 상속이나 세습은 신분에 따른 차별이며 불공정하고 부정의하다고 생각하는 반면, 능력에 따른 차별은 공정하고 정의롭다고 생각한다. 틀렸다. 둘 다 불공정하고 부정의하다. 능력주의의 내적 논리를 하나하나 따져보면, 그것이 편견에 치우친 고대 철학과 오류로 판명된 경제학 이론 등이 무비판적으로 뒤섞인 채 차별을 정당화하는 이데올로기임이 드러난다. 이에 대해서는 6장, 9장, 10장에서 구체적으로 다룰 것이다.

능력주의를 비판하면 일각에서 다음과 같은 반론이 제기된다. "능력주의의 문제는 어디까지나 능력주의가 현실에서 제대로 관철되지 않았기 때문에 나타난다." 즉 능력주의가 왜곡되고 타락해서 문제이지 능력주의의 이상 자체는 문제가 없다는 것이다. 실제로 능력주의 관련 논의들 중 상당수는 능력주의가

제대로 구현되지 못하는 사회 조건에 대한 비판이다. 예컨대 학벌사회와 능력사회를 대립구도로 설정한 다음 "학벌사회를 극복하고 능력주의 사회로 가야 한다"는 주장이 대표적이다. 한편 능력주의가 경쟁적 개인주의를 지나치게 조장하고 불평등을 심화시킨다고 비판하면서도 세습신분제보다는 낫기 때문에 능력주의 자체는 긍정해야 한다는 주장도 종종 제기된다.

이런 두 입장, 즉 능력주의를 바람직한 가치로 제시하는 옹호론, 그리고 능력주의 현실에 대한 비판과 능력주의 이념에 대한 긍정이 결합한 절충론이 공유하는 것은 '이상적 능력주의'에 대한 동의다. 다시 말해 이 두 관점들은 모두 이상적 능력주의라는 잣대를 통해 세습신분제적 현실을 비판하거나 혹은 현실의 능력주의를 비판하고 있다.

이 책은 세습 신분제뿐 아니라, 불합리한 특권을 '공정'으로 호도하는 일종의 '위장된 신분제'로서 **현실적 능력주의**realistic meritocracy, 그리고 세습 신분제적 요소가 제거된 것으로 가정된 **이상적 능력주의**ideal meritocracy가 모두 문제라고 본다. 세습 신분제든 현실적 능력주의든 이상적 능력주의든 **불평등 자체를 부당하게 당연시**한다는 점에서 다르지 않다. 또한 현실적 능력주의와 이상적 능력주의는 **'능력'을 분배의 유일하거나 지배적인 규칙으로 제시**한다는 점에서 본질적으로 다르지 않다. 물론 '동일 가치 노동 동일 임금'과 같은 비례적 형평성은 어떤 영역에서 여전히 필요하다. 하지만 그것이 한 사회의 유일하거나 지배적인 분배 기준이 된다면 심각한 사회적 역기능을 초래할 가

능성이 높다. 불평등 심화가 다시 민주주의의 악화로 이어진다는 점에서, 능력주의는 민주사회가 추구해야 할 지배적 정의 원칙으로 적합하지 않다.

대한민국에서 태어난 사람들은 태어나서 죽을 때까지 생존 투쟁에 시달린다. 이 결사적 전쟁에서 '잡아먹히는 쪽'이 아니라 '잡아먹는 쪽'으로 가기 위해서 한국인들은 과도할 정도로 열심히 공부하고, 치열하게 '스펙'과 인맥을 쌓는다. 이 격렬한 생존 본능 혹은 투쟁심, '억울하면 출세하라'는 지위 상승 욕구, '빨리빨리' 문화 같은 현대 한국인의 집단 심성은 능력주의와 밀접히 관련돼있다.

능력주의는 오랫동안 한국인을 지배해온 이데올로기였다. 이는 능력주의가 과거의 낡은 유산이라는 뜻이 결코 아니다. 다시 말해서 능력주의는 근대를 '완성'하지 못한 '전근대 사회', 또는 선진국을 추격하는 개발도상국들이 겪는 문제가 아니다. 오히려 그 반대에 가깝다. 능력주의는 자본주의에서 가장 앞서 나간 국가들이 공히 겪고 있는 문제다. **한국은 자본주의-능력주의 체제의 최첨단에 선 사회**이다. 그만큼 능력주의의 폐해 역시 극심하다.

지위경쟁을 자극하는 능력주의는 긍정적인 면이 없지 않았다. 특히 고도 경제성장 시기에 그랬다. 절대다수가 가난했기 때문에 열심히 일하면 조금 더 잘살게 됐던 것도 사실이다. 한국의 학력별 임금격차는 원래 다른 나라에 비해 매우 컸는데, 1980년대 후반부터 1990년대 초까지 차이가 급격히 줄어든 적

이 있다.[3] 당시 지표를 보면 상고나 공고를 나온 노동자가 중산 층으로 편입될 여지가 커지고 있었음을 알 수 있다. 지금 돌아 보면 예외적인 시기였다. 노동조합 숫자가 유례없이 늘어난 때 이기도 했다. 그러나 외환위기 이후 신자유주의 개혁이 본격화 하며 그 추세는 꺾이고 만다. 장구한 불평등 사회가 조금씩 평 등 사회로 전환하려는 찰나에 흐름이 끊겨버린 것이다. 아무리 열심히 일해도 빈곤을 벗어날 수 없는 사회구조가 점점 고착하 면서, 그동안 드러나지 않았던 능력주의의 폐해가 일파만파 커 지기 시작했다. 이제 능력주의는 불평등을 정당화하고 경쟁에 서 밀려난 사람의 입을 찍소리 못 하게 틀어막는 철퇴가 됐다.

최서원(최순실) 씨 딸 정유라 씨, 그리고 조국 씨 딸 조민 씨 의 입시 비리와 특혜 논란은 많은 시민의 공분을 샀다. 분노 자 체는 정당했다. 그런데 '공정'을 내세워 이들을 비판했던 많은 이들은 스스로 어떤 특혜나 우대 없이 공정한 경쟁을 해왔다고 자부하는 것처럼 보인다. 정유라 씨 사건이 한창일 때, 한 이화 여대 학생이 정유라 씨에게 보내는 편지 형식의 대자보를 쓴 적 이 있었다.[4] '이대 학생의 일침'으로 언론이나 온라인 커뮤니티 에서 큰 화제가 된 글이다. "어디에선가 말을 타고 있을 너에 게"라는 제목의 그 글에서 글쓴이는 "우리가 중앙도서관에서 밤을 샐 때 너는 어디서 뭘 했을까?"라고 물으면서, "네 덕분에 그동안의 내 노력들이 얼마나 빛나는 것인지, 내가 얼마나 괜찮 은 사람인지 실감이 난다"라고 적었다.

정유라 씨가 실제로 승마에 얼마나 재능이 있었는지, 얼마

나 노력했는지는 일단 접어두자. 그 대자보의 진정한 의미는 '불공정을 향한 통쾌한 일침'에 있는 게 아니라 '공정성'이 얼마나 주관적일 수 있는지 투명하게 보여주었다는 데 있다. 글쓴이는 자신의 현재가 온전히 자기 재능과 노력만으로 쌓아 올린 것이며 부모님의 원조나 환경적 혜택은 일체 없었던 것처럼 이야기한다. 과연 그런가?

유명한 미식축구 코치인 배리 스위처Barry Switzer는 언론과의 인터뷰에서 "어떤 사람들은 3루에서 태어났으면서도 자신이 3루타를 친 줄 안다Some people are born on third base and go through life thinking they hit a triple"는 유명한 말을 남겼다.[5] 이를테면 정유라 씨는 3루에서 태어난 사람이다. 아니, 어쩌면 경기 시작부터 5점을 벌어놓은 경우일지 모른다. 조국 씨의 딸 조민 씨 역시 최소한 3루에서 태어난 사람이다. 조 씨처럼 대학교수 부모님을 통해 소위 '스펙 품앗이'[6]를 할 수 있는 사람은 극히 드물다. 아마 그런 방법이 있다는 것조차 모르는 사람이 대부분일 것이다. 대자보를 쓴 이대 학생은 어떨까. 그는 3루에서 태어난 건 아니지만 사회 전체를 놓고 보면 적어도 '1루에서 태어난 사람' 정도는 된다. 즉, 그 대자보 글쓴이는 '1루에서 태어났으면서도 자신이 1루타를 친 줄 아는 사람'일 수 있다. 글쓴이가 타고난 학습 능력으로 대한민국에서 가장 등록금이 비싼 대학교 중 하나에서 학업에 열중하는 것이 순전히 본인의 공적이나 기여 때문이라 할 수 있을까? 개인적 자질과 가정환경은 전적으로 우연히, 그러나 너무나 불평등하게 주어지는 조건이다. 불법이나 편법이 아니라

해서 인생 출발선의 불공정이 자동으로 공정해지지는 않는다.

세상에는 1루를 밟지 못한 사람, 아예 야구 경기에 초대받지 못한 사람도 적지 않다. 어떤 이들은 뛰어난 재능을 가졌어도 불우한 가정 형편 때문에 대학교 입학은 꿈도 꾸지 못한다. 심지어 사회적 성취를 위한 '노력' 자체를 어떻게 해야 할지 모르는 사람도 많다. 순전히 개인의 의지 문제로 치부되곤 하는 노력이나 성취욕구조차 실은 성장환경의 영향이 크게 작용한다.● 그들 입장에서는 '공정'을 놓고 벌어진 이 모든 떠들썩한 소란이 그저 공허하게 느껴질 것이다. 명문대 간판을 놓고 벌이는 경쟁은 어차피 선택받은 소수의, '그들만의 리그'일 뿐이기 때문이다. 입시 비리에 '물타기'를 하거나 '불행 경쟁'을 하자는 말이 아니다. 공정성, 정의라는 것이 그리 단순한 문제가 아니라는 말이다.

한국에서 유독 정도가 심하긴 해도, 능력주의는 한국만의 고유한 특징은 아니다. 근대 자본주의 사회에는 거의 예외 없이 능력주의 이념과 제도, 문화가 나타난다. 1789년 프랑스 혁명의 결과로 탄생한 '인간과 시민의 권리 선언' 제6조는 "덕성과 재능에 의한 차별"을 당연시하고 있다. "모든 시민은 법 앞

● 존 롤스, 황경식 옮김, 《정의론》, 이학사, 2003, 411~412쪽; 여기서 롤스는 분배적 정의와 관련해 '응분의 자격'과 '노력'의 문제를 체계적으로 논의한다. 특히 '노력'과 관련된 구체적 예시로 온라인 커뮤니티 '디시인사이드 흙수저 갤러리'의 사연들을 참고하라; 작자 미상, "흙수저는 노력을 어떻게 해야 할지 모르는 경우가 많음", '디시인사이드 흙수저 갤러리', 2018.03.19.; https://gall.dcinside.com/board/view/?id=sc&no=213023

에 평등하므로 그 능력에 따라서, 그리고 덕성과 재능에 의한 차별 이외에는 평등하게 공적인 위계, 지위, 직무 등에 취임할 수 있다."[7] 사회학자 이매뉴얼 월러스틴Immanuel Wallerstein은 능력주의와 일반적 자본주의의 관계에 대해 쓴 글에서 능력주의를 "자본주의 사회의 작동장치"이자 "끝없는 축적의 불합리성을 감추는 가면"이라 표현했다.[8] 자본주의 등장 이전에도 능력주의적 현상은 존재했지만, 자본주의 이후의 능력주의가 다른 점은 그것이 "하나의 공식적인 덕목으로서 천명되었다"[9]는 점이다. 대한민국 헌법 제31조 1항은 "모든 국민은 능력에 따라 균등하게 교육을 받을 권리를 가진다"이다. 보편적 교육권을 명시하고 있지만 "능력에 따라"라는 단서가 달려있다. 이 조항을 보면 능력주의가 교육과 관련해 한국 사회를 규율하는 핵심 가치임을 알 수 있다. 교육 분야에 국한하지 않더라도 능력주의는 한국인의 일상 전체를 지배한다고 해도 과언이 아니다. "바꿀 수 있고 바꿔야 마땅한 사회 제도·법·관행에 대한 문제 제기조차 '피해자 탓하기'와 '책임의 개인화'로 귀결시켜 '결국 네가 공부 안 해서 그런 거잖아'라는 식의 말로 말문을 막아버리는 일"[10]은 흔하게 목격된다. '억울하면 출세하라'는 한국 사회의 약자들이 가장 많이 들어야 했던 말이었다.

능력주의는 정의를 가장하기 때문에 노골적 부정의인 세습 신분제보다 오히려 위험할 수 있다. 정치평론가 크리스토퍼 헤이즈Christopher Hayes는 "능력주의 사회는 빈부격차에 가장 둔감한 사회일 수 있다"며 "능력주의의 철의 법칙The Iron Law of

Meritocracy"[11]을 제기한다. "부자는 자기 능력 때문에 부자가 되었다고 하고 빈자는 자기 능력의 한계로 빈자가 되었다고 생각하는 정당화 효과"가 발생하기 때문이다. 그러나 능력주의는 구조적 불평등과 차별을 '공정한 경쟁'인 것처럼 가정한다는 점에서 기득권을 옹호하는 효과가 크고, 이에 따라 오히려 명시적으로 비난받는 세습 신분제보다 큰 폐단을 낳을 수 있다.

특히 최근 심화되는 사회 양극화 현상과 더불어 자주 관찰되는 현상은 상대적 약자들 사이에서 벌어지는 '신분 구별 전쟁'이다. 인용한 기사는 한국에서 약자가 약자에게 어떤 방식으로 능력주의를 적용하는지를 정확히 보여준다.

서울교통공사 소속 무기 계약직들이 정규직 직원들로부터 원색적 비난과 인신공격에 시달린 끝에 급기야 인권위원회에 긴급구제를 신청했다. 서울시가 약속한 정규직 전환정책이 구체적 계획 없이 표류하면서 지난달 무기 계약직 한 명이 목숨을 끊는 등 극단적인 노노 갈등을 야기했기 때문이다. (중략) 교통공사 내부 게시망에서부터 무기 계약직을 향한 정규직의 온갖 욕설 글과 비하 발언을 쉽지 않게 찾을 수 있다. "정의구현, 무임승차 놈들아", "무임승차 무기 업무직들은 조져야 된다"는 등의 격한 발언은 양호한 편이다. 무기 계약직을 '빨갱이'나 '통합진보당 잔존 세력'으로 지칭하면서 "평양교통공사로 꺼지라"며 뜬금없는 이념 공세를 펼치는 글

도 보인다. "수십 년간 메트로와 함께한 노숙자랑 잡상인은 편입 안 시키느냐"라거나 "폐급을 폐급이라고도 부르지 못하느냐" 등의 인신공격성 표현도 상당하다.[12]

2017년 12월 31일 서울교통공사 노사가 무기 계약직 전원을 정규직 전환하기로 최종 합의하자, 여러 인터넷 커뮤니티 게시판에는 원색적인 비난이 쏟아져 나오기 시작했다. 아이디 '베○○○'은 "서울교통공사 정규직 전환 미쳤네요"라는 게시물에서 이렇게 적었다. "정규직을 위해 열심히 노력하는 구직자는 외면하고 어중이떠중이 뒷문으로 채용된 비정규직들은 정규직 되고. 이게 적폐 청산인지 적폐 양산인지 도대체 누가 적폐인지. 서울시장 실적을 위해 적폐를 양산하는 것인 양 한심하네요."[13] 그 글에 수많은 동의 댓글이 달렸다.

"미친 거죠. 이건 평등이 아니라 특권입니다."(아이디 '처○○○')

"매점 아줌마도 대졸 공채로 입사해서 머리 아픈 일하는 직원들하고 똑같은 급여 받는 거죠. 공산주의스러운 발상이죠." (아이디 'o○○○')

"심하게 말하면 출신 성분 자체가 다른데 같은 급여 주는 거임. 무기 계약이랑 공채가 급여체계와 일이 다른

건 당연한데 이걸 합치면 분위기 개판에 구직자들 허탈감도 쩔죠.”(아이디 ‘사○○○’)

저런 발언들은 특별히 예외적이거나 극단적인 사례가 아니다. 온라인 커뮤니티 어디서나 흔히 볼 수 있다. 이들의 단골 메뉴는 ‘무임승차론’과 ‘역차별론’이다. ‘좋은 직장’에 다니는 정규직은 힘들게 대학 가서 어렵게 정규직 공채시험을 통과한 ‘능력 있는 사람들’인데 반해 비정규직은 그렇지 못한 이들이므로 설사 같은 업무를 하더라도 처우를 차별하는 게 당연하다는 게 이들 생각이다. 그러므로 업무 경력이 오래되고 숙련됐다는 이유 따위로 정규직이 되면 그건 ‘무임승차’이며 능력자·노력가를 억울한 피해자로 만드는 ‘역차별’이 되는 것이다. 그러나 생각해보자. 과연 ‘공정’이란 무엇인가? 시험 보고 입직한 사람만 정규직의 지위를 누리고, 아무리 열심히 일하고 그 일에 숙달됐어도 시험을 보지 않았다는 이유로 저임금과 고용 불안에 시달리는 것이 ‘공정’한가?

특정 시험 합격자에게만 정규직 신분을 부여하는 것은 임의적 규칙일 뿐이다. 더구나 그 규칙은 불공정하고 부정의하다. 업무에 대한 실제 기여가 아닌 입직 당시의 시험 성적에 따라 급여나 복지 등에서 특권을 부여하는 것은 지대추구rent seeking, 즉 생산적 기여 없이 소유권만으로 이익을 취하는 행위와 다름없다. 본래 비정규직은 고용불안정을 감수하는 대신 임금을 더 받아야 하는 고용 유형이었다. 그럼에도 한국 사회는 사실상 같

은 일을 하는 비정규직 노동자에게 임금도 적게 주고 해고도 마음대로 해왔다.• 이런 부정의하고 비생산적인 규칙을 만든 근본 책임은 국가에 있다. 그런데 왜 비정규직 노동자를 비난하는가?

능력주의가 사회의 철칙으로 맹신되고 있기에 그것은 '혐오 놀이'를 정당화하는 논리가 되기도 했다. 능력주의를 과도하게 내면화한 이들은 자신보다 못한 처지에 있는 사람을 혐오의 대상으로 삼으면서도 별로 죄의식을 느끼지 못한다. 사회학자 오찬호의 분석에 따르면 "지금 대학생들은 수능점수의 차이를 모든 능력의 차이로 확장하는 식의 사고를 갖고 있"으며, "더 '높은' 곳에 있는 학생들이 자신을 멸시하는 것에 문제를 제기하기보다 자신보다 더 '낮은' 곳에 있는 학생들을 멸시하는 편을 택한다."[14]

'멸시하는 능력주의자'가 바라본 세상은 온통 벌레투성이다. 지역균형전형으로 대학에 가면 '지균충', 기회균등전형으로 대학에 가면 '기균충', 월수입 200만 원 이하면 '이백충', 아파트 아닌 빌라에 살면 '빌거(빌라에 사는 거지)'다. 이러한 사회경제적 혐오표현hate speech 또는 계급차별적 혐오표현은 최근 한국의 인터넷 커뮤니티 어디에나 팽배하다. 이들은 약자나 소수자에 대한 적극적 배려정책affirmative action에 대해 극도의 거부반응을 보이기도 한다. 능력도 기여도 없는 자에 대한 지원은 역차별이거나 무임승차라는 식의 논리다. 능력주의적 혐오는 "괴물이 된 20

• 프랑스, 호주 등에서는 비정규직에게 고용불안정을 보상하는 수당을 지급하도록 법제화되어 있다.

대"라는 말처럼 청년세대만의 유별난 특성으로 회자되곤 했지만 실은 전혀 그렇지 않다. 한국의 많은 기성세대는 청년세대와 마찬가지로 능력주의를 정의로 여기며 학력, 재산, 외모, 신체 능력에서 '평균' 혹은 '정상'에 들지 못하는 타인을 아무렇지 않게 멸시한다. 공정과 능력에 대한 집착은 세대와 계층을 초월해 한국인에게 내면화된 습속이다. (6장과 7장에서 자세히 다룬다)

능력주의는 기회와 과정의 근본적 불평등, 즉 '실질적 불공정'을 은폐하고 형식적 공정성에만 집중하게 만든다. 능력주의-형식적 공정성은 실재하는 불평등을 교정하기엔 턱없이 부족하다. 많은 경우 그것은 구조적 불공정성의 기제로 작동하며 불평등을 확대 재생산할 뿐 아니라, 노골적이고 불법적인 불공정을 알리바이 삼아 현존하는 불평등을 '정상'으로 승인한다. 능력주의를 지상명령으로 맹신하는 순간 구조적 불공정은 은폐되거나 심지어 정의로운 상태로 오인되는 것이다. 능력 피라미드 상층부의 사람들은 저능력자들을 노골적으로 경멸하고, 피라미드 하층부의 사람들은 경멸당하고 착취당하면서도 저항할 의지조차 상실한 채 고통받는다. 이런 현상에 대해 작가 알랭 드 보통Alain de Botton은 "능력주의 체제에서는 가난이라는 고통에 수치라는 모욕까지 더해진다"고 비판했다.[15]

그렇다면 왜 이런 문제의식, 능력주의 자체가 문제라는 인식은 활발히 논의되지 못했을까? 크게 두 가지 이유가 있는 것 같다. 첫째, 여전히 전근대적 형태의 세습과 상속이 사회에 뿌리 깊게 남아있어서다. 이런 행태에 맞서기 위한 이데올로기적

무기로 가장 쉽게 동원할 수 있는 것이 능력주의이다. 둘째, 능력주의를 대체할 만한 대안이 합의되지 않아서다. 어떻게 성과를 보상하고 생산된 자원을 분배할 것인가라는 첨예한 문제에 있어서, 여전히 우리는 능력주의가 아닌 다른 대안을 충분히 발전시키지 못했다. 또한 '필요에 따른 분배'라는 사회주의적 대안이 현실 사회주의의 몰락으로 힘을 잃었기 때문에 능력주의가 여전히 맹위를 떨친다고 볼 수 있다.

이 책은 엘리트가 아닌 **대중이 역사의 주역**이라는 관점을 견지한다. 이 말이 얼마나 상투적으로 들리는지 잘 알기에 약간의 설명을 덧붙이려 한다. 사람들은 흔히 엘리트를 전적인 가해자로, 대중을 전적인 피해자로 묘사하는 것을 '민중적 관점'으로 착각한다. 하지만 많은 경우 그것은 엘리트의 힘을 지나치게 과장하면서 대중을 철저히 무력한 존재로 보거나 숭고한 희생자로 박제한다. 피해/가해의 이분법에 기반을 둔 그런 식의 '민중적 관점'은 단지 '물구나무선 엘리트주의'에 불과하다. 대중을 위하는 척, 편드는 척하지만 실은 대중을 깔보고 있는 것이다. 대중은 그저 수동적인 피해자이거나 순진무구한 희생양이 아니다. 대중은 공모하고, 협상하고, 저항하고, 창조하는 주체다. 대중은 스스로를 해방시킬 수 있기에 역사의 주역이지만, 스스로를 예속시킬 수 있기에 또한 역사의 주역이다. 정의로운 사회는 소수 지도자가 아니라 정의로운 다수 대중에 의해 성립한다. 반대로 불의한 사회 또한 악랄한 소수 지배 집단만이 아니라 동조하는 다수 대중에 의해 성립한다. 대중의 인식과 실천

은 사회구조의 변화를 추동하는 결정적 요소다. **대중이 역사의 주역**이라는 말은 바로 이런 의미다. 뒤에서 소개할 잉글하트와 웰젤의 '개정된 근대화론'과 그람시의 '헤게모니론'은 이런 관점과 통하는 이론이다. (7장과 8장에서 자세히 다룬다)

철학자 아이리스 매리언 영Iris Marion Young은 능력주의 체제를 "자격적합성의 정치the politics of qualifications"라고 비판했다. 개인의 자격적합성을 평가하는 기준이 실제 기량과 능력에 따른 것이 아니라 특정한 문화적 특수성, 이를테면 미국의 경우 백인 중산층이 선호하는 문화에 대한 순응도라는 것이다. 또 그는 "위계적 노동 분업의 체계가 상대적으로 소수의 특권적 지위만을 허용하며 자격증 시스템은 이들 지위로의 진입을 막는 문지기로 기능한다"고 말한다.[16] 특히 한국의 '능력주의'는 이런 면에서 미국보다 더 극단적이다. 그것은 주로 시험 한 번으로 과도한 특권을 보장받는 지대추구 행위를 옹호하는 수단으로 활용되어왔다.

극소수 '용'에게 특권을 몰아주면서 '용'이 되지 못한 이들의 열패감과 억울함을 동력으로 삼는 체제는 이미 한계에 다다랐다. 1%도 되지 않는 '개천의 용'을 향한 질주 때문에 99%의 삶이 피폐해지는 사회는 정당하지 않고 생산적이지도 않다. 용이 되지 않아도 행복할 수 있는 사회로 전환하기 위해서는 능력주의 이데올로기에 대한 근본적 성찰이 필요하다.

일러두기

이 책을 쓰게 된 계기는 필자의 2018년 석사학위 논문이다.[17] 그러나 책 전체에서 논문 내용은 3분의 1 정도이며 나머지 3분의 2는 새로 썼다. 대략 6장부터 10장까지가 따로 집필한 부분이다. 1장부터 5장까지의 내용도 상당 부분 수정됐다.

이 책은 한국 사회의 능력주의를 역사화historicization함으로써 능력주의라는 믿음체계가 작동할 수 있었던 사회적 맥락을 조망한다. 동시에 '현실적 능력주의'와 '이상적 능력주의'라는 두 차원에서 이 믿음체계의 정합성을 비판해 능력주의라는 당대 한국의 문제에 접근하려 한다. 먼저 과거제도, 사회진화론, 입신출세주의 및 교양물신주의, 고시제도, 학력주의 등에 대해 논의하면서 한국에서 능력주의가 어떤 경로를 따라 형성됐는지를 추적한다. 이렇게 형성된 한국 능력주의는 시험을 통한 지대추구, 사회경제적 혐오표현 등을 특징으로 가진다. 또한 이데올로기 비판이 왜 필요한지를 논의하고 잉글하트와 웰젤의 '개정된 근대화론'을 활용해 불평등과 민주주의와 관련된 한국인의 가치관을 살핀다. 끝으로 능력주의의 현실적이고 근본적인 대안들을 제시한다.

● 업적주의는 존 롤스, 황경식 옮김, 《정의론》, 이학사, 2003 등에서, 공적주의는 이재율(1990) 등에서, 실력주의는 박남기(2016) 등에서, 능력주의는 손준종(2004) 등에서 사용됐다. 장은주(2016)는 '메리토크라시'라고 표기한다.

이 책의 주제인 '능력주의' 용어에 관해서도 약간의 설명이 필요하다. 능력주의能力主義는 과거에 업적주의業績主義, 공적주의功績主義, 실력주의實力主義 등으로 번역되기도 했다.● 이렇게 번역어가 다양해진 이유는 'meritocracy'에 적확히 조응하는 용어가 없기 때문이다. 'merit'는 라틴어 'meritum'에서 파생된 말로 뛰어남, 가치, 공로 등의 의미를 가진다. 'merit'라는 단어의 의미에 충실하려면 업적주의나 공적주의 같은 번역어가 적절할 것이다. 그러나 업적주의·공적주의는 과거의 기여나 공로에 방점이 찍혀있으므로 잠재력, 역량 등 현재에서 미래로 연결되는 '재능'을 포괄하지 못한다. 'meritocracy'라는 어휘는 사회학자 마이클 영Michael Young의 저서 《능력주의》에서 처음 등장했는데, 영은 여기서 IQ와 노력에 따른 차별적 교육 시스템을 그리고 있다.[18] 업적주의나 공적주의라고 번역할 경우, 본래 영이 의도했던 의미(타고난 능력 또는 잠재력)를 담아내기 어려워진다.

'실력주의'라는 말은 주로 교육학이나 교육사회학 연구 등에서 학력·학벌주의와 대립하는 개념으로 사용됐다. 그러나 이 책은 학력·학벌주의와 능력주의(실력주의)를 대립시키는 해석에 동의하지 않으며, 오히려 학력·학벌주의가 사실상 'meritocracy'의 다른 이름이라고 본다. 또한 '실력'은 능력을 실체적·긍정적으로 가치판단하는 말이기 때문에 능력주의 '비판'을 주요 내용으로 삼은 이 책과 부합하기 어렵다. 이런 이유에 따라 이 책에서는 일반적으로 'meritocracy'의 번역어로 가장 많이 쓰이고 있는 '능력주의'를 택하기로 한다.

능력

틀림과 다름

「K-Meritocracy」

1장

과거제도, 한국 능력주의의 기원?

근대 이전 한반도에 존립했던 사회, 예컨대 조선은 엄격한 신분 제도 하에 왕족과 극소수 귀족만이 권력을 전유했던 정체되고 폐쇄된 사회로 그려진다. 당시의 인재 선발제도인 과거제도 역시 이런 통념에 따라 이해되어온 경향이 강했다.

오늘날의 기준에서 본다면 수백 년 전 과거제도는 인재 선발제도로 미진해 보인다. 그러나 비교 지평을 제도가 시행된 당대의 세계로 전환하면 판단은 달라질 수 있다. 그 지평에서 보면 과거제도는 다른 문화권이 아직 갖추지 못한 '근대적 합리성', 바꿔 말해 능력 중심의 인재 선발 원칙을 짧게는 수백 년에서 길게는 1천 년 이상 선취한 제도가 된다.

과거제는 동아시아의 중국, 한국, 베트남의 역사와 전통에서만 찾아볼 수 있는 독특한 관리 선발제도였다.[1] 비교문화적 관점에서 과거제도를 재평가하는 작업은 비교적 최근에서

야 활발하게 이루어지고 있다. 역사학자 알렉산더 우드사이드 Alexander Woodside는 동아시아 3국, 즉 중국, 한국, 베트남 역사에서 시행된 과거제도를 살펴보며 이들 세 나라가 유럽과는 다른 방식으로 '근대적 합리화'를 시도했다고 주장한다. 중국, 한국, 베트남에 성립한 왕조들은 "최소한 형식적으로는 상류사회의 세습적 권리에 관계없이, 명확한 규정을 바탕으로 한 능력주의적인 과거시험을 통해 관료들을 뽑았다."[2]

그 시기는 서구 사회가 세습적 신분사회에 머물러 능력주의적 인재 선발을 아직 상상도 못하던 때였고 같은 동아시아의 일본도 유사했다. 역사학자 이남희는 이렇게 설명한다. "다른 지역에서의 지배층은 무력을 장악한 계급이었으며 그들은 신분에 의한 세습으로 이어지고 있었다. 봉건시대의 유럽이 그러했다. 그리고 같은 동아시아에 속하는 일본에서도 과거제는 존재하지 않았다. 봉건사회에서의 지배층은 무력을 독점적으로 소유하고 있던 사무라이 계급이었다."[3] 혈통이나 신분이 아니라 개인의 능력과 업적에 따라 지위와 권한을 배분하는 능력주의 체제는 서구 사회에서 프랑스 혁명 이후에야 출현한다.[4] 이런 역사적 사실을 근거로 우드사이드는 동아시아를 바라보는 서구인의 시선이 착각이자 오만일 수 있다고 말한다.

버트란드 러셀이 1922년《중국인의 문제》라는 책에서 중국이 오래된 낡은 제도와 관습에서 벗어나기를 충고했을 당시에도 여전히 영국은 세습적인 상원이 존재하

고 있었다. 또한 러셀 자신도 귀족 출신으로서 여전히 귀족적 원칙이 지배하는 사회에서 살았다. 그러나 중국에서는 인재를 모집하는 획기적인 과거제도를 통해 세습적 권력에 기반을 둔 통치가 막을 내린 지 이미 천년이 지나고 있었다. 능력주의의 성향이 이미 주류가 된 동아시아에서 시계바늘을 거꾸로 돌리는 것은 불가능해진 지 오래였던 것이다. 또한 이와 같은 동아시아의 과거시험과 관료제는 실제로 예수회 선교사 등을 통해 서구에 전해져 오히려 서구의 '근대성'의 형성에 기여했던 것이다. 그럼에도 불구하고 아시아 사회는 '봉건적'이라고 묘사되는 인격적이고 사적 감정에 기반을 둔 통치를 했던 반면에 유럽 사회에 대해서는 사적 감정을 배제한 규칙과 이성에 기반을 둔 통치 질서를 가졌다는 이미지가 아직도 강하게 남아 있다.[5]

고려·조선의 과거제

과거제도는 어떻게, 또 얼마나 능력주의적이었는가? 또한 과거제도는 이후 한국 사회에 어떤 형태로 영향을 끼쳤는가? 이를 위해 과거제도의 역사와 내용을 개괄해보는 것은 필수적이다. 우선 고려 시대 과거제의 도입을 간략히 서술하고 조선의 과거제를 중심으로 논의한다.

고려는 중국 후주後周의 귀화인 쌍기雙冀의 건의에 따라 과거제를 도입해 제술업, 명경업, 잡업의 세 부문에서 일곱 명의 합격자를 냈다. 이것이 한반도에서 시행된 최초의 과거제도로, 고려 광종光宗 9년(958)의 일이었다. 과거제도 도입의 정치적 배경은 중국과 유사했다. 국가를 실질적으로 운영하는 엘리트 선발에 있어 그 기준, 범위, 시행 방식을 왕이 결정함으로써 문벌귀족 세력의 힘을 견제하고 왕권을 강화하려는 목적이었다.

통일신라 원성왕 4년(788)에는 국학의 학생을 대상으로 유학 경전에 대한 시험을 보게 하고 그 성적에 따라 관직을 부여한 적이 있었다. 바로 독서삼품과讀書三品科가 그것이다. 또한 최치원의 경우처럼 당에 유학해 과거시험에 합격하는 일도 일어났다. 즉, 고려 이전부터 이미 유학과 과거제에 대한 선이해가 존재했다. 그러한 역사적 경험들이 고려 시대에 과거제도를 도입하는 사회문화적 배경으로 작용했다고 추정할 수 있다.[6]

고려의 과거제도는 출신 가문에 따라 관리를 등용하는 음서제와 병용됐고 귀족제도와 타협하며 존속했던 과거제도의 한계 또한 명확했다. 그럼에도 일반 서민에게 원칙적으로 응시 자격이 부여됐기에 이전에 비해 사회 이동성social mobility이 높아진 것은 분명하다.

명백한 신분제 사회임에도 불구하고 시험을 통해 식견과 소양을 검증한다는 능력주의적 제도와 습속은 고려와 조선 시대를 거치며 빠르게 안착했다. 그것은 하나의 비가역적 변화로서, 무려 1천 년 가까이 국가 운영의 근간을 형성했다. 국가적

비상사태나 전란 속에서도 과거제도가 포기되는 일은 드물었다. 예를 들어 "무신란이 발생하여 무신정권이 성립한 상태 아래에서 과거는 오히려 활기를 띠었고, 몽고의 침입을 받아 강화로 천도하거나, 홍건적의 침입으로 왕이 몽진하는 상황 속에서도 과거가 중단 없이 시행되었던 것이다."[7]

과거제가 확립된 시기는 조선시대였다. 조선이 건국되면서 고려의 과거제도는 강화되고 개혁됐다. 불규칙했던 시험주기가 정기적인 식년시式年試로 조정되고, 비정기적인 별시別試가 따로 시행됐다. 지나치게 잡다했던 시험과목이 정리되어 문과文科, 잡과雜科, 무과武科, 소과小科로 통합됐다. 진사시進士試와 생원시生員試로 나뉘는 소과는 문과의 예비시험 성격이었다. 문과에 최종합격하지 않고 소과에만 합격할 경우, 중앙의 관료가 될 수는 없었으나 지역에서는 최진사, 박생원 등으로 불리며 양반 대우를 받을 수 있었다.

과거시험의 핵심은 문과였고, 문과에 급제해서 홍패를 받는다는 것은 각고의 노력과 인내를 요구하는 과정이었다. 시험은 크게 초시初試, 복시覆試, 전시殿試의 3단계였는데 각 단계는 다시 초장, 중장, 종장의 3단계로 나뉘므로 총 9단계의 관문을 통과해야 하는 셈이었다. 문과의 시험과목은 크게 나눠 경학經學, 문사文詞, 대책對策의 세 가지였다. 경학은 유학의 경전인 사서오경四書五經에 대한 이해를, 문사는 시문을 작성하는 문장력을, 대책은 사회 현안에 대한 이해와 문제해결 능력을 보는 시험이었다.[8]

문과의 합격자 수와 명단은《문과방목文科榜目》에 빠짐없이 기록되어 지금까지 전해지고 있다. 조선의 문과 시험은 1392년 부터 1894년까지 503년 동안 총 748회 시행되어 14,606명의 급제자가 나왔다.

조선 과거제의 능력주의적 요소

조선은 과거제도의 운용에서 가장 치명적인 부분이 공정성과 객관성의 담보에 있음을 잘 알고 있었던 것으로 보인다. 조선 후기에 이르면 많은 전란과 당쟁을 겪으며 지배계급의 헤게모니가 취약해지고 과거제도 역시 부패해 많은 문제를 양산하게 되지만, 조선 초기까지만 해도 국가는 과거제에서 일체의 부정을 배제하기 위해 강박적일 정도의 노력을 기울였다.

1400년대 조선의 과거시험에서 수험자의 답안지는 각각 수거, 등록, 기록, 대조, 그리고 검토를 담당하는 관원들의 손을 거쳐야 했다. 검토를 담당한 관원들은 답안지에서 수험자의 이름이 가려져 있는지, 채점관이 채점에 들어가기 전에 답안지가 다른 사람의 손으로 필사되었는지 그리고 한 사람이 아닌 다수의 채점관이 수험자의 답안지를 평가했는지를 확인했다. 현대 서구의 대학에서 시행되는 시험에서도 투명성 제고를 위해 이토

록 많은 주의를 기울이지는 않는다.[9]

예전의 조선 과거제도 연구들에서는 과거제 응시 자격 제
한 등을 근거로 "현실적으로는 양반에 한해서만 과거 응시의
기회가 주어진 것이나 다름없었"다는[10] 평가가 다수였다. 하지
만 최근 연구들 중 상당수는 과거제도의 능력주의적 성격에 주
목한다. "조선시대 과거제가 신분제의 전제 위에서 신분제를
강화할 목적으로 운용되었다는 통념은 여러 연구에 의해 반박
되고 부정되고 있다. 오히려 조선시대에는 적어도 관료 선발에
있어서는 혈연주의나 정실주의를 지양하고 개인의 재능과 노력
에 따른 능력주의의 이념이 적용되던 시대이다."[11]

과거제는 당대 현실에서 가능한 최대한의 기회 평등을 추구
한 능력주의적 경쟁이고, 개인에게는 명예와 실리를 제공하는
입신출세의 통로이기도 했다.[12] 조선은 양민 이상의 자격이 있
는 자에게는 평등한 기회를 제공하는 것을 원칙으로 표방했다.
물론 서얼차별이나 연좌제에 입각한 응시 자격 제한이 엄연히
존재하고 있었기 때문에 그것이 현대적 맥락에서 말하는 '완전
개방경쟁'인 것은 아니었다. 그럼에도 음서제가 여전히 활발히
작동했던 고려의 과거제보다 조선의 과거제는 훨씬 더 능력주
의 성격이 강한 제도였다.

최근 연구들은 다양한 사료에 나타난 실증적 수치를 근거
로 조선의 과거제가 상당한 수준의 사회 이동성을 만들어냈다
고 평가한다. 일례로 역사학자 한영우는 다음과 같이 설명하고

있다. "조선시대 문과 급제자 중 35.7%는 사조(직계3대와 외조부) 안에 전·현직 관료가 없는 일반 평민이었고, 사림이 권력을 장악했던 조선 중기가 아닌 조선 초기와 말기에는 계속 50%를 상회할 만큼 개방적이고 역동적인 능력주의 사회였다."[13] 2015년 기준으로 최근 10년간 사법시험 합격자 7,900명 중에서 고졸 이하 출신은 5명으로 합격자 중 0.06%에 불과했다는 점[14]에 견줘보면, 조선시대 과거제도는 상대적으로 '개천용'이 나오던 시험이었다고 할 수 있다.

심지어 조선 과거제도는 경우에 따라 신분제도 자체를 (어디까지나 개인적인 차원에서) 초월하는 기제로도 작동했다. 예컨대 효종은 만약 노비 출신이 신분을 속이고 과거에 합격한 것이 나중에 밝혀지더라도 그 자손들을 다시 천인으로 되돌리지 말고 양인으로 두도록 하교한 적이 있었다. 경쟁시험에서 능력을 입증한 자에게 왕의 관용을 빌려 초법적 특권을 부여했다는 점에서 과거제도의 위상과 권능이 잘 드러난다.

차라리 국가의 공천公賤을 잃더라도 차마 우리 백성에게 유리流離하여 시름하고 탄식하는 괴로움이 있게 할 수 없다. 도감을 시켜 그 할아버지부터 혹 급제하였다거나 생원生員이나 진사進士가 되어 그 아들과 자손이 그대로 법을 어겨 양인이 된 자는 특별히 탕척하는 법을 써서 그대로 양인이 되는 것을 허가하라. 그 아버지부터 비로소 급제하였거나 생원·진사가 되어 그 아들이

그대로 법을 어겨 양인으로 있는 자와, 혹 그 아버지와 할아버지가 숨기고 빠트려서 법을 어겨 양인이 되었더라도 미처 급제하지 못하고 그 손자가 비로소 출신出身하였거나 생원·진사가 된 자는 모두 대속代贖하도록 허가하라. 여자도 다 남자와 같이 하라. 그 외는 논하지 말고 법대로 하되, 3대 이전에 급제한 자일지라도 반드시 자수한 뒤에야 위와 같이 시행하고, 자수하지 않고 혹 진고陳告나 추핵推覈으로 말미암아 드러났으면 모두 논하지 말고 도로 천적에 붙여서 나라의 기강을 바르게 하라.[15]

양반의 이중적 성격과 유사 — 과거제

과거제는 양반이라는 신분과 불가분의 관계였다. 양반兩班은 일반적으로 조선의 지배계급을 가리키는 말이지만 본래는 두 개의 반을 의미했다. 왕과 직접 대면하는 동반(문관)·서반(무관) 관료들이 바로 양반이라는 말의 유래다. 그런데 실제로 중앙과 지방에는 관직에 몸담지 않은 훨씬 많은 숫자의 양반계급이 존재했다. 이들은 고위직 관료와 혈연 등으로 연결된 집단이다. 그런데 역사학자 송준호는 양반과 비양반을 가르는 기준이 주관적이고 상대적이었다고 지적한다. "여기서 한 가지 분명하게 말할 수 있는 것은 그것이 법제적인 절차를 통해서 제정된 계층

이 아니라 사회관습을 통해서 형성된 계층이요, 따라서 양반과 비양반의 한계기준이 매우 상대적이요 주관적인 것이었다는 사실이다."[16]

법제화된 신분구별은 양인良人과 천인賤人이 있었을 뿐이므로 법적으로 평민계급과 양반계급은 동일한 범주에 속한다고도 할 수 있지만, 실생활에서 누가 양반이고 누가 양반이 아닌지 혼동하는 일은 없었다. 중세 일본의 지배계급이 엄격히 법으로 규정되어 있었음을 상기해보면, 조선의 지배계급은 상당히 독특한 것이었다고 할 수 있다.

양반으로서 사회적으로 인정되려면 고려시대와 조선시대에 과거에 급제해 관료가 된 인물 혹은 과거에 급제하지 않아도 그 시대의 저명한 학자로서 인정되는 사람을 시조로 하며, 그 사람의 직계후손이라는 것이 가장 핵심적인 요건이다. 여기서 중요한 것은 시조는 혈통이 아니라 개인적 능력으로 된다는 것이다. 바꿔 말하면 학문적으로 혹은 무장으로서 뛰어난 능력을 갖고 있기만 하면 누구나 시조가 될 수 있다는 이야기다. 유럽에서 귀족이 되려면 고귀한 혈통이 중요한 근거가 되는 것과 비교할 때 양반 집단의 시조가 갖고 있는 개방적 성격을 잘 이해할 수 있을 것이다.[17]

인용문에서 역사학자 미야지마 히로시宮嶋博史는 양반이라

는 신분이 혈통이 아닌 개인의 능력으로 결정된다는 개방성을 강조하고 있다. 그러나 정확히 말해 그 개방성은 양반 자체가 아니라 양반의 '시조'의 개방성을 가리키는 것이다. 미야지마는 오해의 여지가 없도록 이를 명시해 서술하고 있다.

양반의 지위는 법적으로 문·무반 관료와 그의 직계가족에 게만 주어졌기 때문에 원칙적으로 세습되지 않는다. 그러나 실제로는 세습적 성격이 또렷했으며 이는 조선 후기로 갈수록 더욱 강하고 공고해지는 경향을 보였다. 양반의 시조는 능력주의적 경쟁으로 선발되어 양반이라는 특권을 획득했지만, 그들의 자손은 능력과 노력을 입증하지 않고도 단지 혈연이라는 이유로 양반으로 대우받았다. 요컨대 양반은 '원칙적 획득 신분'이지만 동시에 '관습적 세습 신분'이었던 것이다.

양반 신분의 이중성이라는 말은 결국 획득 신분적 성격과 세습 신분적 성격이 공존했다는 것이다. 조선 초기에 전자가 강했던 반면, 후기로 올수록 후자가 강해졌고 시간이 지날수록 역기능이 순기능을 압도했을 가능성이 높다. 과거제도가 근대 능력주의의 맹아적 특징을 갖추고 있음에도 사회 전체의 근대적 발전으로 빨리 이어지지 못한 이유 역시 이와 관련이 있을지 모른다.

만약 과거제도를 통해 획득한 특권이 일체 세습되지 않았다고 하더라도, 즉 과거제가 형식적 공정성을 고스란히 관철한다고 해도, 그것은 경제학적으로는 지대추구 행위에 가깝다. 소유자(합격자)는 생산성과 관계없이 그 소유(합격) 사실만으로

엄청난 특권을 보장받기 때문이다. 사회 자원을 과점한 자들인데다 생산성을 높일 동기마저 적기 때문에 지대추구자들이 사회 전체의 복리 향상에 도움이 되는 경우는 거의 없다. 현대 한국 사회의 각종 고시제도, 그리고 '공채'형 입사시험제도는 사실상 세습을 제거한 **유사-과거제도**이고, 과거제도와 마찬가지로 한없이 지대추구에 가까운 제도라 할 수 있다. 경제학자 이상학은 과거제도, 수학능력시험, 고시를 비교하여 그 제도들이 공유한 지대추구적 특성을 설명한 바 있다. "조선시대의 과거와 가장 유사한 현재의 제도는 고시제, 특히 사법고시일 것이다. 수많은 인재가 고시 공부에 매달리면서 이른바 '고시 낭인'이 양산됐다. 이는 조선시대 과거와 마찬가지로 고시 합격을 통하여 받을 수 있는 상이 매우 크기 때문이다."[18]

수백 년 전, 분명 과거제도는 진보적이었다. 하지만 지금은 더 이상 그렇지 않다. 지금의 인류는 각자의 재능을 훨씬 더 풍부하게 발휘하면서도 공공의 복리를 늘려갈 수 있는 아이디어와 수단을 더 많이 가지게 됐다. 하지만 한국에는 여전히 **유사-과거제도**들이 너무 많이 남아있다. 한국은 도덕적 성숙, 더 많은 신뢰, 현장의 암묵지tacit knowledge와 숙련 등과 같은 중요한 사회적 가치에 고루 보상하는 대신에, 단지 '시험 치는 기술'에만 보상을 주고 시험에 탈락한 모두에게 불이익을 주는 사회로 진화했다. 오늘날 한국은 OECD 국가 가운데 가장 아이를 적게 낳고 가장 많이 자살하는 나라다. 한때 선취했던 근대성은 이제 깊은 수렁이 되어 사람들을 집어삼키고 있다.

과거제는 능력주의적 선발 관행의 '기원'인가?

과거제는 오늘날 한국 사회에 뿌리내린 능력주의적 선발 관행의 '기원'일까? 과거제도는 그 능력주의 요소, 개방경쟁시험 형식, 입직 이후 승급 및 보상의 연공제적 성격● 등에서 현재 대한민국의 각종 '고시'제도와 소위 '공채' 방식의 각종 입사시험의 원형처럼 보이기도 한다. 실제로 한국 입시제도나 고시 열풍의 역사적 연원으로 조선의 과거제도를 제시하는 연구도 있다.[19] 입시제도만이 아니다. 사회학자 이철승은 "현대자본주의의 기업 조직" 즉, 기업의 입직 및 보상체계가 과거제도로부터 이식됐다고 주장한다.

> 동아시아의 시험을 통한 선발제도는 국가 관료제뿐 아니라 현대자본주의의 기업 조직으로도 이식되었다. 직무와 숙련에 근거한 선발제도가 부재한 상황에서 시험은 다수가 동의할 수 있는 공정성 확보 기제였으며, 앞서 분석한 '연공제'와 결합하여 정규직과 비정규직을 가르는 신분제적 기제로 자리매김했다.[20]

● 연공제, 정확히 말해 연공급제는 연령 및 근속년수가 임금 책정의 기준이 되는 제도다. 직무급제는 직무가치(직무 특성, 난이도, 책임 정도), 직능급제는 직무능력 수준(숙련도, 경력, 자격 등), 성과급제는 성과(개인 및 집단)가 기준이 된다; 고용노동부, 〈임금체계 개편을 위한 가이드북〉, 2016, 10쪽.

대기업이 대규모 공채시험을 통해 신입사원을 선발하면서 연공임금체계를 운용해온 나라는 한국만이 아니다. 일본 역시 이런 특징을 갖고 있다. 20세기 일본의 임금체계는 대체로 '종신고용과 연공서열에 기초한 시스템'으로 규정된다.[21] 일본의 임금체계는 오랫동안 연공급제였다가 1970년대부터 점차 일본 특유의 '직능급제'가 도입되어 간다. 그러나 지금도 서구에 비해 연공제적 성격이 강하게 남아 있다.●

한국과 일본 기업 조직의 유사성은 매우 높다. 서구 자본주의와 비하면 말할 것도 없고 동아시아 모델 내에서도 가장 닮았다. 두 나라는 왜 이렇게 비슷할까? 기본적으로 이들 나라 경제 발전의 시작 조건과 경로가 유사했기 때문이다. 전쟁으로 인한 사회기반의 파괴, 냉전구도에서 미국의 '안보 우산' 아래 원조에 기댄 수출주도형 산업 육성, 국가와 대기업의 유착, 장시간의 가혹한 노동, "사회적 통일성이란 국민적 문화를 조성함으로써 노동 저항을 최소화시켰던 섬뜩한 현실"[22] 등이 모두 닮았다. 한국과 일본이 공유하는 또 다른 문화적 공통점, 예컨대 유교 문화도 양국이 닮은 한 이유일지 모른다. 35년 동안 지속된 식민-피식민 관계에서 비롯한 제도와 문화의 계승도 무시하기

●　21세기 들어 일본 기업의 연공급제 성격은 약해진다. 2013년 조사 결과 일본에서 비관리직 노동자에게 직능급제를 도입한 기업은 81%, 연령·근속급을 도입한 기업은 62%다. 합계가 100%가 넘는 것은 특정 임금체계만으로 정하는 경우는 매우 적고 여러 항목이 종합되어 정해지기 때문이다; 오학수, 〈일본 임금체계의 변천과 본질〉, 《국제노동브리프》(한국노동연구원) 2016년 10월호, 87쪽.

어려운 요소다. 법체계에서 한국은 일본의 영향을 직접적으로 받았고 특히 "노동법의 중요한 부분은 일본 노동법을 계수한 것"[23]이다. 너무 과감해 보이는 가설이긴 하나 이철승과 같이 동아시아 '벼농사 체제'를 유사성의 원인으로 지목할 수도 있겠다.●

그러나 과거제를 한·일 기업 조직 유사성의 기원으로 꼽는 것은 논리적으로든 경험적으로든 불가능하다. 이유는 단순하다. 일본에 과거제도가 존재한 적이 없었기 때문이다. 과거제가 없었던 일본과 과거제가 있었던 한국에 매우 유사한 입직 관행 및 기업 조직이 있다면, 당연히 과거제가 아닌 다른 요인을 상정해야 옳다. 또한 이런 비교를 통해서 한국의 입직 관행에도 과거제만이 아닌 다른 요소들이 작용했으리라 추정할 수 있다.

물론 과거제도는 현대 한국의 능력주의 제도와 문화에 **어느 정도** 영향을 끼쳤을 것이다. 대입시험, '고시'제도, 공채형 입사시험 등은 놀라울 정도로 과거제도와 유사하다. 그러나 유사성에서 곧바로 인과성을 도출하는 것은 논리적 오류일 따름이다. 복잡한 현상의 기원, 궁극적 원인을 찾아내겠다는 것 자체가 일종의 강박일 수 있다. 과거제도가 능력주의의 결정적 요

● 이철승(2021)은 동아시아의 쌀농사 전통에서 서구와 구분되는 협업과 경쟁의 특수한 문화가 비롯했다고 주장하면서 '과거제도' 또한 벼농사와 함께 동아시아적 특수성을 만든 중요한 요인으로 제시하고 있다. 동아시아 3국, 즉 한국, 중국, 일본은 쌀농사 지역이라는 공통점이 있으나 전통적으로 관료선발과 운영, 지배 권력의 분점 정도와 양상에서 적지 않은 차이를 보인다.

인 또는 기원이 아니라 해도, 말하자면 둘 사이에 '잠정적 상관성' 정도만 설정해두어도 현대 한국 사회의 문제를 논하는 데에는 큰 지장이 없다. 사회과학에서 어떤 사회문제의 단일한 기원을 찾는 일은 지극히 어렵고, 설령 찾는다 해도 시간을 역행해 기원에 개입할 수도 없기 때문에 문제를 해결하는 데 쓸모가 없다. 여기서는 우선, 옛날의 과거제도와 오늘날의 **유사-과거제**들(공채시험 방식의 입직제도) 사이의 닮음을 확인하는 것으로 충분할 것이다.

어쩌면 이런 주제를 다룰 때 참고할 만한 것은 철학자 미셸 푸코Michel Foucault가 말한 계보학genealogy의 시선일지 모른다. 계보학은 객관적이고 중립적인 지식은 없으며 모든 지식은 권력과 동시적으로 구성된다는 입장을 전제한다. 또한 역사가 보편적이고 필연적인 것이 아니라 정치적이고 우연적임을 강조한다. 계보학자가 역사를 들여다보는 이유는 기원을 찾기 위해서가 아니다. 푸코에 따르면 계보학자는 "기원이라는 키메라를 퇴치하기 위해 역사를 필요로 한다."[24] 중요한 것은 기원 그 자체가 아니다. 역사 속에 흩어져 있는 능력주의의 닮은꼴들을 찾아내 오늘의 능력주의와 견주어보는 것, 그 능력주의의 맥락과 의미를 더 깊이 이해하는 것, 문제를 만든 요인과 지속시키는 요인을 구분하고 해결의 실마리를 찾아내는 것. 그런 시도들이야말로 능력주의라는 역사적 구성물을 보다 깊이 이해하게 만들어 줄 터이다.

2장
자연화自然化한 능력주의: 사회진화론

이론적·사상적으로 논파되고 폐기된 지 오래이지만, 여전히 한국 사회에 강력한 영향력을 발휘하고 있는 관념이 있다. 1800년대 후반, 구한말이란 시공간으로 흘러들어 온 사회진화론 Social Darwinism이 그것이다. 사회진화론은 우승열패優勝劣敗, 약육강식弱肉強食, 적자생존適者生存, 강자생존強者生存 등의 유사 진화론적 법칙을, 인간 사회의 현실을 설명하는 원리로서만이 아니라 마땅히 지향해야 할 당위로 제시한 사상이다. 오늘날 사회진화론은 일반적으로 사회가 지향해야 할 가치로 명시되지는 않지만, 능력자가 무능력자·저능력자를 지배하는 것이 당연하다는 능력주의 논리와 결합해 현실 설명 원리로 제시되고 있다는 점에서 여전히 현재적 의미를 지닌다.

19세기 사회진화론의 역사적 맥락

사회진화론은 1880년대와 1900년대 일본과 중국의 저술을 통해 개화기 한국 사회에 수용됐다. 진화론 역시 비슷한 시기에 알려졌으나 사회적 영향력은 사회진화론이 압도적으로 컸다. 그 내용적 특성들이 당대의 '사회적 수요'에 더 밀접하게 닿아 있었기 때문이다.

진화론은 생물학자 찰스 다윈Charles Darwin의《종의 기원》을 통해 체계화되어 생물학뿐 아니라 철학, 역사학, 정치학, 사회학 등 수많은 학문과 이론에 큰 영향을 끼쳤다. 그런데 다윈이 진화evolution라는 현상을 처음 발견한 것은 아니었으며, 그 개념을 최초로 사용한 것도 아니었다. "진화라는 용어를 처음으로 동식물과 인간 세계에 적용한 사람은 찰스 보넷이었고, 완성된 진화론을 초안했던 사람은 뷔퐁이었으며, 세밀화된 진화 모델을 만들어서 유기체는 끊임없이 변화하는 환경에 적응한다는 이론을 학문적으로 체계화시킨 사람은 라마르크였다."[1]

사회진화론은 영국 사회학자 허버트 스펜서Herbert Spencer에 의해 주창된 사상으로, 다윈의 진화론과 강한 친연성을 가지고 있으나 실상 별개의 경로를 통해 발전되고 확산됐다. 다윈의《종의 기원》(1859)이 발표된 시기보다 앞서 발표된 스펜서의 저작《사회정학Social Statics》(1851)은 당대 이미 알려졌던 진화 사상이 사회진화론으로 체계화되기 시작했음을 보여준다. 스펜서는 다윈의 학설을 알기 이전부터 라마르크Jean Baptiste Lamarck

와 맬서스Thomas R. Malthus의 저술을 통해 진보와 진화 개념에 대해 숙고해 자기 나름의 이론을 만들어나가고 있었다. 그러다가 다윈의《종의 기원》을 접하면서 자기 이론을 뒷받침할 더 많은 근거들을 발견하게 되고, 이를 사회진화론에 적극적으로 활용하게 됐다. 찰스 다윈 또한《종의 기원》출간 후 허버트 스펜서의 사상을 접하고 사회진화론의 영향을 자신의 연구에 일정하게 반영했다. 다윈의 생물학과 스펜서의 사회학 사이에 그렇게 쉽게 상호작용이 일어날 수 있었던 배경에는 맬서스의 인구론이 있었다. "다윈은 맬서스의 인구론의 법칙, 즉 생존경쟁의 법칙으로부터 결정적인 자극을 받고 그것을 자연의 세계에 관련시켜 진화론을 발전시켰"기 때문이다.[2]

사회진화론은 사회를 일종의 유기체로 보면서 생존경쟁을 진보를 위한 필연적 조건이자 동력으로 간주한다. 하지만 동시에 사회를 생물 유기체와 완전히 동일한 것으로 간주하지는 않는다.《사회학 원리The Principle of Sociology》(1896)에서 스펜서는 이렇게 말한다. "생명을 가진 유기체에서는 구성요소들이 총체를 위해 존재하는 데 반해서, 사회에서는 총체가 개별 구성요소를 위해 존재한다는 것이다. 사회란 그 구성원들의 이익을 위해서 존재하지 결코 구성원들이 사회의 이익을 위해 존재하지 않는다."[3]

사회진화론에서 사회의 발전 형태는 미개사회에서 군사사회를 거쳐 산업사회로 나아간다고 도식화됐다. 이는 단순하고 미분화된 상태에서 복잡하고 세분화된 체제로 나아가는 과정이

다. 그 진행은 신분관계에서 계약관계로 나아가는 과정이며 집단주의에서 개인주의로 전환되는 단계이기도 했다. 스펜서는 사회진화론의 핵심 개념은 진화이고, 사회진화는 자동적으로 일어나는 과정이므로 거기에 국가가 인위적으로 개입하는 것은 결코 용납되어선 안 된다고 주장한다.

스펜서의 사회진화론은 "사회가 구성원들의 이익을 위해 존재한다"고 단언할 만큼 개인주의에 경도되어 있었으며, 사회의 발전을 사실상 진화의 단계와 동일시함으로써 국가의 개입을 강하게 경계했기에 자유방임주의와도 가까웠다. 그러나 스펜서 이후 사회진화론은 논자의 이념적 입장에 따라 광범위한 스펙트럼을 보이며 확산된다. 맬서스의 《인구론》에 나오는 '생존투쟁'과 스펜서가 처음 사용한 '적자생존', 두 개념의 주된 적용 대상이 개인인지 집단인지에 따라 사회진화론은 자유방임주의와 결합하기도 하고 민족주의·제국주의와 결합하기도 했다. 이에 따라 "스펜서의 사회진화론은 개체·개인 간의 경쟁에 주목한 자유방임주의적 이론이었고, 키드Benjamin Kidd와 피어슨 Karl Pearson의 경우는 집단·민족을 단위로 두 개념을 적용함으로써 제국주의 이론을 뒷받침했다."[4]

자본주의 및 제국주의가 급속히 팽창하던 19세기 말에서 20세기 초의 세계정세에서 사회진화론은 부르주아 계급과 제국주의 이데올로그에게 논리적 설득력뿐 아니라 도덕적 정당성까지 제공하며 폭발적인 파급력을 발휘한다. 이들은 특히 자연도태의 원리를 강조해 국가나 개인 사이의 불평등 역시 거스를

수 없는 자연적 법칙이라 정당화했다. 또한 사회진화론은 고고학자이자 외교관인 고비노Joseph Arthur de Gobineau의 학설로 대표되는 19세기의 인종주의 인류학, 인류학자 골턴Francis Galton의 우생학 등과 결합해 유럽과 아시아에서 인종개선학 등으로 이론화됐으며, 이후 실질적인 인종차별정책과 생물학적 배제 행위로까지 이어지게 됐다.

일본에서 사회진화론의 수용과 변용

19세기 중반 동아시아에서 서구 열강은 제국주의 행보를 본격화하고 있었다. 당시 세계 각국은 자원의 확보와 시장 확대를 위해 타 국가와 끊임없이 접촉하고 충돌하고 있었으며, 국가 간의 갈등을 다루기 위한 조약과 협약 역시 활발히 체결되고 있었다. 일본을 제외한 아시아 국가들은 여전히 중화주의의 세계관에서 벗어나지 못한 상태였다. 중화주의적 세계관은 특유의 천하天下 관념, 순환적 역사관, 예禮와 도道를 통한 위계적 국가관계를 특징으로 한다. 그러나 국가 간 조약이나 협약은 주권국가끼리의 수평적 지위를 전제하지 않으면 불가능하기 때문에 중화주의 세계관으로는 이해하기도, 받아들이기도 어려운 것이었다. 그럼에도 중국은 1840년대 들어 영국(난징조약), 미국(왕샤조약), 프랑스(황푸조약) 등 서구 국가들과 잇따라 국제 조약을 체결하게 된다. 표면상 평등 조약이었으나 사태의 의미는 명백

했다. 서구 열강의 압도적 힘 앞에 중국이 굴복한 것이다. 이제 중국은 더 이상 세계의 중심이 아니었다.

동아시아의 식자들은 수백 년 이상 이어지던 공고한 하나의 세계가 모래성처럼 허물어지는 것을 목도한다. 일본의 지식인들은 빨리 보았고, 중국과 한국의 지식인들은 그보다 늦었다. 서양 문명의 압도적 힘 앞에 그들은 공포를 느꼈다. 공포는 머지않아 위기감과 추격의지로 바뀌어갔다. 역사도, 언어도, 풍습도 각기 달랐지만 그들은 이제 유사한 '시계', 즉 서구를 따라잡기 위한 '모더니티의 시계'를 갖게 됐다. 다윈의 진화론과 스펜서의 사회진화론은 당시 서구 각국에서 가장 뜨거운 사상이었으므로, 일본과 같은 '추격자 국가' 역시 이를 빠르게 수입했다. 진화론은 서구의 최신 사상이라는 이유에서뿐만 아니라 일본 사회 내부의 필요에 의해 더욱 큰 호응을 얻게 됐다.

정치학자 마쓰자와 히로아키松澤弘陽는 당시 버클Henry Thomas Buckle과 스펜서의 책들이 많이 읽히게 된 이유에 대해 "일본의 독자들이 그들의 이론을 19세기 중반의 유럽, 특히 영국의 문명화의 발전과 성격을 설명했던 첫 번째 이론들로 생각했기 때문"이라고 설명했다. 더구나 일본 독자들은 "이들 이론의 기반을 이루고 있는 문명화의 과학적 법칙이 유럽뿐만 아니라 전 세계에 일반적으로 유효한 것이며, 자연법칙만큼이나 확실한 것으로 생각하여 일본의 미래를 위한 명확한 전망을 제시한다고 생각"했다.[5]

많은 사상이 그런 것처럼 사회진화론도 일본에 수용된 뒤

변용되는 과정을 거친다. 일본에 사회진화론을 본격적으로 소개한 선구자 중 하나로, 중국의 개혁가 량치차오梁啓超의 사회진화론 스승 격이기도 했던 정치학자 가토 히로유키加藤弘之는 스펜서의 주장이 개인주의에 기운 것에 대해 여러 차례 우려를 표했다. 가토는 사회진화론을 집단주의와 국가주의 쪽으로 바짝 끌어온다. 예컨대 "집단의 생존을 위해 우매한 대중이 민권에 대한 망상을 버리고 천황과 화족에게 절대적으로 복속해야 한다", "민족 사이의 생존경쟁에서 이기려면 한 민족 안에서 우매한 백성과 태생적으로 열등한 여자, 무산자 등은 국민주권의 거짓된 꿈을 버리고 오로지 국가에 헌신해야 한다" 등의 주장에서 가토의 이런 인식이 드러나고 있다.[6]

본래 스펜서의 사회진화론은 부르주아 계급의 자본축적을 정당화하는 학설이며 개인의 역량을 강조한다는 점에서 능력주의 이념과 강한 친연성을 지닌다. 그러나 가토의 사회진화론은 스펜서의 그것과 달리 개인을 국가의 하위 요소로 고정시키는 한편 전근대 사회의 수장인 군주(천황)가 근대 사회의 최고 권력이며 주권자여야 한다고 강변했다. 이론에 내적 균열을 일으키면서까지 가토가 이런 주장을 했던 데는 이유가 있다. 약자가 강자에게 굴종하는 것이 자연법칙이라는 사회진화론을 있는 그대로 받아들일 경우, 아직 서구 열강에 비해 힘이 약했던 일본이 그들에게 대항할 명분이 없어지기 때문이다. 서구 열강에게는 추격자이면서 아시아 식민지 약소국에게는 상대적 강자인 일본 입장에서는 다소 비일관성을 무릅쓰더라도 내부의 불만을

잠재우고 외부세력에 맞설 '사회진화론의 국가주의 판본'이 긴요했던 셈이다.

한국에서 사회진화론의 수용과 변용

한국에서 사회진화론은 일본보다는 중국과 유사한 형태로 수용, 변용됐다. 어느 정도 근대화를 달성하면서 제국주의 국가로 변모하던 '상대적 강자' 일본과 달리, 중국과 한국은 절대적 약자 입장이었기에 유사성을 띠게 됐으리라 추정할 수 있다. 본래 사회진화론은 강자의 입장을 대변하는 이론이었으나, 중국과 한국에서 그것은 왜 자신들이 무능한 약자가 됐는지를 설명하는 이론이자 더 나아가 유능한 강자가 되기 위한 도구로 기능했다.

중국에 사회진화론을 처음 번역해 소개한 지식인은 옌푸嚴復였으며, 이를 확산시키고 중국사회에 맞게 변용한 이는 량치차오였다. 한국에서 이 역할을 한 지식인은 유길준이다. 유길준은 1881년 도쿄로 유학을 가서 당시 일본에 지적 열풍을 몰고 온 진화론자 에드워드 모스Edward S. Morse 교수를 알게 된다. 1883년 유길준은 한국 최초의 도미 사절인 보빙사의 일행으로 미국에 가게 됐는데, 이때 모스 교수를 직접 찾아가 다윈의 진화론을 사사師事했다. 진화론과 사회진화론에 심취한 유길준은 〈경쟁론〉이라는 글과 《서유견문》 등의 저서에서 한국 현실을

논하며 당시 지식인과 대중에게 결정적 영향을 끼쳤다.

유길준은 본래 양반 가문에서 태어나 유학을 공부한 선비였지만 1880년대 중반 이후부터 도저한 근대주의자로 변모했다. 조선의 전통적 세계관 속에서 경쟁은 사회질서를 해치고 불안과 혼란을 일으키는 행위로 인식되곤 했지만, 사회진화론의 세례를 받은 유길준은 경쟁의 결과로 사회의 진보가 나타난다고 보았다. 그리하여 유길준은 "경려(경쟁)의 욕구가 결여된 사람은 날마다 밥을 먹고 있다 하더라도 산 시체와 같다"[7]고 주장하거나, 가난이 본인의 자질 부족에 있다고 질타하는 계급 혐오적 능력주의자의 면모를 보이기도 했다.

한편 1890년대가 되면 사회진화론은 《독립신문獨立新聞》의 기사나 논설로 여실히 드러난다. 《독립신문》은 1896년 4월 7일에 한국에서 최초로 발간된 민간 신문으로 3면은 한글로, 1면은 영어로 발행됐다. 당시 세계정세에 대한 정보들이 대부분 한문이나 외국어로 유통됐기 때문에 《독립신문》이 지닌 대중매체로서의 의의나 파급력은 매우 컸다고 할 수 있었다.

《독립신문》창립자 서재필과 주필 윤치호는 사회진화론을 통해 국가 근대화의 필요성을 계몽시키려 했다. 전복희에 따르면 《독립신문》의 논설은 "약육강식과 강자의 권리만이 인정되는 사회진화론적 관점에 입각해서 국제 사회의 인종이나 국가 간의 갈등과 싸움을 설명하고, 국민에게 약자의 입장에 있는 한국의 현실을 인식시키"는 수단으로 사용됐다. 또한 "당시의 세계를 황인종과 백인종의 대결의 시기로 보고 아시아에서 백인

종의 세력 확대를 방어하기 위해서 황인종의 단합 내지는 아시아 연대주의를 강조"하고 있다.[8]

10년 넘게 미국에서 유학 생활을 한 윤치호는 정의나 도덕을 냉소하면서 힘의 논리만이 세계를 설명할 수 있다고 확신한, 철저한 사회진화론자였다. 힘이 곧 정의이고 세계의 신神이었다.[9] 그는 어떤 지식인들보다 격렬한 자국 혐오 정서와 선진국 선망을 드러냈다. "민족으로서의 한국인은 아무런 미래도 없다. 그들이 중국인만큼 인내심이 많은가? 아니다! 그들이 일본인처럼 의협심과 민족적 자존심이 강한가? 아니다! …그들은 미개인이면서도 미개인의 가장 좋은 특징—용감무쌍과 호전성—을 가지고 있지 않다. 유교와 전제왕권의 폭정이라는 맷돌이 인간을 인간으로 만드는 인간성의 특징들을 한국에서 모두 가루 내어 없앤 것이다."[10]

사회진화론은 20세기 들어 일제강점기 애국계몽운동과 결합하면서 본격적으로 대중화 됐다. 학교 설립, 각종 캠페인과 강연, 독본讀本과 서적의 편찬 등 애국계몽운동의 실질적 활동에서 사회진화론은 핵심적인 이론으로 기능한다. 중국의 대표적인 사회진화론자인 량치차오의 글이 다양한 경로를 통해 대중들에게 소개됐는데, 약육강식의 세계에서의 생존을 역설하는 《음빙실문집飮氷室文集》은 학교 교재로도 사용된 바 있다.[11] '생존경쟁'과 '우승열패'는 금세 상품 광고와 학생들의 노래에도 등장할 만큼 대중적인 어휘가 됐다.• ••

일제강점기 친일 엘리트들이 현실 순응적 '실력양성론'을

전파하는 와중에 사회진화론에도 이론적 변형이 일어났다. "제
1차 세계대전의 참혹한 결과를 목도하면서 개조론이 등장하고,
개조론을 수용한 식민조선의 지식인들이 자연도태론 대신 인위
도태론을 강화하는 형태로 사회진화론을 변형"시키게 된 것이
다.••• 작가 이광수는 "'문명을 갖춘 인류'는 자기의 진화를 의
식적으로 행하는 '인위적 진화'를 행할 수 있다"고 말하면서 그
방법으로 교육과 혁명을 제시한다. 그는 이를 통해 "조선도 자
각을 가지고 노력하면 개국 50년에 서양 열강과 어깨를 견줄 수
있게 된 일본과 같이 될 수 있다"고 말했다.[12] 박준표와 같은 사
회진화론자는 인간의 불평등을 인정하지 않는 사회주의를 비난
하면서, 바람직한 평등 요구는 "결코 계급을 타파하고 우열을
인정치 않고 차별을 철폐하려는 평등 요구가 되어서는 안 된
다"고 주장했다. 또 그는 "차별이 있고 우열이 있고 계급이 있
으니 이 천연자연 본래의 차별, 우열, 계급"을 인정한 위에 이뤄
지는 평등운동이 바로 "데모크라시의 본의요, 평등 요구의 정

- 1896년 겐노간健腦丸 광고는 "귀중한 뇌가 건강하지 않으면 日進月步 優
  勝劣敗의 세상을 살아가며 각 사업에 종사하지 못할 뿐 아니라 국가를 위
  하려 이보다 불리한 것은 없다"고 역설한다; 야마자키 미쓰오《일본의 명
  약》; 권창규, 《상품의 시대》, 민음사, 2014, 106쪽에서 재인용.
- •• 서우사범학교 학도가에는 "...生存競爭當此시대時代에/ 國家興亡이니게
  달녓네 ... 六大洲大陸의 形便살피니 弱肉强食과 優勝劣敗라/"《西友》4
  호, 1907, 39쪽; 전복희, 같은 책, 140쪽에서 재인용.
- ••• 개조론은 1차 세계대전 직후 전쟁의 참상을 목도한 지식인들에 의해 주창
  된 것으로, 세계 질서를 이상주의적 관점에서 개편하자는 주장이었다; 박
  성진, 《사회진화론과 식민지 사회사상》, 2003, 127쪽.

신"[13]이라고 천명했다.

　인위도태론은 골턴의 우생학에서 나온 개념으로, 1900년대 초 일본에서 유행한 '인종개선학'의 핵심 주장이다. 이런 인종주의 논리는 일부 조선 지식인들의 사회운동론에도 녹아들었다. 이를 명확히 보여준 것이 이광수의 '민족개조론'이다. 인종개선학은 인종과 개인의 우열을 강조하면서 "사회 개선을 위해서는 사회를 조직하는 개인의 개선을 병행해야 한다"고 주장했는데, 이는 "민족성의 개조는 개인성 개조의 총화"[14]라는 이광수의 주장과 일맥상통하는 것이었다.

사회진화론, 능력주의, 에이블리즘ableism

'생존경쟁struggle for existence은 피할 수 없다'는 명제는 사회진화론만이 아니라 다윈 진화론의 핵심이며, 다윈은 이에 대해 "맬서스의 원리가 적용된다"[15]고 명시한 바 있다. 이는 인간을 포함해 동식물 전반에 적용되는 일반법칙이다. 생존경쟁이 불가피한 이유는 생물이 기하급수적으로 증가해 생존할 수 있는 수보다 많은 개체가 생산되기 때문이다. 이에 따라 자연도태가 발생해 우월한 개체의 특성과 변이는 보존되고 열등한 개체는 멸종하게 된다.

　엄밀히 따지면 스펜서의 생존경쟁 개념과 다윈의 생존경쟁 개념은 그 내용이 달랐다. 스펜서의 생존경쟁이 '개체들끼리의

약육강식 투쟁'이란 의미에 가깝다면, 다윈의 생존경쟁은 '우연히 환경에 적합한 특성을 갖게 된 종이 살아남게 되는 과정'을 의미했다. 그래서 다윈은 생존경쟁이라는 말을 "넓게 은유적 의미로 사용"[16]했다고 밝히기도 했다.

그럼에도 많은 연구들은 다윈 역시 실제로는 생존경쟁 개념을 모호하게 사용했으며 때로 스펜서와 명확히 구분되지 않았음을 지적한다. 역사학자 박노자는 "다윈 자신도 '힘의 종교'의 신도이자 굴지의 인종주의자"였다면서 다윈이 "남미의 원주민들을 보면서 일기장에 '이들이 나와 같은 인류에 속한다고 도저히 믿어지지 않는다'고 쓰고, '약자 인종'이 '강자 인종'에게 전멸당하는 것을 '자연도태'로 보았다"고 말한다.[17] 결국 다윈이든 스펜서든 '불가피한 생존경쟁에서 살아남는 것은 우월한 개체'라는 식의 주장을 개진했다는 것이다.

스펜서가 만든 개념인 '적자생존survival of the fittest'은 다윈을 거쳐 다시 사회진화론에 반영되면서 '강자 생존' 내지는 '우월자 생존'이라는 의미로 확대 해석됐고, 약자나 열등한 자가 도태되는 것은 필연적이라고 이해됐다. 그렇다고 해서 사회진화론이 강자가 약자를 잡아먹는 '자연상태the state of nature로 돌아가자'는 사상은 아니었다. 17세기에 나온 홉스와 로크의 사회계약론은 자연상태를 국가 이전의 야만적 상황으로 상정하고, 국가 및 시민의 출현을 일종의 문명화 과정으로 논하고 있다. 이런 사상사적 맥락에서 보더라도, 그보다 200년 뒤에 나온 사상인 사회진화론이 국가 등장 이전 상태로의 회귀를 의미한다고

단언하기는 어렵다.

사회진화론은 계몽주의 이후에 나타난 사유이며 기본적으로 '진보'의 사상이다. 인간의 역사는 어쨌든 계속 진보한다는 믿음이 바탕에 깔려있다. 19세기는 서구 사회에서 그 믿음이 극에 달했던 시대였고, 그래서 인간의 역사는 마치 겨울이 가면 봄이 오듯 필연적인 과정인 것처럼, 즉 마치 자연사自然史적 과정인 것처럼 이해됐다. 당대에 진화론류의 사상들이 폭발적으로 쏟아져 나와 엄청난 열광을 몰고 왔던 이유도 여기에 있다. 요컨대 인간의 진보progress는 자연의 진화evolution와 동일시됐다. 그러한 동일시는 사회발전에 대한 목적론적 인식으로 이어졌다. 진화론류 사상은 폭발적으로 성장하던 프롤레타리아 계급에 위협을 느끼던 부르주아 계급에게 현실의 권력관계를 정당화할 수 있는 방어 논리가 되어주는 한편, 역사발전 단계에 관한 마르크스의 서술에서 볼 수 있듯이 공산주의자, 사회주의자 들에게도 강력한 이론적 무기가 됐다.

이러한 단선적 진보사관, 진보와 진화를 동일시하는 오류 등은 20세기에 많은 비판을 받았고,● 세계대전과 홀로코스트의 경험을 통해 우생학에 강하게 결속된 사회진화론은 학문적 입지를 완전히 잃게 됐다. 그럼에도 불구하고 사회진화론적 사고

● 예컨대 미국의 고생물학자 스티븐 제이 굴드는 저서 《풀하우스》(1996)에서 '진화는 진보가 아니라 다양성의 증가'라고 강조했다. 여기서 다양성의 증가는 복잡성의 증가가 아님에 유의해야 한다. 여러 기생생물의 경우처럼 점점 단순화되며 환경에 적응한 사례도 적지 않았다.

방식은 현대에도 여전히 다양한 이념들에 침윤되어 남아있는 것으로 보인다. 특히 장애인에 대한 체계적 배제를 가리키는 에이블리즘ableism은 또 하나의 문제적 능력주의로서, 사회진화론 및 다양한 버전의 우생학주의와 직결된 중요한 개념이다. 한국에서 이 말은 보통 '비장애중심주의'로 번역된다.

> 여기서 우리는 장애 역시 젠더와 유사한 위상을 갖는 이차원적인 차별임을 논할 수 있다. 자본주의 체제의 성립과 동시에 '일할 수 있는 몸the able-bodied'과 '일할 수 없는 몸the disable-bodied'을 구별하고 후자를 노동력 시장에서 배제하는 과정에서 '장애인'이라는 범주가 발생했을 뿐만 아니라, 정상성과 연결된 특징들에 특권을 부여하는 반면 비정상적인 것으로 코드화된 모든 것들을 평가 절하하는 '비장애중심주의ableism'적인 문화적 인정질서가 광범위한 사회적 상호작용의 틀을 결정하기 때문이다.[18]

사회진화론이 능력주의와 관련해 갖는 핵심 의의는 경제적 합리성 내지 효율성이라는 당위에 생물학적 필연성을 덧칠했다는 점이다. 일단 우열 구분이 자명하고, 우열 경쟁이 영원히 존재하는 것으로 인정하고 나면, 그때부터 능력주의는 합리적 행동 지침이자 자연적 섭리가 된다. 빈민구제나 복지정책을 자연도태에 개입하는 맹목적인 행위라 비난한 과거의 맬서스주의자

들처럼, 능력주의자들 상당수는 오늘날도 여전히 경쟁에서 패배한 자들에 대한 지원은 부정되거나 최소화되어야 한다고 주장한다. 효율성의 차원에서도 그렇지만 그것이 자연법칙(약자 도태)을 위배한다는 이유에서다.

　엄밀히 말하면 그러한 인식은 스펜서가 주장한 본래의 사회진화론과 동일하지 않으나 그렇다고 무관하지도 않다. 말하자면 그것은 변형된 사회진화론이며 '자연화한 능력주의'다. 이 '자연화한 능력주의'는 적어도 불평등을 정당화하는 논리로 직관적 호소력을 발휘하기 때문에 오늘날 만연한 각종 혐오범죄 및 차별선동의 기저 논리로 여전히 활용되고 있다.

3장
입신출세주의와 교양물신주의

개인의 탄생

'입신立身'이라는 말은 본래 《효경孝經》에서 비롯한 말로 '자기 몸을 바르게 간수함'을 의미한다.[1] 즉, 전근대 신분사회에서 유교적 덕목인 '효'를 실천하는 하나의 방식이었다. 반면 '입신출세立身出世'는 근대 일본에서 만들어진 어휘로 그 의미는 '자신의 능력과 노력을 통한 사회적 지위 상승'이다. '입신출세주의'는 그러한 지위 상승을 지향하는 태도나 이념을 가리킨다. 이 말은 다소간의 시간차를 두고 한국으로 수입되어 널리 사용됐다.

봉건적 신분 질서를 벗어나기 시작한 사회에서 개인이 부와 명성을 다투어 추구하게 되는 건 필연적이다. 제도와 문화가 급변하는 만큼 기대지평과 경험공간은 달라질 수밖에 없었고, 사람들의 욕망도 그 변화에 맞춰 새롭게 주조됐다. 예컨대 "입신출세주의는 근대 일본인의 정신적 원동력"[2], "근대 이래 한국 사회에서 근대 주체를 형성한 주된 동력은 입신출세 욕망"[3],

"근대는 모든 개인들에게 '입신'과 '출세'를 요구한다"[4] 등의 서술은 이러한 인식을 잘 보여주고 있다.

입신출세주의의 가능 조건이었던 근대적 교육제도는 구한말, 일제강점기를 거쳐 점차 체계화되어 현재 대한민국에 이어졌다. 경쟁시험에 기초해 학교 간 위계 서열을 만들어낸 교육제도는 훗날 세계에서 가장 강력한 학력주의學歷主義의 제도적 기반이 됐다. 학력주의는 입신출세주의의 한 부분으로, '학교의 권위를 매개로 한 입신출세주의'라 표현할 수 있다. 입신출세 욕망은 진학열과 교육열 등 학력주의적인 욕망과 불가분의 관계이지만, 편의상 여기서는 학력주의와 구분한 입신출세주의만을 다룬다. 학력주의는 능력주의와 가장 밀접한 이념으로, 이에 대해서는 뒤에 다시 설명하려 한다.

근대 시기 일본의 교양주의教養主義는 입신출세주의의 안티테제로서 나타났다. 여기서의 '교양'은 중국, 한국, 일본 등 한자문화권에서 오랫동안 유지되어온 유학 경전 및 고전문학에 대한 이해와 지식이 아니라, 기본적으로 유럽의 인문고전에 대한 교양Bildung을 가리키는 것이었다. 한문 연구자 모로하시 데쓰지諸橋轍次는 《대한화사전大漢和辭典》에서 '교양자손教養子孫'이라는 말이 《후한서後漢書》에 나온다고 밝히고 있는데, 이때의 교양은 '자손을 가르치고 기르다'의 뜻으로 현대 일본의 '교양'과는 그 의미가 상당히 다르다.[5]

근대 이후 한국의 '교양'과 '교양주의' 개념은 일본을 통해 들어왔기 때문에 그 의미와 수용의 맥락 역시 복제하듯 그대로

답습됐다. 특권적 지위를 누린 도쿄제국대학 학생들 사이에서 교양주의가 퍼져 나갔듯이, 경성제국대학에서도 거의 유사한 양상으로 교양주의가 나타났다. 입신출세주의의 반작용이자 그에 대한 거부로 나타난 교양주의는 처음부터 강한 엘리트주의를 내장하고 있었다. 그래서 교양주의는 입신출세주의를 전면 부정할 수 없었고, 예외적 경우들을 제외하면 단지 그 노골성을 완화해주는 문화적 장신구로 기능하게 된다. 교양주의는 이내 '교양물신주의敎養物神主義'로 변형됐다. 교양이 출세와 지위경쟁의 도구이자 물신fetish이 된 것이다. 교양주의는 그렇게 한국에서 입신출세주의와 더욱 강하게 일체화됐다.

구성원을 개인으로 상정하는 것은 근대 사회의 특징이다. 입신출세주의와 교양주의 또한 근대적 주체로서의 **개인**을 전제하지 않으면 성립될 수 없다. 신분제도 하의 집단 구성원이 아니라 명목상 평등한 권리의 소유자로서 개인은 이제 스스로 자신의 생활을 개선할 수 있었으며 그 성과는 자기 자신에게 귀속됐다. 법과 제도 등의 강제적 규칙도 개인을 기본 단위로 만들어졌기 때문에, 사람들은 좋든 싫든 이러한 본질적 변화에 빠르게 적응해 이내 이를 자연스럽게 여기게 됐다.

사회학자 지그문트 바우만Zygmunt Bauman은 근대화가 진행되면서 '개인화'의 의미는 계속 변화하며 항상 새로운 형태를 취하게 된다고 말한다. 그리고 현대에 이르러 "'개인화'는 이제 백 년 전에 그것이 의미하던 바, 공동체적 의존과 감시, 강제로 빈틈없이 짜인 조직으로부터의 인간의 '해방'을 칭송하던 근대

초기에 그것이 의미하던 바와는 사뭇 다른 것이 되었다."[6] 여기서 "사뭇 다른 것이 되었다"는 말의 의미는, 근대화 과정이 진행되면서 개인의 공적 측면이 옅어지고 사적 측면이 강화됨에 따라 사회구조적 문제에 대한 대응까지 모두 개인의 책임으로 떠넘기게 된 현상을 가리킨다. 이러한 '개인화'는 입신출세주의와 교양주의뿐 아니라 앞으로 살펴보게 될 학력주의나 능력주의의 핵심 요소이기도 하다.

입신출세주의의 가능 조건

여기서는 먼저 입신출세주의의 가능 조건으로서 제도와 담론을 살피기로 한다. 제도적 변화 중에서 가장 중요한 두 가지는 신분제도의 폐지 및 대중교육의 본격화다. 입신출세주의가 가능하려면 최소한 모든 구성원들 사이에 형식적 평등이 필요하다. 과거제도가 아무리 평등주의적 요소가 강하게 담지된 제도였다 하더라도, 그것은 어디까지나 양인良人 신분에 한한 것이었다. 노예계급이라 할 수 있는 천인賤人 계층에게는 원천적으로 시험 자격이 주어지지 않았다. 공식적으로 신분제가 사라진 것은 1894년 갑오개혁에 이르러서였다.

갑오개혁은 외세를 등에 업은 일부 엘리트에 의한 '위로부터의 개혁'이라고 평가되긴 하나, 그렇다고 해서 신분제 폐지와 같은 중대한 사회 변화를 엘리트의 결단으로 환원해버릴 수는

없다. 당시 '아래로부터의 개혁' 요구 역시 갑오개혁에 결정적 영향을 끼쳤다. 특히 고부군수 조병갑의 수탈에 항거해 일어난 동학농민운동이 대표적 사례다. 동학농민군은 당시로서는 급진적인 평등사상을 바탕으로 신분제도의 개혁을 골자로 한 폐정개혁안을 내세워 민중들로부터 광범위한 지지를 얻었다.

사회경제적 측면에서 조선 후기 이미 신분 질서는 급속히 와해되고 있었으며, 갑오개혁 이전부터 신분 상승 열망은 사회 전체에 고조되어가고 있었다. 역사학자 미야지마 히로시는 18세기 이후 조선에서 "사회 전체의 양반 지향화" 현상이 일어났다고 묘사하면서 "사회의 유동화가 격렬해지는 근대에 들어와 사회 전체의 양반 지향이 한층 더 가속화되었다"고 설명한다.[7] 요컨대 한국 사회에서 신분제의 철폐는 단절적 사건으로 도래했다기보다 오랫동안 누적된 과정으로 일어났던 것이다.

신분제 철폐와 더불어 입신출세주의의 제도적 가능 조건으로 꼽을 수 있는 것은 근대적 학교·교육제도의 도입이다. 갑오개혁 직후인 1894년 9월 2일, 중앙교육행정기관인 학무아문學務衙門은 '학무아문고시'를 발표한다. 이 고시는 한국 사회에서 국민보통교육, 즉 대중교육의 출발이라 해도 과언이 아니었다.

돌이켜 보건대 시국은 크게 바뀌었다. 모든 제도가 다 함께 새로워져야 하지만 영재의 교육은 무엇보다 시급한 일이다. 그러므로 본 아문에서 소학교와 사범학교를 세워 먼저 서울에 행하려 하니, 위로 공경대부의 아들

로부터 아래로 서민의 준수한 자제에 이르기까지 다 이 학교에 들어와 경서經書·자전子傳·육예六藝·백가百家의 학문을 배워 아침에 외고 저녁에 익히도록 하라. 그리하여 장차 일을 알아 시대를 구하고 내수內修와 외교에 각각 크게 쓰고자 하니, 진실로 좋은 기회이다. 앞으로 대학교와 전문학교도 차례로 세우려 한다. 무릇 사방의 학자들은 책을 가지고 달려와 전심으로 가르침을 받들어 성세聖世를 이루려는 뜻을 버리지 말라.[8]

1894년 공포된 전고국조례銓考局條例, 선거조례選擧條例는 시험에 의한 경쟁적 선발을 제도화했다. 유교경전이 아닌 신학문의 비중이 커졌다. 예컨대 1899년 설립된 관립의학교에는 중인 집안 출신이 다수였으나 예조와 공조판서를 지낸 명문 세도가의 자제들도 상당히 진학해 당대의 신학문인 서양의학을 배웠다.[9]

제도적 조건이 구비된다고 해서 바로 입신출세주의가 사회적 영향력을 발휘하는 것은 아니다. 실제로 작동하기 위해서는 입신출세의 욕망이 사회적 의미를 획득해야 한다. 욕망의 실현이 공적 의의와 사적 효용을 동시에 충족시킨다고 믿어질 때, 그 욕망은 비로소 구성원들 다수가 공유하거나 최소한 인정해줄 수 있는 것이 된다. 그것은 결국 일종의 정당화 담론의 형태를 띨 수밖에 없으며 인쇄매체를 통해 반복적으로 출현하고 유통됨으로써 공론장의 '시민권'을 획득한다.

입신출세주의의 담론적 조건이 형성되는 데에는 일본의 영

향이 컸다. 입신출세, 입신출세주의라는 말이 일본에서 만들어졌다는 이유 때문만이 아니라 많은 근대적 지식, 사상, 제도가 일본을 경유해 한국으로 들어왔기 때문이다. 입신출세주의와 개념 쌍을 이루는 교양(물신)주의에 있어서도 역시 일본의 영향은 결정적이었다.

일본과 한국에서 입신출세주의를 상징하는 텍스트는 작가 새뮤얼 스마일스Samuel Smiles의 《자조론》이다. 이 책은 1859년 영국에서 출간되어 선풍적인 인기를 얻었고, 160년이 지난 지금까지도 이른바 자기계발서의 원조격이라 일컬어지며 세계 곳곳에서 읽히고 있다. 스마일스는 의사로 개업한 뒤 열심히 사회운동에 참여하다가, 나중에는 직업마저 포기하고 본격적인 정치개혁운동에 뛰어든다. 그러나 그는 몇몇 뼈아픈 경험을 하며 '정치개혁과 사회개혁만으로는 진정한 변화를 끌어낼 수 없다'고 절망하고, 사회정치적 운동에 대한 일체의 관심을 끊는다. 그리하여 개인개혁, 즉 자조Self-Help만이 유일한 성공의 길이라고 주장하며 활발히 강연을 다니게 됐는데, 그 강연 내용을 모아 책으로 만든 것이 《자조론》이다.

'빈곤은 온전히 개인의 무능과 게으름 때문'이라는 스마일스의 주장은 당시 부르주아 계급의 생각을 잘 대변해주었기에 책은 순식간에 베스트셀러가 됐다. 대중의 정치적 저항을 억압하면서도 그들의 노동력을 효과적으로 추출하고 싶었던 세력들, 즉 노동규율에 대한 탈정치적 정당화 논리가 절실히 필요했던 여러 국가의 지배계급과 지식인들에게도 이 책은 비상한 관

심을 끌었다.

1871년 《자조론》은 《서국입지편西國立志篇》이라는 제목으로 일본에 번역 소개되어 엄청난 호응을 얻었으며, 1905년에는 《자조론自助論》이라는 제목으로 다시 번역됐다. 1900년대 당시 일본에는 입신출세를 테마로 하는 수많은 잡지가 간행됐다. 1902년 창간된 《성공成功》이라는 잡지에는 성공하기 위한 방법이 구체적 사례와 함께 소개되어 인기를 끌었다.

한국에서 《자조론》은 1906년 《조양보朝陽報》에 처음 소개됐다. 그런데 당시 한국에서 소개된 '자조'는 개인의 입신출세라기보다 국가의 자조라는 의미에 가까웠다. 즉, 부강한 나라가 되자는 이야기로 각색됐던 것이다. 개인의 자조라는 의미로 번역된 것은 1918년 작가 최남선에 의해서였는데, 이때도 완역이 아닌 부분 번역이었다.[10] 이 시기를 전후해서 입신출세주의 텍스트들이 홍수처럼 쏟아져 나오게 된다. 《청춘》, 《소년》 등의 잡지에서는 외국의 입지전적 인물인 카네기, 록펠러, 워싱턴 등의 삶이 청년세대가 마땅히 따라야 할 롤 모델로 제시됐다. 그 대부분은 성공론, 수양론, 노력론의 형태로 '각고의 노력 끝에 성공했다'는 서사를 반복하는 데 그쳤다.

동전의 뒷면: 교양주의

교양주의는 입신출세주의와 마찬가지로 일본에서 만들어진 조

어다. 교양주의는 일본의 제국대학과 제국대학의 예비교인 이른바 구제舊制고등학교 학생들이라는 극소수 엘리트 집단을 중심으로 나타났다는 점에서 입신출세주의와 대조를 보인다.

일본 교양주의의 효시를 흔히 '다이쇼 교양주의'라고 부른다. 다이쇼大正는 일본의 제123대 천황인 요시히토(嘉仁, 1879~1926)의 연호로 그 기간은 1912년부터 1926년까지로 매우 짧았으나, 당시 일본 전역에서 민주주의적 풍조가 고양됐으므로 '다이쇼 데모크라시'라고 일컬어졌다. 다이쇼 교양주의는 이런 사회적 분위기 속에서 나타난 인문주의자나 학생 들의 사고방식을 가리키는 말이다.

일본에서 1886년 제국대학제도가 설립되면서 입신출세의 경로에서 가장 앞선, 혹은 정점에 선 집단이 사회적으로 가시화됐다. 구제고교● 학생들은 치열한 시험경쟁을 통과해 제국대학의 독점적 입학 자격을 부여받은 만큼 제국대학생과 마찬가지로 일종의 '학력귀족'으로 대우받고 있었다. 초창기 구제고교의 문화는 '반카라バンカラ, 蛮カラ'라는 말로 요약된다. 반카라는 '야만野蛮'과 '하이카라ハイカラ'의 합성어로 동시기에 유행한 '서양

● 1918년 법 개정으로 공사립 고교가 인정되기까지 메이지 시대의 구제고등학교, 즉 제1(도쿄), 제2(센다이), 제3(교토), 제4(가나자와), 제5(구마모토), 제6(오카야마), 제7(가고시마), 제8(나고야) 고교 졸업생에게는 제국대학 입학이 자동 보장됐다. 1925년부터는 제국대학 문학부 입학시험이 도입됐으나 1945년까지 구제고교 졸업생의 90%는 제국대학에 진학할 수 있었다; 원지연, 〈근대일본에서 학교제도의 보급과 학력주의의 형성〉, 《외대사학》, 12(1), 역사문화연구소, 2000, 616~617쪽.

풍조에 물든 사람'을 가리키는 속어였던 '하이카라'의 상대어다. 반카라 문화는 고성방가, 기숙사에서의 방뇨와 후배에 대한 린치 등 폭력적 일탈행위로 특징지어지는데, 러일전쟁을 전후해서는 애국주의와 국가주의 경향이 노골화됐다.

그러나 반카라 문화에 대한 반감은 구제고교 내부에서도 점점 커지고 있었다. 또한 제국대학 출신들이 주도한 다이쇼 교양주의의 영향으로 고교생들 사이에서도 교양주의가 빠르게 확산되는 중이었다. 입신출세를 꿈꾸며 열심히 공부해 구제고교에 들어왔지만, 학생들은 점차 이상과 현실의 괴리를 느끼게 됐다. 이에 반카라 문화 전통에 대한 반발에서 출발한 교양주의는 점차 논리를 더해 개인주의적·실존주의적 또래문화로 발전한다. "입신출세가 당연시되는 일고一高 학생에게 '진정으로 자신이 원하는 것은 무엇인가?' 혹은 '자신이 진정 그것을 원하는가'라는 자문에서 출발하여 인생의 의미에 대한 고민은 절실한 것일 수 있었다. 그러나 입신출세를 거부한 다음 새로운 인생의 목표가 그리 쉽게 얻어진 것은 아니었다."[11]

교양주의는 반카라 문화에 대한 구별짓기를 넘어서는 집단적 저항, 즉 입신출세주의에 대한 대안을 추구하는 사회운동이 되진 못했다. 노동계급 등 다른 집단과의 연대로 이어지지도 못했다. 그들 자신이 치열한 경쟁시험을 통해 선발된 학력 엘리트이다 보니 지적 우열에 따라 지위와 권리가 분배되어야 한다는 능력주의 이데올로기를 근본적으로 고민하지 않았던 측면도 있었다. 근대문학 연구자 다카다 리에코高田里惠子는 당시 교양주

의가 입신출세주의를 개인적으로 거부함으로써 자신을 특권화
하는 식으로 발현됐을 뿐이라고 지적한다.

교양주의의 탄생배경에 대해 기술한 글에서 강조되는
것이 후쿠자와 유키치류의 입신출세주의의 종언과 청
년의 목표상실이라는 것이다. 다소 안정되기 시작한 일
본 사회에서 고학력 청년들이, 일찍이 가졌던 출세주의
를 가지지 않게 되고 그 대신에 오히려 출세 따위를 경
시하는 태도를 보임으로써 스스로를 특권화하고자 하
는 것이다.[12]

일본이 서구로부터 수입해온 '교양' 개념을 돌아보면, 교양
주의가 결코 엘리트주의를 벗어나지 못하는 결말은 이미 예정
됐던 것일지도 모른다. 문학평론가 매슈 아널드Matthew Arnold에
따르면 '교양'이란 "옥스퍼드의 신념과 전통을 오롯이 견지"[13]
하는 "옥스퍼드의 감성"[14]이며, "위대함과 복리가 부유하다는
것으로 입증된다고 믿는", "속물들"[15]인 신흥계급의 '무질서'에
대항해 엘리트계급이 내세우는 윤리였다. 교양주의자들이 내세
우는 찬란한 인문고전의 정신과 달리 현실 세계에서 교양은 단
지 계급적 차별의 표지로 활용되기 쉬웠다.

한국의 교양물신주의

입신출세주의에 입각한 일본의 학력위계 시스템은 거의 그대로 식민지 조선에 이식됐다. 경성제국대학은 '작은 도쿄제국대학'이라 할 만했다. 식민지 엘리트 청년에게 도쿄제국대학은 극복의 대상이면서 동시에 동경의 대상이었다. 시험 성적으로 일본인 경쟁자들을 압도했다는 '당대의 수재' 유진오는 자신의 열등감과 속물성을 투명하게 드러낸다.

> 동기는 옛날 '유럽'의 학자나 예술가들이 '르네상스'의 발상지인 '이탈리아'를 갔다 와야 목의 때가 떨어진 것처럼 느끼고 최근에 이르기까지 '하이델베르크'나 '옥스포드'를 다녀와야 학문이 완성된 것처럼 생각하던 것과 비슷한 것이었다 할까. 또는 당나라 현종이 서역을 찾고, 의상이나 원효가 당나라를 찾던 것에도 비할 수 있을는지. 경성제대의 교수진은 그만하면 훌륭한 것이었다 할 수 있지만 결국 경성제대는 일본의 식민지 대학이요 그 권위의 본거지는 일본이요 동경이었기 때문에 경성제대 출신자로서는 한번 그 본거지를 찾아 자신의 위치를 확인해보고 싶은 마음이 남직도 한 일이다.[16]

교양주의 역시 한국의 '학력귀족'들에게 유행병처럼 번져 나갔다. "경성제국대학을 지배하던 이념은 바로 교양주의였고, 이

러한 교양주의를 몸에 익힌 지식인이 대량으로 배출되던 시기가 바로 1930년대 초반"이었다.[17] 유진오 같은 식민지 엘리트 청년들은 예컨대 "마르크스주의에 흥미를 가지게 된" 것이 마치 자연스러운 사유의 성숙인 양 묘사했지만, 사실 "그것은 식민지 본국에서 교양의 내용이 변화한 것을 반영한 것에 불과"했다.[18]

다이쇼 교양주의는 다이쇼 데모크라시와 연결돼있었다. 어쨌든 사회의 집단적 실천에 이어져있었던 것이다. 그러나 한국의 교양주의에는 그러한 사회적 맥락이 존재하지 않았다. 한국인에게 교양은 빨리 습득해야 할 강박적 목표였고, 그랬기에 자신의 능력과 자격을 드러내는 징표이자 과시의 대상일 뿐 내적 성찰의 계기가 되기 어려웠다.

문학 연구자 박숙자는 식민지 지식인과 대중이 "명작이 가진 인류 보편의 성찰에 대한 고민 없이 그 외양과 기호를 소유하는 것만으로 교양의 아비투스를 모방할 수 있다고 믿었"다고 지적하면서 "근대성의 문제를 자본주의적 물질성과 계급 상승의 욕구로 이해한 것"이 바로 '속물 교양'의 기원이라고 말한다.[19] 빅토르 위고의 《레미제라블》이 한국에 처음 번역됐을 당시의 일화에서 이런 모습이 징후적으로 드러난다.

이태준의 소설 《사상의 월야》[20] 등장인물 이송빈은 《레미제라블》을 감명 깊게 읽었다면서도 장 발장의 내면에는 관심이 없는 모습을 보인다. 다만 그의 생애를 보면서 "성공해서 살아남아야 한다고 다짐"하고 있을 따름이다.[21] 심지어 번역자 민태원 또한 장 발장의 죽음을 통해 위고가 문학적으로 형상화했던

주제의식을 끝내 이해하지 못한다.

민태원이 끝내고 싶어 하는 부분은 장 발장이 행복해하는 부분인 '선남선녀가 결혼해서 행복하게 살았습니다'로 끝나는 부분이다. 해피엔드를 원하는 것이다. 이렇게 될 경우 재판장에서 장 발장이 양심을 가진 인간으로 자신을 구성해내는 그 지점이 무엇을 뜻하는지, 법보다 우월한 것이 바로 양심을 가진 인간이라는 사실이 무엇을 의미하는지를 체득해내지 못한다. 레미제라블에서 미리엘 신부가 가지고 있는 종교적 구원이 어떻게 해서 양심을 가진 장 발장의 내면으로 이행하는지는 번역되지 않았다. 양심을 가진 근대적 주체의 탄생, 이 장면은 번역은 되었지만 해석되지 않은 것이다.[22]

소설의 의미를 극히 피상적인 차원에서밖에 이해하지 못하면서도 유명한 작품의 목록은 줄줄 나열하는 식민지 독서인의 모습은 교양이라는 것이 어떻게 소비되고 유통됐는지를 잘 드러낸다. 이제 교양주의는 '입신출세주의에 대한 개인적 저항'이라는 의미마저 완전히 탈각된 채 온전히 지위경쟁의 한 양태로서, 즉 교양이 일종의 물신이 된 '교양물신주의'로서 존재하게 되는 것이다. 교양물신주의의 출현은 곧 입신출세주의와 교양주의가 '동전의 양면' 같은 차원을 넘어 구별 불가능할 정도로 일체화됐음을 뜻한다.

K-Meritocracy

2부

현대한국

4장
학력주의와 능력주의의 묘한 관계

능력주의는 학력·학벌주의의 반대말인가

나는 의무교육 연령이 16세까지로 연장되었을 때 가족이 얼마나 분개했는지 기억한다. "뭣 하러 애들이 좋아하지도 않는 공부를 억지로 계속하게 만드는 거야? 애들은 오히려 일을 하고 싶어 한다고."[1]

그러나 어느 경우든 학업의 '성공'과 그에 따르는 직업 서열에서의 상승이 도대체 무슨 의미가 있다는 말인가? '싸나이'들에겐 진정한 지위 상승이란 너무 먼 얘기이기에 의미도 없다.[2]

인용된 글은 각각 프랑스와 영국의 노동계급이 학업이나 학력에 대해 가지는 전형적인 사고방식을 드러낸다. 그러나 한국의 노동계급은 저런 말에 이질감을 느낄 가능성이 높다. 한국

에서는 중간계급이든 노동계급이든 어떻게든 자식을 좋은 대학에 보내려고 발버둥치기 때문이다. 그것이 오랫동안 한국인의 '표준적 욕망'이었다.

비교적 긴 기간에 걸쳐 노동계급 문화가 형성된 서구 사회와 달리, 한국(그리고 일본 등 동아시아 몇몇 국가들)에는 노동자 문화라고 할 만한 것이 없었고, 있더라도 그리 깊이 뿌리내리지 않았다. 사회학자 피에르 부르디외Pierre Bourdieu가 말한 '아비투스habitus', 즉 '계급 습속'이라는 개념으로 이들 사회를 분석하기 쉽지 않은 데에는 이런 이유도 있다. 한국 사회에는 서구인들이 이해하기 힘들 정도의 높은 교육열, 계층과 집단을 막론한 학력에 대한 강한 열망이 실제로 존재한다. 문화연구자 폴 윌리스Paul Willis가 위 인용문에서 말하는 '싸나이 문화' 내지 '반학교 문화'는 물론 한국의 노동계급 청소년들에게도 일정 정도 나타나지만, 문화적 분절의 정도는 서구 사회에 비해 훨씬 약하다고 할 수 있다. 한국의 학력주의를 정확히 이해하려면 무엇보다 이러한 역사적 맥락이 고려돼야 한다.

일상에서 '학력'과 '능력(실력)'이란 말은 혼란스럽게 쓰인다. 어느 때에는 "저 사람은 하버드 출신이니 당연히 일도 잘하겠지"라고 말하다가도 또 어떤 때에는 "학력만 높으면 뭐해 실력이 있어야지"라고도 말한다. '학력=실력'이다가 돌연 '학력≠실력'이 되는 것이다.

학력주의의 '학력'은 학력學力이 아닌 학력學歷이다. 또한 그 학력學歷과 학벌주의의 학벌學閥은 동일한 뜻이 아니다. 학력은

'개인의 교육경력'이라는 포괄적 의미뿐만 아니라 "제도교육 틀 안에서 일정 단계의 학교 교과과정을 이수하였다는 이력"을 의미한다. 일종의 신임장 내지 자격증인 것이다. 교육학자 이정규는 학력주의를 "학력의 실질적 가치보다는 상징적인 가치가 능력과 실력으로 간주되어 과도하게 중시되는 관행과 경향"[3]이라고 정의하고 있다. 이 정의에서 "상징적 가치"는 학력學歷에, "능력과 실력"은 학력學力에 각각 대응하고 있다.

한편 학벌은 한자의 직접적 의미로는 '학문의 파벌'이고 일반적으로 "출신 학교를 중심으로 만들어진 패거리"[4]를 가리킨다. 이정규는 학벌주의를 "학연에 바탕을 두고 파벌을 이루어 정치적 파당이나 붕당, 사회경제적 독과점, 문화적 편견과 갈등 및 소외를 야기하는 관행이나 경향"[5]으로 정의한다. 그에 따르면 학력주의와 학벌주의는 종적 분화냐 횡적 분화냐의 차이를 나타낸다. "(학력주의가) 학력의 종적 분화에 의한 결과로서 개인의 형식적인 업적주의적 측면을 내포하고 있는 반면, (학벌주의는) 학력의 횡적 분화에 의한 결과로서 집단적인 귀속주의적 측면을 강조하고 있는 것이다."[6]

이런 개념상 차이에도 불구하고 학력주의와 학벌주의는 많은 연구에서 "학력·학벌주의"와 같은 형태로 사용된다.[7] 이때 학력·학벌주의는 능력주의(실력주의, 업적주의)와 대비되는 이념으로서, 학력주의와 학벌주의를 "불가분의 이념체계로 간주한"[8] 개념이며, 이는 "학력·학벌이 사회의 모든 부문과 연관되어 유기체와 같이 기능하고 있다"[9]는 인식에 따른 것이다.

학력주의는 학벌주의와 같이 쓰이면서 능력주의와 상반되는 가치체계로 널리 받아들여져 왔다. 정책적·이론적 접근[•]에서는 학력주의·학벌주의와 능력주의를 충돌하는 가치로 놓는 경향이 강하다. "학력주의를 극복하고 능력주의 사회로 변모"해야 한다는 등의 주장이 그 예다.[10] 일반 한국인들의 인식도 다르지 않다. 그들은 "학력·학벌을 능력과 동일시하거나 유사한 것으로 인식하는 경향"[11]이 있는 반면, "대체로 한국 사회가 학력·학벌주의적 사회라는 점에 동의하며 기업이 개인의 능력이나 노력보다 학력을 중시하는 경향이 있는 것으로 생각한다."[12] 정리해보면 '학력'과 '능력'은 동일하거나 유사하게 인식되지만, '학력주의'와 '능력주의'는 모순되거나 상반된 것으로 인식된다.

여기서는 위의 입장과는 다른 관점에서 학력주의(학벌주의)와 능력주의를 비교한다. **학력주의는 능력주의와 유사적·비례적인 관계**에 있다. 다시 말해 학력주의 또는 학벌주의는 능력주의와 상반하거나 충돌하지 않는다. 흥미로운 건 많은 사람들이 겉으로 학력·학벌은 '진정한 능력'이 아니라고 끊임없이 부정하면서도 실제 현실에서는 학력을 능력의 지표로 명백히 인정해왔다는 점이다. 즉, 학력·학벌주의는 진정한 능력주의의 환상을 끝없이 키우는 '미완의 능력주의'이자 **'도착**倒錯**된 능력**

• 이정규(2003), 강창동(1993), 김부태(1993), 김상봉(2001), 양정호(2012), 권성민·정명선(2012) 등을 참고하라.

주의'였다.

교육학자 박남기는 "한국이 학력을 기준으로 지위를 배분하는 사회가 아니라 객관적 시험을 통해 지위를 배분하는 실력주의 사회 요소가 미국에 비해 상당히 높았었다"●고 하면서 "미국과 달리 우리나라의 경우에는 학력과 개인 실력 간의 일치도가 아주 높음을 알 수 있다"고 주장한다. 기부금 입학제도가 발달한 미국은 부모의 배경이 자녀의 대학 진학에 결정적 영향을 미칠 수 있도록 제도적으로 보장된 사회다. 반면 한국은 "시험국민"[13]이라는 말이 나올 정도로 삶의 전단계가 공개경쟁 시험으로 점철돼있다.

한국인들 대다수는 추천제나 기부금 입학제도를 혐오하며, 같은 문제를 풀어 '전국 1등부터 꼴찌까지' 분명히 가려져야 공정하다고 생각한다. 제도와 문화 역시 그렇게 형성되어왔다. 그런데 필기시험이 실력을 측정하기에 부적합하다는 비판이 일어나자 심층면접 등의 방식으로 선발제도가 바뀌었고, 역설적이게도 부모의 배경이나 문화자본의 역할이 중요해지면서 기존의 능력주의적 특성이 오히려 약화되고 말았다.[14] 일제고사식 시험을 통한 선발이 보편화된 사회일수록 유능한 인재가 특정 대학에 집중되고, 그들이 졸업하고 다시 입사시험을 볼 때도 비슷한 현상이 발생하므로 다시 비슷한 사람들이 좋은 직업을 독점

● 박남기, 〈실력주의사회에 대한 신화 해체〉, 《교육학연구》, 54권 3호, 2016, 77쪽; 여기서 실력주의는 능력주의와 동일한 의미다.

하게 된다. 그래서 박남기는 "한국의 과도한 경쟁, 교육전쟁, 학벌, 사회 양극화 등은 실력주의가 제대로 구현되지 않아 나타난 것이 아니라 역으로 과도한 실력주의가 가져온 폐해"[15]라고 지적한다.

"학교는 능력주의를 생산하는 공장"

한국이 세계 최고의 학력주의 사회라는 말은 곧, 한국이 세계 최고의 능력주의 사회라는 말과 다르지 않다. 과거제도가 도입된 천 년 전부터 한국은 '능력으로서의 학력'을 숭앙했다. 경쟁의 공정성을 확보하기 위해 종주국 중국보다 까다로운 검증과정도 도입했다.[16] 근대에 들어 공교육제도가 도입되고 나서도 능력주의는 지고의 선발원칙이자 정의였다. 민족의 수난, 개인의 고통은 힘이 없기에 짊어져야 할 명에였다. 살아남고, 강해지고, 출세하기 위해 필요한 것은 학력이었다.

"배워라. 배워야 한다. 상놈도 배우면 양반이 된다."

"가르쳐라! 논밭을 팔고 집을 팔아서라도 가르쳐라. 그나마도 못하면 고학이라도 해야 한다."

"공자 왈 맹자 왈은 이미 시대가 늦었다. 상투를 깎고

신학문을 배워라."[17]

'사람은 태어날 때부터 귀천과 빈부의 구별이 있는 것이 아니지만 학문에 힘써 사물의 이치를 잘 아는 자는 귀인과 부자가 되는 것이고 무학한 자는 빈인과 하인이 되는 것이다'라던 개혁가 후쿠자와 유키치福澤諭吉의 선언[18]은, 이른바 '동아시아 근대성'의 실체를 명징하게 보여줬다. 후쿠자와의 주장은 당시 많은 대중에게 입신출세를 위해선 학교에 가야 한다는 의미로 받아들여졌다. **근대화는 곧 학교화**였다. 근대학교체제로 빠르게 전환되는 상황에서 신분 상승의 갈증은 뜨거운 교육열로 치환됐다.

후쿠자와의 글에서 잘 드러나는 바이지만, 그와 같은 근대화론자에게 인간의 평등은 명목상 출발선일 뿐 최종 목표가 될 수 없었다. 중요한 건 '우월해지고 강해지는 것'이다. 서구 열강처럼 강한 나라가 되기 위해선 그들의 지식을 빠르게 학습할 인재가 무엇보다 시급했다. 열심히 공부해서 좋은 학교에 가면 그만큼 출세의 길이 열리는 체제는 그렇게 탄생했다. 실제로 제국대학 엘리트들에겐 막강한 특권이 주어졌다. 불과 얼마 전까지 신분 상승의 통로가 막혀 있던 이들에게 그것은 눈부신 진보이자 평등으로 인식됐을 것이다. 물론 그것은 진보였다. 동시에 학력주의의 시작이기도 했다. 반세기도 채 지나지 않아 학력주의는 일본인의 삶을 규정하는 이념이 됐다.

일본의 식민지였던 한국이 그 영향에서 벗어나는 것은 불

가능한 일이었다. 한국은 어떤 면에서 일본보다 더욱 철저히 혹은 처절히 학력주의를 추구해온 사회였다. 한국에서 이른바 명문대 출신의 고위공직 독점은 세계에서 가장 높은 수준이다. 2014년 안전행정부 자료에 따르면 고위공무원단(중앙부처 실·국장급, 1·2급) 가운데 소위 SKY(서울대, 연세대, 고려대) 대학 출신자는 48.5%로 절반 가까운 비중을 차지했다.[19]

학력주의에 대한 여러 의식조사에서 한국인들은 "우리 사회에 출신 학교에 따른 차별이 존재하며 이 문제가 아주 심각하다"[20]고 생각하면서도, 또 한편으로 "학력·학벌을 인간 능력의 구현체라고 믿"[21]는다. 이 모순적 인식은 학벌과 능력의 상관관계가 특수함을 시사한다. 오늘날 한국의 대학진학률은 80%에 달하고, 총 400여개 대학교에 350만여 명 이상의 대학생이 재학 중이다. 하지만 대학을 다니거나 졸업한 많은 사람들이 평생에 걸쳐 열패감과 좌절감에 시달린다. 능력이 있음에도 그만큼 대우받지 못한다는 생각에 좌절감을 느끼기도 하지만, 능력이 없어서 좋은 대학, 좋은 과를 가지 못했기에 열악한 처우를 감내할 수밖에 없다고 체념하기도 한다. 특히 오늘날 한국 청년세대에게 최초로 입학한 대학은 카스트 제도처럼 결코 극복할 수도 부정할 수 없는 위계서열로 수용되고 있다.[22]

해방 이후 지금까지, 현대 한국 사회 능력주의의 역사는 학력주의의 역사라고 해도 과언이 아니다. 이른바 요소동원형 경제체제●였던 한국에서 노동력의 양과 질은 결정적 변수였고, 따라서 경제구조의 변화와 부침은 교육 및 학교 제도와 긴밀히 연

동됐다. 학력의 획득은 지위 상승의 가장 확실한 수단이었기 때문에 개인에게도 절실한 삶의 과제였다. 학업성취는 능력, 즉 재능과 노력의 산물로 여겨졌다. "학교는 능력주의를 생산하는 공장이었다."[23]

학력주의의 제도적 형성

갑오개혁 이후 '학교령의 시대(1906년)'로 넘어가기 직전까지 사회적 수요와 필요에 따라 연관성과 체계성 없이 소학교, 외국어학교, 사립교육기관 등 다양한 형태의 학교가 난립했다. 공교육제도의 기초라 할 입학연령이나 교육연한도 규정되지 않은 상태였다. 그러다가 1899년 이후 학교는 점차 하나의 체제로 통합되는 경향을 보였다. 1899년 칙령 제7호가 규정한 의학교

● 데이비드 코츠David Coates는 한국의 경제 유형을 일본 경제의 한 극단화된 형태로 본다. 예컨대 다음과 같은 설명을 보라. "핸더슨이 아주 적절히 명명한 '기적의 어두운 측면'을—특히 노동탄압과 여성 노동자들의 착취를—잊어서는 안 된다. 왜냐하면 밖으로 보기엔 중립적인 크루그먼의 '요소동원'이라는 용어와 일본 기업과 일본 노동자를 연결하는 특별한 '신뢰' 관계를 묘사하는 미사여구의 밑에는 장기간 노동, 강도 높은 작업과정, 기업의 목표를 달성하려는 끊임없는 경영진의 압력, 사회적 통일성이란 국민적 문화를 조성함으로써 노동 저항을 최소화시켰던 섬뜩한 사회적 현실(현재도 그렇다)이 깔려있다. 노동권의 실질적인 억압은 (일본의 기준에서 보아도 임금은 낮고 작업시간은 긴) 한국에서 가장 뚜렷이 나타났다"; 데이비드 코츠, 이영철 옮김, 《현대자본주의의 유형》, 문학과지성사, 2003, 399~400쪽.

관제에 따라 종두의 양성소가 의학교로 개칭된다. 이어서 칙령 제28호가 상공학교관제를 규정해 실업교육체제를 정비했다.[24]

1906년에는 사범학교령, 고등학교령, 외국어학교령, 보통학교령이 동시에 공포되면서 입학 자격요건으로서 학력 조항이 명확하게 규정되기 시작했다. 근대적 의미에서 시험 성적 경쟁이 노골화된 것도 이 무렵부터였다. 1903년 한성사범학교는 졸업생 중 우등자 7명, 급제자 17명의 명단을 공시했다.[25] 1910년대에는 배재고등보통학교 등의 중등학교 성적표, 학적부 등에 석차가 표기됐다. 1912년 무렵 보성고등보통학교는 학생들이 성적순으로 줄을 지어 교실에 들어가게 했고, 1924년 경성제국대학 예과는 첫 입학생들을 입학 성적순으로 자리에 앉게 했다.[26] 이 '석차席次'제도는 일본에서 먼저 실시됐던 것이다.

메이지 유신 전후 일본은 근대적 학교 설립을 통해 근대적 교과내용을 가르치는 것과 함께, 경쟁을 통한 교육에 관심을 기울였다. 입학시험제도를 통해 학교 급간 위계를 정비하고, 학내시험을 통해 경쟁적인 학습방식을 강조했다. 그런 학교들 중 대표적인 학교가 후쿠자와 유키치가 1855년 세운 게이오의숙慶應義塾이었다. 게이오의숙에서는 과목별 성적과 석차를 기입한 학업근타표學業勤惰表와 시험점수에 따라 자리를 정하는 석차제도를 실시했다. 이 석차제도가 일본 내 근대적 학교에 확산되면서 폐해도 커졌다. 때문에 1894년 문부성

장관이 훈령을 발표하여 소학교 내에서 성적에 따라 자리 순서를 정하는 것을 금지시킬 정도였다.[27]

일제강점기에 보통교육은 비교적 자연스럽게 확대된 반면 고등교육기관의 확장은 의도적으로 억제됐다. 상급학교일수록 높은 지위와 밀접한 관련을 갖게 됐고, 이에 따라 학력의 사회적 가치는 더욱 커졌다. 교육제도의 형성기인 구한말과 일제강점기에 학력이 지위 결정의 결정적 요소라는 점은 사회적으로 널리 알려졌다. 이것은 해방 이후 폭발적인 교육열의 분출로 이어진다.

평등주의 대 능력주의의 격돌?

해방 직후부터 박정희 정권 성립까지의 시기(1945~1962년)는 경제적으로 볼 때 '본원적 자본축적기'[28]라 할 수 있다. 전쟁으로 대부분의 자본축적 기반이 파괴된 상황에서 남한이 원조경제•를 통해 초기 축적을 시작한 때이며, 미국에게 원조받은 자

• 냉전 질서의 한 축인 미국의 원조에 의존한 경제를 가리킨다. 미국은 두 차례 세계대전을 통해 세계자본주의의 중심으로 등장했다. 미국 중심의 국제 분업체계에 편입하게 된 남한은 경제기반이 전무한 상태였으므로 미국으로부터 원자재, 생산장비, 저리의 자금 등을 받아 다시 기업에 불하하는 형태의 경제를 운영하게 된다.

금과 물자를 매개로 한 정경유착이 싹트기 시작한 때이기도 하다.

이 시기는 "모두가 가난하지만 평등한"[29] 시대였다. 좌익 정치운동이 탄압받고 노동조합 등의 매개집단을 통한 집단적 지위 상승 통로가 사실상 가로막혀 있었기 때문에[30] 국민들은 학력 획득이나 고시 등과 같은 개인적 경로를 통한 지위 상승에 매달리게 됐다. 이정규는 이때를 "일반대중이 지위 상승을 도모할 수 있는 최적의 시기"였다고 평가한다. "학력은 개인의 능력을 가늠할 수 있는 최선의 합리적 선별장치였으며, 또한 지위 상승을 위한 최선의 기제였다."[31]

한편 외교 관료로 체류하며 한국 사회의 독특성을 관찰해 온 그레고리 헨더슨Gregory Henderson은 당시의 현상에 대해서는 앞의 논자와 같은 진단을 내리지만, 정치문화와 관련해서는 이 시기를 부정적으로 평가한다. 중앙으로 '소용돌이vortex'처럼 빨려 올라가는 한국 사회 특유의 권력지향성이 더 강해졌다는 것이다. "과거 그 어느 때보다 부가 평준화되면서 점점 더 폭넓게 경쟁하게 되고, 동일한 목표를 위해 차이는 적으면서 정부권력의 비호는 더 받는, 민족과 문화에서 동질적 대중사회의 정치적 이미지가 더 깊게 새겨졌다. 민주적인 형태의 정치제도를 구축하는 데 불가결한 이익집단의 결성 및 논쟁과 타협이라고 하는 것은 시작도 되기 전에 거의 토대가 무너져버렸다."[32]

1972년 이후 정치적으로는 유신체제, 경제적으로는 중화학공업 중심의 재벌체제가 확립됐다. 이 시기 경제성장 추이는 기

록적으로 가팔랐다. 산업구조가 재편되며 소위 고급인력 수요도 증가했다. 베이비부머의 등장으로 중등교육은 크게 팽창했지만, 박정희 정권은 대학 정원을 억제했다. 그 결과 대졸자 공급이 부족해져서 대졸자 임금이 상승하고 대졸자와 고졸자 간 임금격차도 크게 벌어지게 된다. 이런 시대적 상황에 따라 사법고시 등 고시를 통해 지위 상승을 꾀하는 경우도 늘어났다.

1974년 시행된 고교평준화정책은 큰 사회적 논란을 불러일으켰다. 해방 이후 처음으로 능력주의와 평등주의가 공론장에서 격돌을 벌였다. 평준화 찬성 측은 지나친 입시경쟁과 교육비 부담을 이유로 들었고, 평준화 반대 측은 학력저하와 자유경쟁 원리를 근거로 들었다. 당시 논쟁에서 평준화 반대 측이 가장 애용했던 논리는 사회진화론이었다.《경향신문》회장 최석채는 1975년 11월 3일자 칼럼에서 "인간 사회의 생존경쟁은 피할 수 없는 숙명"이라고 규정하고 평준화는 "적자생존의 철칙을 무시해 학력저하만 초래할 것"이라고 비난했다.[33]

평준화정책은 대다수 학부모가 찬성했기 때문에 그래도 유지됐다. 평준화가 되면 교육 기회를 더 확보할 수 있다는 이유에서였다. 그러나 대학서열이 그대로인 상황에서 중고등학교만 평준화했다고 평등주의가 실현될 수 없는 것은 어쩌면 너무나 당연했다. 평준화는 모든 고등학교를 대학입시를 위한 학교로 만들었고, 학교 간 경쟁 격화로 학교 내부가 우반優班과 열반劣班으로 나뉘며 학생들 간의 갈등도 커졌다. 1975년 전남 순천에서는 사소한 시비 끝에 열반 학생이 우반 학생을 우산대로 찔

러 죽이는 사건까지 발생했다.[34] 그때부터 40여 년이 지난 현재까지 한국에서 대학평준화라는 사건은 일어나지 않았다. 능력주의자들은 당시 전투에서는 졌지만, 전쟁에서 이긴 셈이다.

신자유주의 시대 학력주의와 능력주의

1987년 민주화운동이 만들어낸 직선제 대통령 선거에서 노태우가 당선됐다. 노태우 정권은 전임 정권과 차별화를 하겠다며 고교평준화 폐지를 약속했고, 이에 따라 1990년대 초반 각 지역별로 평준화정책이 폐기됐다. 일단 고삐가 풀리자 짧은 기간 동안 큰 변화가 일어났다. 외국어고, 과학고 들이 차례차례 생겨났고 중산층 학부모의 욕망에 맞춰 공교육체제는 급격히 대학을 향한 무한 경쟁체제로 재편됐다.

1995년 김영삼 정권이 5.31 교육개혁을 발표하고 대학설립준칙주의, 대학정원자율화를 시행하면서 순식간에 대학 정원이 늘어나게 된다. 그 결과는 역대 최고의 대학 진학률이었다. (고졸자의 고등교육(4년제, 전문대) 진학률은 2008년 83.8%[35]로 정점을 찍은 뒤, 학령인구 하락 등으로 조금씩 하락하는 추세다.) 그러나 경제구조의 신자유주의적 재편에 의해 실업자와 불안정·비정규직 노동자 역시 폭발적으로 증가했다. 대학교육의 팽창은 박정희 정권기와 대조적으로 대졸자의 공급과잉을 초래했고, 청년층의 취업경쟁은 시간이 흐를수록 격화됐다.

과거 대학에 가는 것은 우월성의 지표였지만 이 시기에 와서 그것은 정상성·평균성의 지표가 됐다. 대학에 가지 않는 쪽이 훨씬 소수였기 때문이다. 반면 다들 대학에 가는 시대에 대학에 가지 않는 것은 열등성의 지표가 되어버린다. 그래서 대학은 '필수'가 된다. 대학 졸업장의 가치는 떨어지는데 취업시장의 경쟁자는 엄청나게 늘어나는 상황이다. 이런 상황에 대한 청년세대의 반응이 바로 극단적 '대학서열주의'의 내면화다. 경쟁이 치열해지면 질수록, 작은 차이는 결정적이기 때문이다.

사회학자 오찬호는 이 대학서열주의가 "대학 졸업장 유무를 대강 따졌던 그런 투박한 학력주의가 아니며 자기들끼리 뭉치는 학벌·학연주의도 아니"라고 말한다. "지금 이십 대들이 수행하는 '학력의 위계화된 질서'에 관한 집착은 과거의 학력주의보다 훨씬 정교해졌고 자기 내면화의 강도도 훨씬 높다. 이들에게 학력에 근거한 비교와 차별은 당연한 것이 됐고, 이를 의문시할 이유를 굳이 찾지 않는다."[36]

한편 교육학자 김경근의 연구[37]는 한국 청소년 다수가 능력주의를 내면화하고 있음을 시사한다. 이 연구에 따르면 '장학금을 줄 때 가정 형편보다 성적을 고려해야 한다' 같은 문항에서 청소년들은 높은 수준의 능력주의 태도를 보였다. 흥미로운 부분은 이런 성향이 본인의 계층이나 학업성적과 크게 관계없이 고르게 나타났다는 점이다. 각자의 출발선이 아무리 달라도 객관적 지표나 성적에 따라 대우받아야 한다는 이런 생각은, 아마도 약자·소수자에 대한 적극적 배려정책에 대한 집단적 적대감

의 원천일 수 있을 것이다.

시험의 목적은 '특권의 자격' 부여

2018년에서 2019년 초에 방영된 드라마 〈스카이캐슬〉은 자녀를 서울대 의대에 보내기 위해 수단방법을 가리지 않는 상류계급 부모의 행태를 사실적으로 그려 큰 사회적 반향을 일으켰다. 이 드라마의 장르를 '스릴러' 또는 '막장극'으로 본 사람들이 많지만 사실 한국의 맥락에서 이 드라마는 일종의 '재난물'이다. 태풍과 지진의 발생을 차단하는 것이 불가능하듯이 한국인은 대학입시를 없앨 수 없다. 아니, 없앨 수 있다는 상상조차 하지 못한다. 그렇게 자연화되어 있다는 의미에서 입시는 불가항력의 사태인 '자연 재난'이다. 태풍, 지진과 다른 점은 일정이 정해져있다는 점 정도다.

　일탈과 광기, 파국으로 치닫는 이야기야 드라마로 즐기면 그만이지만 입시지옥이란 현실은 사라지지 않는다. 지금 이 시각에도 성적표를 받아든 학생이 어느 건물 옥상에 서있을지 모른다. 모든 이가 반쯤 체념한 채, 반쯤은 분노한 채 피로감 가득한 눈으로 현실을 마주하고 있다. 문제가 해결되지 않는 근본적인 이유는 문제의 원인을 정확히 짚지 못했거나, 짚었더라도 원인을 제거할 엄두를 못 내기 때문이다. 한국의 입시문제를 비판하는 사람들이 종종 취하는 입장은 모든 걸 '시험주의' 탓으로

돌리는 것이다. 예컨대 다음과 같은 주장이다.

> 한국은 아마도 전 세계에서 거의 유일하게 시험으로 모
> 든 것을 평가하는 나라일 것이다. 많은 사람이 이 제도
> 를 능력주의, 메리토크라시meritocracy라고 하는데, 아
> 니다.
> 한국에서는 그렇지 않다. 우리에게는 오로지 단 하나의
> 능력만이 필요하다. 요령을 터득하여 짧은 시간에 많은
> 문제를 푸는 능력이다. 이것은 메리토크라시가 아니라
> 시험주의, 곧 테스토크라시testocracy다.[38]

위 글의 필자 이관후 연구원은 또한 "국어 31번 문제를 풀
수 있는 능력과 좋은 시민이 되는 것 사이에는 아무런 관계가
없다"면서 "시험으로 판사와 공무원을 뽑아야 할 이유가 없다"
고 말한다. "그럼 뭘로 뽑을 거냐고? 그 답을 회피해서 세상이
이 꼴이다." 결론은, 시험을 대체할 능력평가의 대안적 방식을
열심히 찾아야 한다는 것이다. 한국 사회에서 시험주의가 문제
라는 데 십분 공감한다. 그런데 우선 사실 확인이 필요하다. 시
험을 대체할 선발방식에 대해 우리가 정말로 답을 회피하기만
했을까? 실은 그렇지 않다.

지금의 '학생부종합전형'은 2013년 박근혜 정권 시기 도입
된 것이지만, 그 전신은 2004년 참여정부가 제안한 입학사정관
제도다. 이를 통틀어 수시모집제도라고 부른다. 이 제도는 모두

'한 번의 시험으로 인생이 결정되는 비인간적 입시제도'에 대한 문제의식이 쌓여 탄생한 대안들이었다. 제도의 도입 취지는 아름다웠지만 오늘날 불만은 팽배하다. '부모의 재력과 정보력이 자녀의 당락을 결정하는', '공정하지도 정의롭지도 못한', '금수저만 유리한' 제도라는 비난이 빗발친다. 그래서 다시 학력고사 시절로 돌아가 전국 1등부터 전국 꼴찌까지 일렬로 줄 세워야 한다는 주장도 심심찮게 나온다. 드라마 〈스카이캐슬〉에서 묘사되듯 가진 자들의 편법과 반칙이 판을 치기에, 그나마 한날한시에 국가가 주관하는 시험으로 결정하는 게 가장 '공정'하다는 논리다.

대한민국이 '시험공화국'이 된 건 사람들이 시험에 특별한 집착이 있어서가 아니며 그것이 최선의 방식이라 믿어서도 아니다. 다들 문제 많은 방식임을 안다. 알고 있지만 포기할 수가 없다. 그것이 논란의 소지를 가장 줄일 방법이기 때문이다. 역설적이게도, 공정성과 정의에 민감할수록 시험주의는 더욱 공고해질 수밖에 없었다. 시험주의는 능력주의와 다른 무엇이 아니라 능력주의의 최종형태, **가장 전형적인 능력주의**다. 다시 인용문을 보자. 저 주장에는 원인과 결과가 뒤집혀 있다. '시험주의(테스토크라시)'가 정말로 문제의 원인일까? 그렇지 않다. 그건 원인이라기보다 차라리 결과나 효과에 가깝다. 우리는 어떤 '목표'를 달성하기 위한 수단을 필사적으로 찾아 헤매다가 시험주의에 다다른 거다. 수단은 어디까지나 목표를 위한 것이므로 시험을 없앤다고 해서 궁극적으로 문제가 해결되지는 않는다.

그럼 애초의 그 '목표'란 무엇인가? 아름답게 표현하면 '우수한 인재를 선발하는 것'이겠으나 그것은 적확한 기술이 아니다. 그럼 시험의 진정한 목표는 무엇인가? 그것은 **특권의 자격자를 선별하는 것**이다.

〈스카이캐슬〉에서 가장 혐오스럽고 폭력적인 인물인 로스쿨 교수 차민혁이 자신의 아들에게 끝없이 반복하는 말이 있다. "피라미드 꼭대기에 서야 해!" 그는 잘 알고 있었다. 한국 사회는 피라미드이고, 꼭대기에 서기만 하면 상상 이상의 특권과 면책의 수혜자가 될 수 있음을. 중요한 것은 이런 특권이 대다수 평범한 사람들과 엄청난 격차를 만들어내며, 이 격차를 어떤 공정한 시험과 선발방식으로도 정당화할 수 없다는 것이다. 온갖 치열한 시험경쟁을 뚫고 굴지의 로펌에 들어간 변호사가 기업의 환경파괴를 은폐하거나 노조파괴를 자문해주고 받는 돈은 팬데믹 현장에서 밤을 새며 일하는 간호사의 수십, 수백 배에 달한다. 2008년 금융위기를 불러온 금융전문가들의 연봉도 배관공이나 환경미화원의 수십, 수백 배다. 그러나 이런 엘리트들은 자신이 받은 몫만큼 사회에 생산적 기여를 했을까? 이에 대해 이미 많은 사람들이 의문을 표한 바 있다. 어데어 터너Adair Turner 전 영국 금융감독청FSA 청장은 "지난 30년 동안 부유한 국가에서 금융 시스템의 규모와 복잡성이 증대했으나 그것이 경제성장이나 안정에 도움이 됐다는 명백한 증거는 없다"면서 "금융활동이 경제적 가치를 만들었다기보다 지대rent를 추출했다고 할 수 있다"고 말한다.[39]

요컨대 시험이라는 선발 과정보다 더 결정적인 문제는 극단적으로 불평등하게 설계된 승자독식 피라미드다. 이 불평등은 너무나 심각해서 '기여에 따른 분배', '재능에 따른 분배', '노력에 따른 분배'라는 기준 중 어떤 것으로도 정당화될 수 없다. 또한 자원을 독점한 승자들은 '지대추구'와 '사다리 걷어차기'에 몰두하며 공동체의 장기적 생산성마저 떨어뜨린다. 극도로 불평등한데다 불합리하기까지 한 자원 배분 시스템이야말로 '암흑의 핵심'인 것이다.

5장

엘리트는 어떻게 '괴물'이 됐나

고시는 한국인이 생각하는 능력주의의 이상에 가장 가까운 제도다. 여기서 말하는 '고시'는 공식 명칭이 아닌 통칭으로서 이른바 '사시', '행시', '외시' 등으로 불렸던 사법·행정·외교 관료 선발시험을 가리킨다. 이들 시험의 공식 명칭은 사회 여건의 변화에 따라 계속 바뀌었다. 예를 들어 '사시'의 경우, 1940년대 말에는 '조선변호사시험'이었던 명칭이 1950년부터 1963년까지 '고등고시 사법과'로 변경됐다가 이후 '사법시험'으로 정착됐다. 이는 다시 2017년을 끝으로 법학전문대학원제도로 전환되게 된다. 이들 시험 외에도 때에 따라 공인회계사 시험, 변리사 시험, 주요 언론사 입사시험 등이 '고시'라 불리기도 한다. 일반적으로는 소수의 인원에게 특정 직능의 배타적 자격을 부여하는 시험이 '고시'라는 사회적 별칭을 부여받았다고 볼 수 있다. 다만 이 장에서는 사법시험 등 국가 공무원 시험을 지칭

하는 것으로 범위를 한정한다.

　고시의 공통점은 먼저 응시 자격의 제한요건이 적다는 점이다. 모두가 정해진 시간과 장소에 가서 똑같은 문제를 풀고, 받은 점수에 따라 '일등부터 꼴찌까지'가 명확히 정해진다. 또한 시험의 형식적 투명성을 제고하기 위해 최대한 주의를 기울인다. 수년을 준비해도 떨어지는 사람이 절대 다수일 정도로 시험의 난이도는 상당히 높다. 하지만 일단 합격만 하면 경제적·사회적 지위가 일거에 상승한다. 이보다 단순명료한 경쟁, 이보다 보상이 큰 시험은 없었기에 오랫동안 고시는 소위 '개천에서 나온 용'을 상징하는 제도였다. 고시는 지적 능력을 평가하는 절대적 기준이었고 한국의 능력주의가 다다른 어떤 종착지였다. 한국의 능력주의 논의에서 고시를 빼놓을 수 없는 이유도 여기에 있다.

세속적인, 너무나 세속적인

다수 국가에서 행정 및 사법 관료는 특권적 엘리트에 속한다. 한국의 고시제도 또한 대부분 사회에 존재하는 공직 선발 시스템의 일종으로서, 근대 관료제의 일반적 특징들을 공유한다. 사회학자 막스 베버Max Weber는 근대 관료제의 네 가지 특징으로 탈인격적·합리적 운영, 위계서열적 조직, 전문기술에 의한 권한 및 의무의 세분화, 규격화한 문서주의 등을 꼽은 바 있다.[1]

고시제도 또한 정확히 이러한 성격을 공유한다.

그러나 한국 사회에서 고시의 의미를 논할 때 관료 충원이라는 기능적 측면만 제기하는 것은 지나치게 부족한 설명이다. 관료가 된 어느 개인이 "가문의 영광이자 마을의 자랑"이 되어 마을 어귀에 플래카드가 내걸리고 성대한 잔치가 열리며[2] 심지어 이삼십 대인 청년에게 "영감"●이라는 봉건시대의 존칭까지 붙이는 문화는, 한국 외에 다른 사회에서는 좀처럼 찾아보기 어렵다. 고시라는 제도에 얽힌 한국인의 열망은 확실히 특별한 구석이 있어 보인다.

철학자 플라톤이 금·은·동·쇠의 성분으로 인간 자질을 구분하여 그들의 사회적 역할을 철저히 서열화한 것처럼[3], 한국에서 이른바 고시 합격 여부는 지배 집단에 속할 능력과 자격을 검증하는 기준으로 오랫동안 공인되어왔다. 대한민국 21대 국회의원 당선자의 경우 행정고시 출신이 27명으로 가장 많았고 변호사가 20명, 검사가 15명으로 고시 합격자들이 큰 비중을 차지하고 있다. 국회의원이 아니더라도 고시 합격자의 사회적 평판 내지 지위가 대다수 직업군보다 높다는 것은 부정하기 어렵다.

고시 합격기에는 "사나이 대장부로 태어나서 나라에 조금이나마 힘이 되어 가문을 영광되게 하는 것"[4]을 고시 도전의 이

● 이상언, 〈소년, 영감이 되다〉, 《중앙일보》, 2016.07.20; 물론 많은 경우 합격자에게 향하는 '영감' 호칭은 온전한 존칭이 아닌 희롱의 뉘앙스가 섞여 있었다.

유로 적은 이들이 적지 않다. 고시를 예전 과거시험과 같은 것으로 사고하는 이들도 여전히 많았다. 예컨대 자연과학을 전공한다는 손자를 불만스러워했다는 어느 조부의 일화는 한국에서 '입신출세'가 무엇을 가리키는지 잘 보여준다.

> 저희 할아버지도 늘 저만 보면 "언제 강릉 시장이 될래?"라고 하셨다니까요. 서울대학을 졸업하고 또 유학을 간다고 하니까 이해를 못 하셨어요. 대학교수가 되고 싶다고 했더니, "대학교수 오래 할 것 없다. 사람은 모름지기 나라의 녹을 먹고살아야 하느니라"라고 하시더라고요. "강릉 시장이 모자라면 강원도 도지사를 해라" 이러시더라고요.[5]

입신출세 같은 적극적인 이유만 있는 건 아니었다. 그동안 멸시당한 기억, 그 억울함을 단번에 씻어내기 위해서 고시에 도전한 사람들은 그보다 더 많았다. 가난했지만 방송통신대학을 다니며 학문의 즐거움을 비로소 알게 된 학생은 그러나 학문의 길 대신 고시의 길을 택한다. "우리 학교를 밥통대라고 비유하던 얼치기 시사만화꾼에게 분통이 터져서 보란 듯이 고시에 붙고 싶었"[6]기 때문이다. 한편 선생님이라는 자신의 직업에 큰 불만 없이 살아가던 사람이 어느 날 사표를 던지고 고시생이 된다. "그녀로부터 '저의 부모님이 초등교사는 싫대요'라는 말을 들을 때 피가 역류하는 듯한 모멸감과 분노를 느꼈"[7]기 때문

이다.

대학에 가지 못한 사람은 "사회의 냉대와 뼈저린 차별대우에 좌절하며 하루하루를 보내"다가, "고시는 대학 졸업생의 독점물이 아니"라는 자기 다짐 속에서 "목적 달성이 이루어지는 날 난 죽어도 좋다는 극한 생각까지 동원해 사시에 대한 돌입을 채찍질"[8]하기에 이른다. '번듯한' 대학에 간 사람도 크게 다르지 않다. "○○대에 들어와서 1학년 내내 열등감 속에서 생활했다. 원하는 대학에 들어가지 못한 것이 원인이었다." 그래서 곧장 사시로 뛰어들기로 결심한다. "고시는 열등감·패배감으로 가득 찬 내 인생의 딜레마를 해결해줄 수 있"고 "이 과정의 승패에 내 인생의 승패가 걸려있"[9]는 까닭이다.

희생 및 고통의 경험과 원한 감정은 종종 과도한 보상심리를 만들어낸다. 사법시험 합격자 일부, 특히 남성의 경우 재력 있는 집안 여성을 만나 결혼하는 것을 원하거나 당연하게 여기는 경향이 있다. 그들은 대개 이른바 '마담뚜'의 도움을 받아 결혼하게 된다. 검사 출신 법학자 김두식은 법조계 특유의 문화를 취재한 글[10]에서 결혼소개업자 송가빈씨(가명)의 사례를 전한다. 송씨는 사법시험 남성 합격자에게 소개해주는 여자 쪽 집안의 조건을 "혼수로 강남에 있는 30평 아파트를 가지고 올 수 있는 정도"라고 설명했다. 송씨는 이런 집을 "기본은 해줄 수 있는 댁", "편안한 댁"이라고 완곡하게 표현한다.

김두식은 "모든 판검사나 변호사가 이런 식으로 결혼하는 것은 물론 아니"지만 "문제는 법조계 주변의 문화"라고 지적한

다. "결혼을 사법시험 합격의 첫 번째 전리품으로 생각하는 문화에서 법조인들은 은연중에 자기도 강남의 아파트 한 채 정도는 받을 수 있는 사람이라는 생각을 하게" 된다는 것이다. 또한 "정상이 비정상으로 받아들여지는 분위기"에서 "그냥 평범한 집안 출신의 배우자를 맞은 사람들은, '나는 그런 식으로 돈에 팔린 것이 아니'라는 이상한 자부심을 갖게" 된다.[11]

《고시계》는 어떤 잡지인가

오랜 고시의 역사, 그리고 그 시험에 실제로 도전한 사람들의 생생한 증언이 담긴 자료가 있다. 바로 잡지 《고시계》다. 《고시계》는 한국의 대표적 고시 전문지이면서 현존하는 가장 오래된 고시 잡지이다.● 1956년 6월 25일 창간호가 발행됐다. 창간호의 발행처는 국가고시학회國家考試學會이며 1964년 7월호부터 현재까지 고시계사考試界社 이름으로 발행되고 있다. 창간호 서지사항을 보면, 발행인 겸 편집인은 진병식陳炳植, 인쇄처는 동아출판사 공무국, 가격은 300환圜이다.

● 시대적·매체적 특성 때문에 한자어가 대부분이다. 일상 어휘 상당수가 한자어로 표기되어 있고, 1980년대 이후에서야 한글 비중이 확연히 늘어난다. 《고시계》 본문을 그대로 옮겨오면 가독성이 매우 떨어질 수 있기 때문에 직접 인용 시 본문은 '한자(한글)' 형태로, 소제목은 한글 형태로 표기한다.

창간호 표지 최상단에는 "고시高試·보시普試·판검특시判檢特試·전형銓衡·실무지도지實務指導誌"라고 표기되어 고시 잡지로서의 성격을 명확히 보이고 있다. '고시高試'는 '고등고시高等考試'의 줄임말이며 '보시普試'는 '보통고시普通考試'의 줄임말이다. 해방 직후 대한민국 정부는 고등고시와 보통고시를 통해 공무원을 뽑았다. '고등고시'는 훗날 사법시험과 행정고시로 분화되지만 당시에는 '고등고시 사법과' 시험과 '고등고시 행정과' 시험으로 선발했다. '보통고시'는 오늘날 7급·9급 공무원 임용시험에 상당하는 일반 공무원 채용시험이라 할 수 있었다. '판검특시'는 판사와 검사를 특별 임용하는 시험이다. 6·25 전쟁으로 판검사들이 사망하거나 실종되면서 사법 공백을 급히 보충할 필요가 생겼고, 이에 따라 1950년 12월 7일 '판사및검사특별임용시험법'이 제정·시행됐다. 이 시험은 한국전쟁이라는 예외적 상황에 따른 것으로, 1962년에 최종 폐지된다. 이를 보면《고시계》는 크게 세 종류의 주요 국가고시 전형 정보, 그리고 임용 이후 실무 문제까지를 잡지의 내용으로 담고자 했음을 알 수 있다.

창간호 목차를 보면 창간사, 권두언, 논총論叢, 고등고시중요문제해의高等考試重要問題解義, 보통고시중요문제해의普通考試重要問題解義, 판례, 지상좌담紙上座談, 고시채점후감高試採點後感, 고시합격실기考試合格實記, 고시속보考試速報 등으로 구성됐다. 이후 60여 년 동안 이 구성은 거의 변하지 않고 유지된다. 시험 명칭의 변화(사법시험, 행정고시 등)를 반영하면서 '논총'은 '논점'

으로, '채점후감'은 '채점평'으로, '고시속보'는 '수험소식'으로 명칭이 바뀌는 정도다.《고시계》는 행정고시, 외무고시, 공인회계사시험CPA 등 주요 국가고시를 두루 다루지만, 전체 비중을 보면 사법시험에 일정하게 편중되어 있음을 알 수 있다.

이 글은 주로 권두언, 합격자 좌담회, 그리고 합격기를 분석 대상으로 삼았다. 특히 합격기가 주된 논의 대상이 될 것이다. 고시라는 제도-담론에 대한 주체의 인식이 다른 어떤 텍스트보다 합격기에서 구체적이고 농밀하게 드러나기 때문이다. 합격기는《고시계》에서 가장 인기 있는 지면의 하나로 창간호 이래 거의 빠짐없이 실려있다. 성공 케이스를 분석할 수 있는 자료라고 생각해서 합격기만 따로 묶어 틈날 때마다 보는 수험생들이 많았으며, 고시계사는 반응이 좋았던 합격기들을 편집하여 단행본으로 출간하기도 했다.

"공인된 우승열패의 쟁취장"

《고시계》는 창간사에서부터 고시가 철저한 실력 경쟁임을 강조한다. (원문 대부분이 한자 표기이므로 가독성을 위해 한글을 괄호 병기한다.)

民主國家(민주국가)의 主權者(주권자)인 國民(국민)
으로부터 付託(부탁)을 받을 者(자)는 모름지기 才智

(재지)와 能力(능력)과 良心(양심)의 所有者(소유자)에
限(한)하여야 하겠고 또 觀念的(관념적) 愛國(애국)보
다 國利民福(국리민복)을 本位主眼(본위주안)으로 實
地的(실지적) 任事對處(임사대처)하는 俊才(준재)야
말로 眞正(진정)한 愛國者(애국자)라는 見解(견해)를
一層(일층) 强(강)하게 가지게 되었고 또 이와 같은 聰
俊(총준)을 指導培養(지도배양)하고 拔卓選摘(발탁선
적)하는 것이 그 무엇보다 火急(화급)함을 痛感(통감)
했든 것이다.[12]

창간사를 쓴 이인은 일제강점기 변호사 자격을 취득하고
독립운동가들의 변론을 많이 맡았던 인물로, 해방 이후 이승만
의 단독정부 수립론 진영에 가담해 이후 국회의원과 법무부 장
관 등을 역임한 법조계 원로이다. 당시 60대에 접어든 이 식민
지 엘리트는 그에게 엘리트의 길을 걷게 한 일본의 인재 선발제
도를 해방된 조국에서 보다 온전하게 실현하고 싶다는 소망을
가졌을 공산이 크다. 창간사에는 그런 바람이 직접적으로 표현
되고 있다.

이인과 같은 원로인사들만 이런 생각을 한 것은 아니었다.
당시 많은 사람들이 전쟁이 강제한 '평등 상태'에서 입신출세를
위한 치열한 경쟁 속으로 속속 뛰어들고 있었다. 고시는 그런
사람들에게 경제적 곤란을 해결해줄 뿐 아니라 일거에 운명을
바꿔줄 수 있는 계기로 여겨졌다. 무엇보다 그들에게는 그 계기

가 '공명정대한 능력대결'로 가려진다는 점이 매력적이었을 것이다. 1956년 9월호에서 고등고시 행정과 합격자 정찬각은 고시의 성격을 "공인된 우승열패의 쟁취장"이라는 말로 간명하게 정의내리고 있다.

> '考試'(고시)란 公認(공인)된 優勝劣敗(우승열패)의 爭取場(쟁취장)이며 公務員(공무원) 될 者(자)는 모름지기 應戰(응전)할 用意(용의)를 가져야 될 것이며, 以往(이왕)이면 期必(기필)코 勝利(승리)의 月桂冠(월계관)을 獲得(획득)하므로서 目的(목적)은 成就(성취)되는 것이다. 그러나 勝利(승리)를 하자면 實力(실력)이 唯一(유일)한 武器(무기)이고 이 實力(실력)은 長久(장구)한 時間(시간)을 두고 苦心焦思(고심초사)의 累積(누적)에서만 얻어진다고 본다.[13]

당시는 고시제도가 아직 안착되지 못한 시기였고 일제강점기에 법률가가 된 이들이 여전히 활발히 활동하던 시기였다. 그래서 일제강점기 소위 '고문(고등문관시험)' 출신 율사律士와 새 제도에서 배출된 율사를 비교해 후자를 폄훼하는 풍토도 있었던 것으로 보인다. 이런 이유들 때문에 신생 고시제도가 뛰어난 인재를 공정하게 선발한다는 점은 더욱 강조될 필요가 있었다. 1956년 9월호에 실린 지상좌담에서 국무원 사무국 인사과장 김영준은 이렇게 주장한다.

흔히 "某氏(모씨)는 日帝(일제) 때에 高文(고문) 合格者(합격자)라"는 등의 말을 間或(간혹) 듣는데 이것은 우리 主權國家(주권국가)에서 큰 自己冒瀆(자기모독)인 줄 압니다. 왜냐하면 그 말에는 日帝(일제) 高文(고문) 合格者(합격자)가 우리나라 高試合格者(고시합격자)보담 優秀(우수)하다는 뜻이 包含(포함)되어 있는대 公務員法(공무원법) 第五十七條(제오십칠조)에는 우리나라의 考試(고시)만이 眞正(진정)한 資格(자격)이란 精神(정신)을 闡明(천명)하여 이에 對(대)한 大義名分(대의명분)이 뚜렷이 나타나있음에도 不拘(불구)하고 이런 말을 하는 것은 옳은 일이 아니라고 생각합니다. 우리나라의 高試合格者(고시합격자)의 質(질)은 日帝(일제)의 그것에 遜色(손색)이 없을 뿐만 아니라 우리의 손으로 實施(실시)한 以來(이래)로도 漸次向上(점차향상)하고 있다고 봅니다.[14]

이때를 제외하면 1990년대까지 고시의 권위가 위협받는 상황은 거의 나오지 않는다. 국가가 관장하고 보장하는 독점적 엘리트 선발제도로서 고시는 완전히 체제 내화되었고, 수많은 청년들이 그 "공인된 우승열패의 쟁취장"으로 뛰어들었다. 일부 법조 엘리트들은 자신의 노력만으로 인생역전이 가능하다는 신화와 능력주의적 선민의식을 적극적으로 조장하곤 했다. 1985년 10월호 권두언으로 실린 양병호 전 대법원 판사의 글이 대표

적 사례다.

> 考試(고시)는 人生事(인생사)에 自己(자기)의 目標(목
> 표)를 세워 끊임없이 自己(자기)의 努力(노력)을 傾注
> (경주)하여 自己(자기) 혼자의 힘으로 能力(능력)을 쌓
> 아올려 最後(최후)의 勝利(승리)를 爭取(쟁취)한 것이
> 니 그 目標(목표)를 세운 것, 努力(노력)을 경주한 것,
> 혼자의 힘으로 能力(능력)을 쌓아올렸다는 것, 그리하
> 여 最後(최후)의 勝利(승리)를 爭取(쟁취)하였다는 것
> 이 어느 것이나 貴重(귀중)치 않은 것이 있으리요. 人
> 生(인생)에 있어 最大(최대)의 勝利(승리)를 取得(취
> 득)한 것이라 할 것이다. 이 最大(최대)의 勝利(승리)를
> 이룩하기 위한 努力(노력)은 自己(자기) 혼자의 힘으
> 로 쌓아올렸다 함에 價値(가치)가 있는 것이요 勝利(승
> 리)도 自己(자기) 혼자의 힘으로 爭取(쟁취)하였다 함
> 에 남이 到底(도저)히 따를 수 없는 무게가 있다. 事業
> 家(사업가)도 經世家(경세가)도 自己資本(자기자본)
> 과 地位(지위)와 背景(배경) 등이 필요하다고 한다. 考
> 試(고시)를 본 사람하고는 다르다.[15]

위 글에서는 "자기", "혼자"라는 말이 강박적으로 반복되
고 있다. 또한 사업가, 경세가와의 비교를 통해 고시 합격자야
말로 진정한 의미에서 자기 혼자의 힘으로 성공한 사람이라고

주장한다. "최후의 승리"라는 표현은 고시 합격이 우열을 가리는 '최종 시험'이며 이후에는 특별히 중요한 도전이 없다는 의미로 해석된다. 양병호의 글은 고시를 인생의 최종 목표로 제시하고, 그 목표 달성이 순전히 개인의 힘으로 이루어진 것이기에 다른 직업보다 더 가치가 크다고 주장하고 있다.

하지만 고시 준비에 필요한 경제적 비용만 산정해 보더라도 '자기 혼자의 힘'으로만 치르는 시험이라 보기 어렵다. 2016년의 한 연구에 따르면 사시는 시험 준비를 시작한 때부터 사법연수원을 수료하기까지 연평균 932만여 원, 총 6333만여 원이 필요했다.[16] 참고로 사법시험을 대체한 변호사시험(로스쿨)의 경우 1인당 비용이 연평균 2217만여 원, 총 1억 579만여 원 드는 것으로 나타났다. 이 금액은 로스쿨 제도의 변호사시험 평균 합격률(약 75%)이 사법시험 평균 합격률(3%)의 약 25배에 이른다는 점과, 소위 '사시 폐인', '고시 낭인' 양산으로 인한 개인적·사회적 매몰 비용은 고려하지 않은 수치다.●

변호사시험이든 사법시험이든, 단지 경제적 비용만으로도 결코 적다고 말할 수 없다. 여기에 오랜 기간 다른 일을 하지 않고 특정 시험 준비를 택함으로써 발생하는 기회비용, 그리고 수험생 각각에게 돌아간 사회적 지원까지 총합하면 액수는 더욱

● 천도정·황인태의 논문은 사법시험 비용이 변호사시험(로스쿨) 비용보다 적다는 취지이지만 이에 대한 반박 근거도 제기된 바 있다; 온라인 뉴스팀, 〈변호사 되는 비용, 로스쿨이 사시의 1.7배라고?〉,《법률신문》, 2014.08.27.

커진다. 이 비용은 고시생 개인만이 아니라 그의 가족, 나아가 사회 전체가 부담하는 것으로서, 어떻게 보더라도 개인에게 온전히 귀속한 자원으로 환원될 수 없다. 그럼에도 저 글은 마치 고시가 '순수한 개인의 기량'을 경쟁하는 제도인 양 호도하고 있다. 양병호의 글은 특정 제도의 혜택을 입은 이가 얼마나 그 제도의 정당성 또는 필연성을 과잉 확신하고 있는지, 그 인식이 얼마나 몰사회적인지를 보여주는 사례로 기록해둘 만하다.

시험인試驗人의 탄생

고시생이 늘어날수록《고시계》도 두꺼워졌다. 이는 단순히 고시 공부에 필요한 지식이나 요령이 집산되는 것을 넘어, 고시의 주체가 자기 자신을 주조鑄造하는 기술들이 쌓여간다는 의미이기도 했다.

'고시 공부가 즐거워서 영원히 계속하고 싶었다'고 말하는 사람은 60여 년《고시계》역사를 통틀어도 전무하다. 하루 10시간 이상 책상에 앉아 법서를 들여다보는 생활을 짧게는 1년, 길게는 수년간 이어가야 하는 것이 인내의 한계를 시험하는 고통스런 과정임은 명백하다. 공부하는 행위 자체의 육체적 괴로움도 작지 않지만, 무엇보다 힘든 일은 합격을 보장할 수도 예상할 수도 없는 상황에서 찾아오는 불안과 번민이다. 보상이 아무리 크더라도 그 보상을 획득할 확률이 현저히 낮으면 포기하

는 경우도 늘어난다. 적지 않은 합격기에는 시험 요령과 더불어 준비 기간 동안 자신을 어떻게 제어했는지가 기록되어있다. 곧, "주체가 어떻게 합리적으로 분해"●되어 고시라는 '거푸집'에 부어졌는지에 관한 기록이다.

합격자들의 지상좌담이나 합격기에 자주 나오는 조언은 "겸허하게 답안을 써라", "자신의 관점은 배제하라" 같은 것이다. 1972년 12월호 합격자 좌담 참석자들은 수험자의 '겸허함'을 반복해서 강조하고 있다. 장세두는 "여러분들은 獨創的(독창적)인 답안을 작성하려고 하는 傾向(경향)을 줄이시고 최소한 시험에서는 教科書(교과서)를 중심으로 謙虛(겸허)하게 써 나갈 것을 부탁드립니다"라고 말한다.

김정술도 뒤이어 비슷한 이야기를 한다. "謙虛(겸허)한 姿勢(자세)를 취해야 한다는 이야기가 나왔으니 蛇足(사족)을 하나 붙이겠읍니다. 자꾸 떨어지는 친구들을 만나 보면 대개들 자신은 商法(상법)에 취미가 있으니 여러 回讀(회독)하고 民訴(민소)는 趣味(취미)가 없으니 안 읽는다고 하는데 우리가 시험 공부를 하는 것은 試驗委員(시험위원)에게 잘 보이려는 것인데 이러한 態度(태도)는 試驗委員(시험위원)을 자기 식으로 바꾸려고 하는 것이 아니겠읍니까?"[17]

● "주체들은 필연적으로 합리적 분해를 겪지 않을 수 없다. (중략) 그들 간의 유대는 오히려 그들이 부속되어 있는 기제機制의 추상적 법칙성에 의해서 매개된다"; 게오르크 루카치, 조만영·박정호 옮김, 《역사와 계급의식》, 거름, 2005, 189쪽.

1985년 12월호의 합격자 좌담에서 조만후는 수험자의 태도는 '선 보는 처녀의 심경'이어야 한다고 주장한다. "저는 답안을 내는 심경을 선보이는 처녀의 심경과 같다고 생각합니다. 너무 교태를 부려도 곤란하고 또 너무 화장을 안 해도 곤란하듯이 저의 경험에 의하면 스스로 실력을 과시했다는 생각이 들었을 때는 점수가 박했던 것 같습니다."[18]

〈그래도 해야 합니다〉라는 제목의 글에서 어느 합격자는 시험을 위한 '주체의 개조'를 역설한다. 이른바 '시험인'이 되어야 한다는 것이다.

자기 자신을 試驗人(시험인)으로 만들어야겠습니다. 다년간 실패 경험에 의하면 주관도 좋고 학문도 좋지만 내가 원서를 내고 시험을 본다고 했으면 철저히 시험이 요구하는 바에 나 자신을 맞추어나가야 한다는 점입니다.[19]

'시험인'의 의미는 단지 출제자의 의도에 맞춰가는 것만이 아니다. 그것은 결국 주체가 스스로를 '판단정지' 상태로 동결시키는 행위로 귀결된다. 고시라는 시험의 사회적 의미를 깊이 고민하면 할수록 시험 자체에 집중하기 어려워지고 합격 가능성도 낮아진다. "일단 고시에 뜻을 둔 이상 이에 대해서 회의하지 마십시오"[20] 등의 조언이 합격기에서 빈번히 언급되는 건 우연이 아니다. 고시는 규범학문을 공부해 그 실력을 겨루는 시험

임에도 불구하고 정작 개인에게는 그가 처한 상황에 대한 가치 판단을 마비시킬 것을 요구한다. 그런 개인은 "인생수양"[21]을 실천하는 "수행자"[22]로 종종 미화되기도 했다. 그러나 스스로 존재의 의미를 궁구해나가는 구도의 길과 입신출세를 위해 감정적 번민을 차단하는 판단정지는, 외양은 유사할 수 있지만 질적으로 동일한 행위일 수 없다.

'사시 폐인', '고시 낭인'은 1990년대 이후 대중화된 말이지만, 1960년대에서 1980년대 《고시계》를 보면 당시에 이미 그러한 고시생들이 양산되고 있었음을 알 수 있다. 1961년 12월호에 실린 〈패자의 변〉은 초창기 《고시계》에 종종 실리던 실패기로, "필사적인 임전태세로서의 전진"을 다짐하고 있다.

> 高試(고시)는 國家(국가)의 最高(최고) 登龍門(등용문)이며 指導者(지도자)가 되는 만큼 採點(채점)은 冷情(냉정)하게 치루어 苦杯(고배)를 맛보게 되었읍니다.", "내가 高試(고시) 몇 년에 이것마저 合格(합격) 못한다면 앞으로 社會(사회)에서 劣等感(열등감)만 생기니 必然(필연)코 하리라고 몇 번이고 盟誓(맹세)했소이다.[23]

심지어 어떤 고시생은 "앞으로 법조인을 안 할지라도 꼭 사법시험만은 합격하고 싶었"다면서 주객이 전도된 인식을 보인다. "좋다. 필요하면 막노동이라도 한다. 그러나 꼭 사시 너를

쓰러뜨리고 말겠다는 심정으로 노가다판에도 뛰어들고 공장에도 나갔읍니다."[24] 이렇게 시험인으로 자신을 개조하면서까지 고시에 '목숨을 거는' 청년들이 늘어나면서 점차 사회적 우려도 커져갔다. 《고시계》권두언에는 고시생들의 인성을 강조하는 글이 잇따라 실렸다.

> 過去(과거)의 메마른 法學(법학)을 공부하여온 法學徒(법학도)들이 휴-매니티 없는 乾燥(건조)한 人間(인간)들이 많았고 또 그렇게 피도 눈물도 없는 메마른 人間(인간)이 法學徒(법학도)의 特性(특성)인 것과 같이 誤認(오인)되어왔던 것이 우리의 그릇된 歷史(역사)인 것 같다. … 오늘의 法學徒(법학도)는 무엇보다도 人間(인간)의 本性(본성)인 휴-매니티에 가득 찬 사람이 되어야 할 것이다.[25]

> 어떤 職業(직업)이나 職場(직장)을 위한 試驗(시험)을 準備(준비)하는 과정에 있어서도 學課試驗(학과시험)의 準備(준비)에만 몰두할 것이 아니라 훌륭한 社會人(사회인)으로서의 素養(소양)을 넓히는 데에도 努力(노력)을 아끼지 말아야 할 것을 강조하고 싶다.[26]

> 우리나라 젊은 法學徒(법학도)들도 너무 지나친 受驗準備(수험준비)로 말미암아 純粹(순수)한 人間性(인간

성)을 喪失(상실)하지 말기를 바라는 것이다[27]

고시는 의심과 회의를 최대한 차단한 채 '정독精讀', '회독回讀' 등의 행위를 통해 반복적으로 체화해야 할 대상이 된 법으로 물화物化된다. 심신을 한계까지 밀어붙이는 이런 과정은 고시라는 제도-문화에 참여한 절대다수가 공유하고 공감하는 하나의 의례로 공고해져왔으며, 극소수 승리자에게 주어진 특권과 그가 획득한 점수는 그가 지닌 능력과 노력에 대한 합당한 보상으로 정당화됐다. 참여자들은 고시가 하나의 사회적 게임이자 의례임을 어느 정도 알고 있지만, 마치 그 자의성arbitrariness을 모르는 것처럼 행동한다. 왜냐하면 그러한 '의식적 무지' 자체가 경쟁에서 승리하여 게임에서 빠져나갈 수 있는 관건 중의 하나이기 때문이다.

'생존 편향'과 '공정세계 신념'

시험을 준비하는 모든 고시생들이 인간성을 상실하지는 않는다. 그들 역시 고시가 아닌 다른 삶이 얼마든지 가능하다는 사실을 알고 있다. 단지 그들은 어떤 목적을 위해 한동안 판단을 정지시킨 것뿐이다. 하지만 그렇게 자기 자신을 분해했던 경험은 전 존재를 흔드는 기억이며, 어떤 식으로든 그 흔적을 남기기 마련이다.

確實(확실)히 高試(고시)는 내 人生(인생)의 目的(목적)이 될 수 없다. 그것은 다만 내가 이 世界(세계)를 살아갈 手段(수단)의 하나였다. 그러나 내가 그 手段(수단)을 얻기까지는 내 生活(생활) 全部(전부)를 手段(수단)에 바쳐왔다. 이제 이 高試(고시)라는 手段(수단)을 爭取(쟁취)한 나는 그 다음에 오는 것을 目擊(목격)했다. 그것은 한말로 말해서 '空虛'(공허)라는 얄궂은 것이었다.[28]

또 어느 고시생은 건전한 상식에 비추어 판단하는 법관의 자격을 가리는 시험이 상식에서 벗어난 길이라는 사실에 쓸쓸한 비감을 표한다.

건전한 상식은 진리에 가깝다고 생각합니다. 그러나 세상에는 상식이 통하지 않는 길이 있다는 것을 알게 되었읍니다. (중략) 합격의 소식을 듣고도 담담한 심정이었읍니다. 다만 상식으로는 通(통)하지 않는 길로 이곳에 이르렀다고 생각될 뿐입니다. 희미한 석유등불 아래에서 잃어버린 세월들이 아쉽습니다.[29]

이렇게 고시제도에 대한 회의가 일부 합격자의 글에서 암시되긴 하지만 주류적 반응은 아니었다. 압도적 다수로 관찰되는 반응은 '생존 편향survivorship bias' 현상이다. 생존 편향이란,

생존자 또는 성공한 사람들만을 고려 대상으로 삼고 나머지 실패 사례를 무시함으로써 전체 상황을 객관화하지 못하는 귀인 오류attribution error를 가리킨다.●

합격기는 글자 그대로 합격한 사람들만이 쓰는 글이다. 이들의 공부 방법, 노하우도 그 자체로 효율성이 증명된 것은 아니다. 합격이라는 사후 결과가 이들의 공부법을 정당화해주는 것이지 그것이 실제로 효율적임을 증명했다고 할 수 없다. 개인의 처지는 제각각이며, 더 효율적으로 공부했음에도 불구하고 다른 이유로 불합격한 경우가 얼마든지 가능하기 때문이다. 그럼에도 합격자의 말은 과대평가되는 반면 불합격자의 말은 과소평가되거나 대부분 아예 무시된다. 또한 생존 편향은 곧 '승리자의 서사'이기 때문에 고시 준비과정에서 겪어야 하는 막대한 고통이 성과를 내기 위해 필요한, 또 충분히 감수할 만한 대가로 묘사되곤 한다. 이 때문에 소위 '개천용'을 만드는 가장 공정한 방식이 고시라는 주장을 가장 강하게 믿는 집단은 다름 아닌 고시 합격자들이다. 다음 글은 전형적인 예다.

● 2차 세계대전 당시 연합군은 유럽 상공에서 교전을 마치고 돌아온 미군기들에 생긴 총알구멍의 위치를 분석해 가장 총알이 많이 맞은 부분에 철갑을 두르기로 했다. 총알이 집중된 곳은 동체였고 엔진 부위에는 총알자국이 매우 적었다. 하지만 수학자이자 통계학자인 아브라함 발드는 "갑옷을 총알구멍 난 곳에 두르면 안 됩니다. 총알구멍이 없는 곳, 즉 엔진에 둘러야 합니다"라고 조언한다. 엔진에 총알을 맞은 미군기들은 바로 격추되어버렸고 동체에 총알을 맞은 미군기는 어쨌든 생환할 수 있었음을 간파했기 때문이다; 조던 엘렌버그, 김명남 옮김, 《틀리지 않는 법: 수학적 사고의 힘》, 열린책들, 2016, 14~21쪽.

하나의 자그마한 일을 이루기 위해서라도 반드시 그에 상응하는 희생이 있어야 한다는 것이다. 그만한 대가를 치루지 않고는 반대급부를 원할지라도 이루어지지 않을 뿐만 아니라 설사 그렇게 된다고 할지라도 그것의 소중함과 보람을 느끼지 못할 것이다.[30]

고시 합격기 텍스트에 또 하나 강하게 나타나는 특징은 '공정세계 신념belief in a just-world'이다. 공정세계 신념은 '공정세계 가설just-world hypothesis'이라 불리기도 한다. 한마디로, '세상은 공명정대하고 사람은 노력한 만큼 대가를 얻는다'는 믿음이다. 1970년대 이 개념을 처음 만든 심리학자 멜빈 러너Melvin Lerner는 풍부한 실험 및 경험연구를 통해 이런 믿음이 사람들 사이에서 보편적임을 보였다.[31] 우리가 살아가는 세계는 그리 공명정대하지 않지만 사람들은 실제보다 과도하게 세계를 공정하게 인식한다는 것이다. 이런 믿음은 어느 정도 불가피한 측면이 있다. 세상이 공정하다는 믿음이 있어야 앞으로의 삶을 기획하고 안정적으로 살아갈 수 있기 때문이다.

하지만 명백히 불공정하거나 부조리한 사태를 두고서도 많은 사람들은 세상이 공정하다는 자신의 가설을 수정하는 대신 피해자가 잘못했다거나 '그럴 만했다'고 여기곤 한다. 기대에 부합하지 않는 사실이 나타나면 사실에 맞게 기대를 수정해야 타당할 테지만 그러지 않고 거꾸로 기대에 부합하는 방식으로 사실을 왜곡하는 것이다. 이에 따라 역설적이게도 공정한 세계

에 대한 믿음이 오히려 공정한 세계를 만들지 못하게 막는 역할
을 하게 된다. 이러한 '공정세계 신념'은 여러 현상을 설명해줄
수 있는 집단적 인지 오류로서 사회과학의 다양한 분야에서 연
구됐고, 특히 피해자나 약자를 사회적으로 과도하게 비난하는
이유에 관해 설득력 있는 설명을 제시했다고 평가받는다.

심리학자 에이드리언 퍼넘Adrian Furnham은 집단 간 비교연
구를 통해 어떤 사회가 더 강한 공정세계 신념을 갖는지를 실증
조사했다. 조사 결과 더 많은 재산, 부, 권력을 가진 집단들은
강한 공정세계 신념을 갖는 경향이 있는 반면, 권력과 부가 거
의 없거나 전혀 없는 집단들은 약한 공정세계 신념을 가지고 있
었다.[32] 이후 관련 연구 대다수는 사회경제적 지위가 높은 사람
일수록 더 강한 공정세계 신념을 가지고 사회경제적 지위가 낮
을수록 더 약한 공정세계 신념을 가지는 경향이 있음을 확인해
주고 있다.

2005년 전국 1613명을 대상으로 실시된 한국종합사회조사
KGSS의 자료[33]에 따르면 학력, 소득, 계층이 높을수록 즉 사회
에서 기득권층에 속할수록 취업의 기회가 평등하다고 인식한
다. 또한 취업의 기회가 평등하다고 믿는 사람일수록 교육 기회
나 법의 집행, 소득과 재산의 분배, 권력의 분배 및 남녀관계가
평등하다고 믿는 경향이 있었다. 연령이 높은 사람일수록 교육
기회, 권력의 분배, 남녀관계가 평등하다고 생각하며, 소득 및
학력이 높은 사람일수록 취업의 기회가 더 평등하다고 생각한
다. 반면 노조에 우호적인 사람과 여성은 취업의 기회, 교육의

기회가 불평등하다고 생각하는 경향이 강했다.

한국의 고시 합격자 또는 한국 법조인이 어떤 공정세계 신념을 갖는지 직접 조사한 바는 없지만, 이들은 상대적으로 매우 강한 공정세계 신념을 갖고 있으리라 추측된다. 이를테면 다음 글은 공정세계 신념에 경도된 고시생의 내면을 생생하게 드러낸다.

強者(강자)에게나 弱者(약자)에게나 주어진 상황은 매한가지, 그러나 弱者(약자)는 상황에 도취되고 탐닉하여 끌려가는 반면 強者(강자)는 상황을 극복하고 조성하며 개선해나가는 차이점이 있습니다. 지금의 상황이 비록 어둡고 춥다하여도 보다 강한 자가 되어 상황을 밝고 따뜻한 수준으로 이끌어 의심 없이 믿는 마음으로 밀고 나아가면 거기에 대한 보상은 반드시 勝利(승리)일거라고 확신합니다.[34]

글에는 강자에 대한 상찬과 도취, 약자에 대한 비난과 질타가 노골적으로 표현되고 있다. 즉, 공정세계 신념이 스테레오타입으로 발현된 예다. 그러나 "주어진 상황은 매한가지"라는 인식은 간단히 반박될 수 있다. 동일한 문제를 푸는 시험이라고 해서 응시자의 개별 환경과 조건까지 동일한 것은 아니기 때문이다. 백 미터 달리기에 참가한 선수 중 대부분의 선수는 충분한 휴식 후 출발선에 서는 반면 어떤 선수는 시합장까지 뛰어와

서 바로 경기에 참여해야 한다면, 그것을 '공정한 경쟁'이라고 말할 수는 없다.

실제로 많은 경우 고시란 개인의 자질이나 노력만이 아니라, 가족 전체의 역량이 투입되는 '가족전쟁'이었다. 아무리 시험공부에 재능이 있더라도 하루 벌어 하루 먹기도 힘들 정도로 가난하거나, 자신이 일하지 않으면 가족을 부양할 방도가 없는 사람인 경우, 시험의 허들은 그에 비례해 높아진다. 2019년 조사에 따르면 가구소득이 적을수록 공무원 시험을 준비하는 비율은 높지만 합격률은 눈에 띄게 낮게 나타났다.[35] 특히 5급 공무원 시험의 경우, 소득분위 상층에 속하는 상대적 고소득자의 응시율이 소득분위 하층의 두 배에 이르렀다. 또한 역대 사법시험에서 고졸 이하 학력의 합격자는 매우 예외적이라 할 정도로 소수였다. 1988년 고졸 학력 합격자는 2명이었고, 1989년부터 2002년의 기간 동안에는 전무했다. 2002년부터 2013년까지 전문대 학력 미만 합격자는 10명이었다.[36]

사법시험에 도전하려 한 여성의 경우, 계급적 불평등만이 아니라 뿌리 깊은 성차별 문화까지 가중됐다. 특히 사법시험 여성 합격자 수의 변동은 사법시험이 단지 능력의 경쟁이 아니라 다층적 차별이 작동하는 기제라는 사실을 극적으로 드러낸다. 2013년 40.2%였던 사법시험 여성 합격자 비율은 2004년에는 24.3%, 1995년에는 8.7%에 불과했다.[37] 1954년부터 1979년까지 26년 동안 대한변호사협회에 등록된 모든 변호사 중 여성 변호사는 단 1명이었다.[38] 여성에게 고등교육의 기회 자체를 주지

않던 여성차별 문화가 최근에 가까워질수록 크게 바뀌어가는 경향이 수치에 그대로 반영된 것이다.

생존 편향과 공정세계 신념은 모두 일종의 귀인 오류이다. 이런 오류에 빠진 사람은 인과관계를 잘못 파악해 사태를 객관적으로 보지 못한다. 그런데 앞선 글에서 보듯 고시 준비자 중 일부는 상황을 비교적 객관적으로 성찰하고 있었음에도 의도적으로 그러한 인식을 차단하려 하고 있다. 다시 말해 자신의 오류를 느끼면서도 적극적으로 그것을 교정하지 않는다. 왜냐하면 그러한 오류를 범하지 않고서는, 즉 자신이 지금 하고 있는 일에 과도한 의미를 부여하거나 성공과 실패의 원인을 모두 개인 노력의 문제로 돌리지 않고서는 힘들고 지루한 수험과정을 지속할 동기가 부여되기 어렵기 때문이다. 이런 면에서 생존 편향과 공정세계 신념은 자신이 자신에게 가하는 심리통제, 즉 '자기암시autosuggestion'[39] 내지 '셀프 가스라이팅self-gaslighting' 이라고 할 수 있다.

물론 고시 합격자에게 주어지는 특권적 보상이 고시 도전의 핵심 동기임은 분명하다. 그러나 수험과정에 돌입한 다음부터는 미래의 막연한 보상보다 더 구체적이고 실질적인 동기가 요구됐다. 합격기에 담긴 고시생 내면의 풍경은 그들이 수험의 고통을 견디기 쉽게 해주는 일종의 '심리적 마취술'을 시행했음을 보여준다. 그 마취술의 내용은 생존 편향과 공정세계 신념이었다. 이는 개인 능력과 사회 조건에 대한 구조적·비판적 인식을 지속적으로 왜곡시킨다는 측면에서, 곧 능력주의를 내면화

하는 기제였다.

사법부를 포함한 고시 합격자 집단은 체제를 끌어가는 지도층으로 불리지만, 사실 민주적 가치에 대한 불신이 가장 강한 '민주주의 인식 취약 집단'이기도 하다. 일례로, 고시를 통해 입직한 관료가 언론사 기자들과 모인 자리에서 "민중은 개·돼지"라고 발언해 사회적 파문이 일어난 적도 있다.[40] 합격자 대다수는 학교 외에 다른 이질적 집단이나 조직을 경험하지 않은 상태에서 고시 준비에 돌입하며, 그 과정에서 인간을 우열화하는 관점과 선민의식을 자연스럽게 내면화한다. 이들 중 상당수는 '내가 열심히 해서 고시에 합격했으니 마음대로 그 권력을 행사해도 된다'고 생각하고 그런 이들끼리 폐쇄적인 공동체를 만드는 걸 당연시한다. 아직도 사라지지 않은 '전관예우前官禮遇' 관행은 이런 특권의식이 왜 지속되는지를 보여주는 명백한 증거의 하나다. 전관예우는 고위공직에 있었던 인물이 퇴임 후 기존 업무와 연관된 기업 등에 들어간 뒤 전관의 지위를 이용해 부당한 이익을 얻는 한국 사회 특유의 악습이다. 명확히 정의하면 그것은 '예우'가 아닌 '전관비리'로서, 전문직의 지대를 이용한 사익편취 혹은 "'지연된 대가'의 형식으로 위장된 부패행위의 일종"[41]이다. 전관예우는 오랫동안 고위층 부패의 악순환을 만들어 사회 시스템에 대한 시민의 불신을 확대 재생산해왔다.

한국의 고시제도 하에서는 거의 필연적으로, 평범한 국민들을 무시하고 민주주의를 냉소하는 엘리트가 양산될 수밖에 없다. 한마디로 고시는 과소한 민주주의 교육이 과도한 능력주

의 신화와 결합할 때 어떤 '괴물'이 만들어지는지를 보여준 거
대한 사회 실험이었다.

6장

한국 능력주의의 특징

시험을 통한 지대추구

오랜 세월 동안 한국인들에게 시험은 통제의 좁은 수로에 갇히게 하는 수단이자 그 수로를 타고 상승할 수 있는 수단이었다. 좁은 수로 속에서 더 빨리 더 효율적으로 세상에 적응하고 보상받거나 시험에 실패해 사회에서 버려졌다. 시험으로 인해 좌절하고 희망했던 역사만큼, 우리들은 시험과 관련된 모든 것들에 요란스럽게 반응하지만, 동시에 시험이 중요하기 때문에 당황스러울 만큼 손쉽게 시험주관자의 요구에 제압된다. 시험순응적인 몸과 의식이 되었고, 시험이란 일단 잘 쳐야 하는 국민 공통과제였다.[1]

한국에서는 뛰어난 학문적 성취를 남긴 법학 연구자조차 소위 '고시' 합격자가 아니라는 이유로 폄훼되는 일이 드물지

않다. 고위 공무원을 선발하는 '고시'제도, 특히 사법시험은 '순수한 능력주의 경쟁'의 상징으로 여겨졌기 때문이다. 불합격자는 그가 계속 불합격자로 남아있는 한, 합격자가 모인 고원 plateau으로 점프할 수 없다. 그러나 사법시험은 실제로 '순수한 능력주의 경쟁'이 아니었을 뿐 아니라, 생존 편향과 공정세계 신념을 강화해 결과적으로 불평등을 은폐한다는 점에서 제도 자체가 불평등 재생산 메커니즘의 일부였다. (이 책 5장을 참고하라)

한국 능력주의의 핵심적인 특징은 '시험을 통한 지대추구'의 정당화다.● 한국은 지위와 권한의 상당수가 공개경쟁시험 결과에 따라 결정된다는 점에서, 지위와 권한이 실질적 기여나 업적에 따라 조정되는 다른 나라와 확연히 구별된다. 한국의 수많은 시험들 중 특히 중요한 시험이 몇 가지 있다. 대학입학시험, 공무원 선발시험인 '고시', 민간기업의 공채시험, 문학계의 소위 '등단'제도 등이다. 이 시험들은 '결정적 시험critical examinations'으로서, 합격자와 불합격자의 이후 삶에 글자 그대로 치명적인 영향을 끼친다. 시험이 자기 삶을 기획하고 꾸려가는 데 너무나 중요한 비중을 차지하다 보니 한국인의 삶은 시험으로 점철될 수밖에 없었다.

● 지대地代, rent는 말 그대로 토지의 사용료다. 토지 소유자는 생산성이 증가하지 않아도 자신의 뜻대로 사용료를 올릴 수가 있기 때문에, 경제학에서는 소유권을 통해 이익을 취하는 행위를 지대추구 행위rent-seeking behavior라 정의한다.

결정적 시험이 지대추구 행위라는 주장을 납득하지 못하는 사람이 있을 수 있다. 예컨대 '시험은 실력 또는 능력 경쟁이기 때문에 만약 시험과정이 공정하다면 성적에 따라 차등 보상하는 것은 정의롭거나 적어도 형평에 부합하는 일이고, 따라서 지대추구와는 다르다'는 반론이다. 이에 대해 짧게 검토하고 넘어가기로 하자.

고전적 의미에서 지대는 글자 그대로 토지의 사용료를 뜻하지만 오늘날 경제적 지대라는 개념은 그보다 더 포괄적인 현상을 설명한다. 경제학자 털록Gordon Tullock은 경제적 지대를 '인위적 제한에 의해 기회비용을 초과해 발생한 이익'이라 정의했다.[2] 또한 경제학자 크루거Anne O. Krueger는 경제적 지대를 추구하는 경향을 "지대추구"라 명명했다.[3] 소위 표준 경제학은 기본적으로 지대추구를 반대한다. 지대추구는 아무런 생산성 향상 없이 소유권만 이용해서 이익을 꾀하는 행위이고, 이는 결과적으로 자원배분의 왜곡과 생산성의 위축을 가져오기 때문이다.

이러한 경제적 지대 이론을 근거로 일각에서는 기업에 대한 정부의 규제가 철폐되어야 한다는 주장[4]이 꾸준히 제기되어 왔다. 이런 시장주의 버전 외에 좌파 버전도 있다. 덴마크 출신 사회학자인 오게 쇠렌센Aage Sørensen은 엄밀한 분석을 통해 마르크스주의의 '착취exploitation' 개념과 경제적 지대를 동일시하는 이른바 '지대에 기반한 착취' 이론을 제기한다. 이 논리에 따르면 약자가 강자를 착취하는 기묘한 그림이 연출된다. 연대임

금제[●]가 시행될 때 미숙련 노동자들은 노동시장 내부의 취약 집단임에도 불구하고 시장임금보다 더 많은 몫을 받기 때문에 이론상 다른 집단을 착취하는 계급이다.[5] 또한 가장 좋은 조건의 숙련 노동자들은 미숙련 노동자를 위해 강제로 자기 몫을 삭감당하므로 착취당하는 계급이 되고, 미고용 노동자는 연대임금제 바깥에 배제되어 있기 때문에 결과적으로 역시 착취당하는 계급이 된다.

쇠렌센의 이론은 착취에 대한 상식을 깨뜨린다는 점에서 흥미로우나 그의 이론을 꼭 받아들일 필요는 없다. 다만 여기서 이해해야 할 것은 경제적 지대는 대체로 나쁘지만 그렇다고 언제나 나쁘다고 볼 수는 없다는 점이다. 예를 들어 경쟁에서 사회경제적 약자에게 우선 순번을 부여하는 등의 적극적 배려정책도 경제적 지대의 일종이다. 하지만 이것은 구조적 불평등을 완화하는 공익적 효과, 최소 수혜자에게 최대의 이익을 주는 분배적 정의의 실현을 고려하면 일정 정도 가치가 있는 정책이라 할 수 있다.

문제는 모든 지대추구가 아니라 **승자독식과 부익부 빈익빈을 낳는 지대추구**다. 그리고 문제는 모든 시험이 아니라 '고시'와 같은 지대추구적 시험이다. 사회적으로 비판받는 지대추구

● 연대임금제는 기업규모 및 이익률과 관계없이 동일 업종 노동자에게 동일한 임금을 지급하는 제도다. 일반적으로 호조건의 노동자가 일정하게 희생하고 악조건의 노동자가 혜택을 보기 때문에 복지국가의 사회연대를 상징하는 제도로 평가된다. 스웨덴의 연대임금제가 가장 유명하다.

가 바로 이런 종류다. 한국의 대입시험 역시도 지대추구적 성격을 가진다. 대학수학능력시험은 "대학 입학 적격자"를 가려내는 시험으로, "대학 입학 적격자란 대학에 진학해서 성공적으로 학업을 이수할 적성이 있는 사람"이고 이를 위해 "현재의 능력과 미래의 잠재능력을 측정"할 것을 목표로 한다.[6] 즉, 이 시험은 대학 진학 이후의 학습 잠재력을 측정하기 위해 개발된 시험이며 어떤 사회적 기여나 성취의 지표조차 아니다.

하지만 한국에서 수능점수는 대학 졸업 후 일자리의 등급, 나아가 사회적 '신분'을 결정할 정도로 결정적이다. 학력수준은 물론이고 대학서열과 소득 역시 밀접한 관련이 있다.[7] 사회 진출 이전에 대학에 입학했는가 여부만이 아니라 어느 대학에 입학했는가에 따라 사실상 취업경쟁에서의 우열이 상당 부분 정해지는 것이다. 고시제도, 특히 사법시험의 경우 합격자에 대한 과잉보상이 사회적으로 용인되고 심지어 독려되어왔기에 더 해악이 컸다. 물론 빈곤층이 고시 합격으로 자수성가한 사례는 없지 않으며 이를 능력주의의 미덕이라 할 수도 있을 것이다. 그러나 드물게 나타난 미덕에 비해 고시의 폐해는 비교가 무의미할 정도로 막대했다. 한국의 사법시험은 수많은 '고시 낭인'과 '고시 폐인'을 양산했으며 이는 사회 전체 기회비용에 큰 손실을 초래했다. 승자독식의 보상을 노리고 격렬한 경쟁을 펼친다는 점, 실력뿐 아니라 운이 크게 작용한다는 점에서 그것은 수많은 청년의 실제 인생을 걸고 벌이는 경마 도박이나 다름없었다. 또한 해당 직능단체는 법률가의 공급을 지나치게 제한함으

로써 저렴하고 질 높은 법률서비스를 원하는 다수 시민들의 염원을 오랫동안 외면했다. 뿐만 아니라 실제로 시험 준비에 있어서 빈곤층에게 공정한 기회를 보장하지 않고, 업무 실적 및 사회적 기여가 아닌 시험 성적으로 우열을 갈라 '전관예우' 같은 과도한 특권을 부여하는 등, 고시는 사회정의와 공공선에 이바지하기는커녕 오히려 그것을 침식해왔다 해도 과언이 아니다.

한국의 '결정적 시험'은 강력한 지대 효과를 창출한다. 즉, 어떤 생산적 기여 없이도 합격했다는 사실 자체로 불합격자는 도저히 따라잡을 수 없는 보상이 주어진다. 그것이 '시험-지대 exam-rent'이다. 시험에 따라 그것은 특정한 업무를 다룰 수 있는 자격일 수도 있고 무형의 권위나 위세일 수도 있으며, 우월한 사회자본(인맥)일 수도 있다. 어쨌든 결정적 시험과 그 시험 지대의 사회적 기능은 명확하다. 노력은 물론이고 성과로도 넘어설 수 없는 거대한 격벽을 세우는 것이다.

공채 시스템과 승자군독식勝者群獨食

나는 내가 공채여서 간신히 합격했다는 생각이 든다. 겉보기에 나쁘지 않은 학력과 경력에 근사한 말로 잘 지어낸 자소서를 쓰고, 꾸며낸 사교성으로 어렵지 않게 면접을 통과하지만 실상 제대로 된 전문성은 없는, 여지없이 딱 공채형 인간. (중략) 사회가 제시한 틀에 맞

는, 과락 없는 사람이 되기 위해 나를 바득바득 끼워 맞추고 그렇게 들어온 회사에 적응하지 못해 결국 떠나간다. 이 과정을 수많은 사람이 반복한다. 굉장히 많은 비용이 지불되는 비효율적인 시스템이다.[8]

치열한 경쟁을 뚫고 대기업 공채시험에 합격한 어느 청년은 자기가 정말 무엇을 하고 싶은지를 찾지 못한 채 괴로워하다 결국 퇴사를 결심하고 그 심경을 책으로 썼다. 그가 통과한 공채 시스템은 외환위기 등 외부 조건의 변화로 인해 규모가 줄기는 했지만 여전히 대기업 및 공기업의 가장 일반적인 신입사원 채용방식으로 존속하고 있다. 그러나 공채 시스템에 대한 회의나 비판의 목소리도 점점 커지고 있다. 개인의 전문 역량이 중요시되는 현실과 동떨어진, 이른바 '공채형 인간'을 양산하는 낡은 관행이라는 것이다.

공채 시스템은 이처럼 개인 각각에게 많은 진입비용을 요구하며 개인의 역량 강화나 자아실현이라는 측면에서 단점이 두드러진다. 그러나 기업 입장에서는 최소한의 비용으로 최대한의 공정성을 확보하고 비교적 질 높은 노동력을 확보할 수 있다는 점에서 장점이 적지 않은 시스템이다.[9] 개인에게도 높은 안정성과 상대적 고임금이 보장됐기 때문에 '가성비가 좋은', 즉 투입 대비 산출이 큰 선택지였다. 대기업 공채는 최근 들어 다소 인기가 주춤해지긴 했으나 여전히 대졸 청년에게 가장 선호되는 옵션의 하나다. 게다가 직업 안정성에 대한 청년세대의

선호가 높아짐에 따라 공기업 공채시험 경쟁률은 급격히 증가해왔다.

한국의 기업이 처음 공채제도를 시작한 것은 1957년 삼성물산의 신입사원 대졸 공채 모집부터였다. 이후 다른 기업들로 확산되어 1980년대에는 보편적 채용문화로 자리 잡았다.[10] '공채'는 '공개채용'의 줄임말로 기업이 주로 대학 졸업 예정자를 대상으로 신입사원을 공개경쟁 모집하여 채용하는 관행을 가리킨다. 고도성장기 한국의 기업은 규모를 확장하는 동시에 사업을 다각화했기 때문에 전통적인 블루칼라 노동자뿐만 아니라 다양한 업무에 유연하게 투입·배치할 수 있는 고학력 화이트칼라 노동자, 이른바 '범용형·보통형·관리자형 인재'[11]를 요구했다. 그 수요가 당시 급격히 증가하기 시작한 고학력 청년인구의 과잉공급과 맞물려 만들어진 체계가 공채 시스템이다.

공채 시스템은 많은 신입사원을 일거에 선발하므로 학교와 유사하게 '동기同期' 집단이 형성된다. 이 동기들은 대체로 비슷한 승진 궤적을 그리면서 협력하고 경쟁하기 때문에 조직 내에서도 묶여서 평가되는 경우가 많으며 스스로도 일정한 귀속의식을 갖게 된다. 연공급 시스템 특유의 '동기문화'가 생겨나는 것인데, 한국과 일본 정도를 제외하고 일반기업에서 이런 문화를 가진 나라는 거의 없다.

이렇게 대기업 혹은 공기업 정규직 입사에 성공한 집단은 그러지 못한 또래집단과는 전혀 다른 출발선에 서게 된다. 같은 시험을 보고 합격해 입사했지만, 당연히 업무 능력에서는 개인

마다 차이가 나기 마련이다. 그러나 일을 아무리 못하고 심지어 회사에 손해를 끼쳐도, 일단 정규직으로 합격한 사람이 계약직이나 파견직 같은 비정규직 노동자가 되는 일은 없다. '사고'를 쳐서 해고를 당할지언정, 정규직이 계약직이나 파견직과 같은 비정규직으로 바뀌지는 않는다. 다른 회사로 옮겨갈 때도 큰 이변이 없는 한 정규직은 유지된다. 일단 획득한 정규직이라는 신분은 웬만해선 상실되지 않는 것이다. 가히 '승자군勝者群의 위엄'이라 할 만하다. 반면, 계약직 같은 비정규직은 어떨까. 일단 비정규직으로 같은 회사에 입사한 사람은 아무리 탁월한 업무 역량을 보여도 정규직이 될 수 없다. 빌 게이츠이건 스티브 잡스이건 상관없다. 한번 비정규직은 영원한 비정규직이다. 정규직이 되고 싶다면 공식적인 방법은 오직 하나, 공채시험에 합격해 신입사원으로 들어와야 한다.

한국 노동시장은 대기업·고임금·정규직 노동자가 차지한 중심부와 중소기업·저임금·비정규직 노동자로 구성된 주변부가 명확히 분절되어있다. 극단적 이중구조는 다시 다음과 같은 사중구조로 분류되기도 한다. 1)대기업·고임금·정규직 노동자 2)대기업·비정규직 노동자 3)중소기업·정규직 노동자 4)중소기업·비정규직 노동자.

본래 비정규직은 기업이 노동유연성을 얻는 대신 노동자에게 임금을 더 주어야 하는 고용 유형이다. 실제로 프랑스의 비정규직 노동자들은 고용불안정의 대가로 정규직 노동자에 비해 6~10%의 돈을 추가로 받을 권리가 있다.[12] 하지만 비정규직은

국가의 묵인과 적극적 방조 속에 잘리기도 쉽고 임금조차 덜 받는 일자리가 됐다. 한국에서 정규직과 비정규직은 더 이상 고용유형types of employment이 아니라 "현대판 신분제"[13] 내지 '카스트'를 가리키는 말이다.

고용체제의 극단적 분절은 한국 노동시장의 특이성으로 지목됐고 적지 않은 연구들이 축적되어왔다.[14] 또한 이런 연구들을 통해 한국의 비정규직이 정규직으로 가는 '가교bridge'가 아니라 '함정trap'이라는 사실 역시 실증적으로 확인됐다. 즉, 한번 비정규직이 되면 좀처럼 정규직이 될 수 없다.[15] 이 문제는 수십 년간 한국 사회의 불평등을 악화시켜온 핵심요인이었다. 하지만 상황은 개선되기는커녕 점점 나빠지기만 했다.

문제해결이 가장 절실한 비정규직 노동자들은 다수이지만 노동시장 최약자이기 때문에 개인의 생존만으로도 버겁다. 이들이 용기를 내 부당함을 호소하기라도 하면 반응은 한결같다. "억울하면 정규직 되든가!" 능력이 없어 비정규직이 됐으니 그만큼 불이익도 감내하라는 것이다. 한편 기업, 정부, 정규직 노조도 선뜻 나설 이유가 적다. 노사 갈등을 회피하면서도 구조조정을 추진하려는 기업 및 정부와, 구조조정으로 인한 내부자 피해를 최소화하려는 정규직 노조는 외부로의 비용 전가에 공통의 이해관계를 가지기 때문이다. 여기서 '외부'는 비정규직과 미취업자들이다. 그러므로 취업을 앞둔 개인 입장에서 해결책은 오직 하나뿐이다. "죽어도 (대기업, 공기업) 정규직이 되어야 한다!"

한국에서는 언론사 기자와 방송국 프로듀서 등을 선발하는 과정도 공채시험이다. 취재력이 시험 실력에서 생기는 것도 아닌데 매년 그렇게 기자를 뽑는 이유는 무엇일까? 표면적 이유는 그런 시험이 가장 '공정'하기 때문이다. 물론 숨겨진 이유도 있다. 시험에 합격할 확률이 높은 지원자는 대개 소위 '명문대' 출신들이 많고, 취재 대상인 기득권층과 학연으로 통하기 좋다. 공채시험과 면접시험으로 언론인의 취재력을 검증할 수 없지만 문화자본과 사회자본을 확인하는 데는 나름의 쓸모가 있는 셈이다. 한국에서는 심지어 문학가나 비평가도 신춘문예 등 소위 '등단'제도를 통해 선발된다. 신춘문예는 본래 일본에서 처음 생긴 것이지만 오늘날 종주국에서는 그 존재가 희미해졌다. 반면 한국에서는 1915년 《매일신보》에서 처음 시행된[16] 이래, 숱한 언론사로 확산되어 1백 년이 넘도록 '한국 문학의 등용문'으로 인정받고 있다.

시험사회의 승자군은 한 번의 시험으로 비교적 쾌적한 고원에 올라선다. 그곳은 풍경도 다르고 공기도 다른, 선택받은 자의 별천지다(물론 그 위에 또 올라갈 고원은 남아 있다). 그러나 최초의 승자군에 속하지 못하면 그 순간부터 인생은 고달파진다. 평생 동안 부당 대우—사실상 처벌이라고 해야 할—를 감내해야 한다. 과잉보상과 과잉처벌을 사랑하는 사회, 아무리 불평등이 심해도 불법만 아니면 공정과 정의로 인정되는 사회, 그게 바로 대한민국이다. 요컨대 한국 능력주의의 가장 큰 특징은 **시험을 통한 지대추구와 승자독식의 제도화**라고 할 수 있다.

인종·계급차별의 '끔찍한 혼종'

능력주의는 현실에서 크게 두 가지 방식으로 표현된다. 하나는 특정한 기준이나 시험에 통과한 소수에게 특권을 집중시키는 것이다. 예컨대 '고시' 합격자, '명문대' 졸업자 등에 대한 제도적·문화적 격상elevation이 여기에 속한다. 다른 하나는 저능력·무능력자로 지목된 이들을 배제하거나 차별하거나 모욕하는 것이다. 그것은 장애인의 권리에 대한 관성적 무시를 포함하여 최근 사회문제로 논의되는 혐오표현에 이르는, 사회적 약자에 대한 제도적·문화적 폄하denigration를 가리킨다. 여기서는 특히 혐오표현의 일반적 정의에는 포함되지 못한, 그러나 한국 사회에서 매우 심각하게 확산되어온 계급차별적 혐오표현을 중심으로 이 현상들의 기저에 능력주의가 도사리고 있음을 밝히고자 한다.

2020년 1월 13일, 대학입시 수학 강의로 소위 '스타강사' 반열에 오른 주예지는 유튜브 라이브 방송을 하며 시청자들의 질문에 답변하고 있었다. 수학 강사답게 이야기의 주제는 학생들의 수학 점수와 성적이었다.

솔직히 이야기해서 가형 7등급은 공부 안 한 거잖아요. 엇! 이러면 안 되나요?(이렇게 말하면 안 되나요?) 전 솔직히 그렇게 생각해요. 노력했으면 3점짜리 다 맞히면 7등급은 아니거든요. 3점짜리 다 맞혀도 5, 6(등급)

은 가는데(나오는데), 7등급 나왔다는 건 3점짜리도 틀렸다는 거지. (공부를) 안 한 거지. 그렇게 할 거면은 지이잉~ (용접공 흉내) 용접 배워가지고 저기 호주 가야 돼. 돈 많이 줘. 핫~ (웃음).[17]

이 발언이 알려지자 비판이 쏟아졌다. 대한용접협회는 '기술직 비하 발언이 분명하다'면서 공식 사과를 요구했다. 결국 다음날 그는 유튜브 방송을 통해 사과했다. 언론들이 사건을 대대적으로 보도하며 여파는 한동안 지속됐다. 부적절한 발언이라는 비판이 많았지만 "맞는 말 한 건데 저렇게 욕먹을 일이냐", "공부 못하면 기술이라도 배워야지" 등 옹호 발언들도 적지 않게 나왔다. 그도 그럴 것이, 실제로 저런 발언은 한국 사회에서 일상다반사로 일어나기 때문이다.

시험 성적이 좋지 않다는 이유로, 좋은 대학 출신이 아니란 이유로, 비정규직이라는 이유로 한국인들은 아무렇지 않게 타인을 향해 차별, 비하, 멸시적 발언을 내뱉는다. 환경미화원, 아파트 경비 노동자들은 본인 눈앞에서 "공부 안 하면 저렇게 된다"며 제 자식을 훈계하는 주민들을 수시로 마주친다. 용접공 비하 발언을 한 '스타강사', "공부 안 하면 저렇게 된다"고 말한 주민들 모두 누군가를 비하할 의도를 가지고 그런 말을 하진 않았을 것이다. 그들은 단지 용접 노동자나 경비·청소 노동자를 단 한 번도 자신과 동등한 존재로 생각해본 적이 없을 뿐이다. 그래서 마치 "바닥 조심해야지! 잘못하면 시궁창에 빠지니

까!" 같은 느낌으로 충고할 수 있었던 것이다.

아무렇지 않게, 특별한 악의조차 없이 툭 튀어나온 그 반응이야말로 능력주의의 본성이 무엇인지를 보여준다. 능력주의는 계급차별을 인종차별처럼 만든다. 그것은 인종구분 없이 작동하는 인종주의이고, 살아있는 인간으로 하여금 "비존재감"[18]을 절감하게 만든다. 어떤 사람은 마치 '사람 형상의 얼룩'처럼 취급되는 것이다. 어느 사회든 이런 측면을 가지고 있지만 특히 한국의 능력주의가 다른 사회에 비해 두드러지는 지점은 몇몇 직업들, 특히 육체노동에 대한 노골적인 비하가 일상화되어 있다는 것이다.

한국의 이 계급차별은 종족성ethnicity과 결합해 '끔찍한 혼종'으로 나타나기도 한다. 역사학자 박노자는 소위 '선진국' 출신이냐 '후진국' 출신이냐에 따라 철저하게 위계서열을 만들어 외국인을 다르게 대하는 한국인 특유의 행태를 '지엔피 인종주의GNP racism'라 이름 붙인 적이 있다.• 지엔피 인종주의는 선진국 출신 백인을 떠받들고 심지어 특혜까지 주면서, 후진국 출신이나 유색인종을 깔보고 차별하는 습속이다. 러시아 출신 이주노동자였던 박노자에게 한국 특유의 인종주의는 새로운 어휘를 발명하지 않으면 도저히 설명할 수 없는 현상이었던 것이다.

• 최근에는 '지디피GDP 인종주의'라 부르기도 한다; 박노자, 〈한국적 근대 만들기 II: 인종주의의 또 하나의 얼굴: 일제시대의 범아시아주의〉,《인물과 사상》, 46호, 2002, 140쪽.

'휴거', '빌거', '이백충' 그리고 일베

인종주의, 계급적 멸시, 소수자 혐오가 없는 나라는 존재하지 않는다. 대다수 사회가 이런 문제를 갖고 있다. 그렇다고 모든 사회가 똑같지는 않다. 어떤 나라에서는 일상적이고 노골적으로 문제가 나타나는 반면, 어떤 나라에서는 그렇지 않다. 차이는 제도와 문화에서 나온다. 차별을 얼마나 억제할 수 있는가는 결국 그 나라의 법과 제도, 그리고 시민의 가치관에 달려있다. 차별 억제 요소는 차별금지법과 같은 법·제도일 수도 있고, 시민의 강한 '자기표현 가치' 같은 비물질적 문화일 수도 있다. (자기표현 가치에 대해서는 7장에서 상세히 설명한다)

이런 차별 억제 요소와 달리 차별 강화 요소도 있다. 능력주의는 차별과 혐오의 죄의식을 경감시키고 나아가 차별과 혐오를 '공정'하다고 믿게 만들기까지 한다. 능력주의는 단순한 분배적 정의관을 넘어 개별 인간의 가치를 (주로 자본주의 가치 기준에 따라) 서열화한다. 또한 능력주의는 강자와 약자 사이의 불평등이 정당하다고 가정한다. 능력주의자에게 강자가 강자인 이유는 재능과 노력 때문이며, 약자가 약자인 이유 역시 마찬가지다.

능력주의는 도덕적 압력을 낮추고 혐오의 고삐를 푼다. '빌거', '휴거', '이백충' 같은 신조어가 그 산물이다. '빌거'는 '빌라에 사는 거지'의 줄임말이고, '휴거'는 임대아파트인 '휴먼시아에 사는 거지'를 뜻한다.[19] '이백충'도 있다. 월수입 200만 원인

사람을 비하하는 말이다. 그래도 거지는 사람이기는 한데 '이백충'은 아예 '벌레'다. 국가인권위원회는 혐오표현에 대한 보고서에서 "최근 한국에서는 사회경제적 지위나 경제적 상황 등에서 열등하다고 생각되는 집단을 멸시하고 사회에서 배제하는 식의 혐오가 문제가 되고 있다"[20]고 지적하기도 했다.

일베(일간베스트저장소) 등 넷우익 담론들, 이를테면 이주노동자, 여성, 호남사람, 민주화운동 세력을 향한 갖가지 혐오표현들의 심층에 담겨있는 정당화 논리 역시 능력주의였다. 한마디로 '자격과 능력도 없는 것들이 무임승차를 통해 과도하게 많은 자원을 가져가고 있다'는 논리다. 이 논리회로 속에서는 약자·소수자의 구조적 불리함을 조금이나마 교정하려는 실질적 기회균등 조치들이 모두 '역차별'이고 '불공정'이다. '된장녀'와 '김치녀' 등의 유행어에는 '분수를 모르는 탐욕스런 여자들'이라는 의미가 공통적으로 담긴다. 이 여성혐오에는 뿌리 깊은 가부장제 이데올로기와 함께 능력주의가 작동하고 있다.

이 논리를 내면화한 이들은 오히려 이렇게 되묻는다. "힘이 약하다는 이유만으로 선하고 고결하며 힘이 강하다는 이유만으로 비난받아야 하는가?" 이들은 소위 '언더도그마underdogma'●를 말하면서 약자는 그저 약자일 뿐이지 선善이 아니라고 강조한다. 그 지적은 나름대로 일리가 있다. 약자성과 소수자성은

● 미국의 극우단체 티파티에서 활동하는 마이크 프렐Michael Prell이 만든 말로, '약자underdog는 선하고 강자overdog는 악하다'는 생각이 편견이라는 주장을 담고 있다.

그 자체로 '선함' 또는 '옳음'이라고 볼 수는 없다. 그러나 약자를 돕는 일은 철학적으로나 공익적으로나 충분히 정당화될 수 있다. 반면 역차별이나 언더도그마를 말하는 이들은 단지 판단을 유보하는 데 머물지 않고 강자의 입장을 옹호하며 약자를 혐오하고 공격하는 데까지 나아간다. 언더도그마를 강변하는 이들 대부분이 극우세력인 것은 우연이 아니다. 이들은 역차별의 불공정성을 호소하는 것처럼 보이지만 실은 차별과 혐오의 정당함을 강변하고 있는 것이다. 능력주의는 위계서열화의 논리이고 그 논리의 막장에 기다리고 있는 것은 결국, 강자선망-약자혐오다.

'강하고 아름다운 존재는 추앙해 마땅하다. 하지만 약하고 못난 존재는 벌레 취급해도 좋다!' 이제 저 타락한 능력주의자들은 나보다 자격과 능력이 없는데 몫을 더 받는 것처럼 보이는 대상들을 향해 증오와 혐오를 드러내는 데 거리낌 없어진다.[21]

타자를 향한 혐오·차별은 자신을 '우월한 존재'로 혹은 '정상 존재'로 규정하는 인식을 동반한다. 이런 원시적인 이분법, 즉 내집단/외집단 구분을 통해 인간은 쉽게 타자를 차별하고 혐오할 수 있으며 심지어 학대하고 죽일 수도 있다. 게다가 그런 행동에 아무 거리낌이 없을 뿐 아니라 정의를 실현했다는 만족감까지 느낄 수 있다.

심리학자 고든 올포트Gordon Willard Allport는 고전이 된 편견에 관한 연구에서, '내집단에 대한 충성심은 때로 외집단에 대한 적개심으로 나타난다'고 말한다. '적대적인 말'이 그 시작점이다. 처음엔 농담이나 조롱조로 시작한 적대적인 말은 점점 습관화되면서 공격성이 강해지다가 차별discrimination과 분리segregation, 물리적 폭력과 집단학살에까지 이어진다. 올포트는 유럽의 반유대주의를 예로 들었다. "적대적인 말 → 차별 → 물리적 폭력. 이런 전개는 드물지 않다. 비스마르크 시대에 언어적 공격은 비교적 온건했다. 히틀러 통치하에서는 더 모질었다. 이 시절 유대인은 성도착부터 세계 음모에 이르기까지 상상할 수 있는 모든 죄를 떠들썩하게 그리고 공식적으로 뒤집어썼다."[22] 1994년 르완다 집단학살 또한 이런 단계적 악화 과정을 전형적으로 보여주었다. 능력주의는 혐오의 고삐를 느슨하게 하는 것만으로도 얼마든지 극단적 폭력의 시발점이 될 수 있다.

3부

가치관과 민주주의

7장
"우리가 어떤 민족입니까" 물으신다면

한국인은 평등주의자인가

"우리가 어떤 민족입니까?"

광고와 농담에 등장하는 이 표현은 한국인의 본성을 묻고 있다. 물론 '민족'이라는 단어는 부적절하며 '본성'이라는 말도 오해의 여지가 크다. 지금부터 이야기하게 될 한국인의 가치관은 '정情의 민족'이나 '배달의 민족' 류의 민족성이나 국민성이 아니다. '우리의 핏줄 속에 면면히 흐르는'이라거나 '우리의 DNA에 각인된' 등으로 표현되는 본질주의적 규정이 아니라는 뜻이다. 앞으로 논할 한국인의 가치관은 오래 지속되어왔고 여전히 지속되고 있지만 앞으로 얼마든지 바뀌거나 사라질 수 있는 현대 한국인의 특성이다. 이런 집단적 경향으로서 한국인의 가치관은 실재한다. 그것은 개인의 층위에서 각자 다른 농도로 나타나지만 집단의 층위에서 다른 사회와 뚜렷이 구별된다.

사회학자 송호근은 한국인이 "세계적으로 높은 평등 지향적 심성equality-oriented mentality"을 가지고 있다면서 평등주의가 "한국인의 마음의 습관"이라고 주장했다. 그는 "객관적으로 어느 정도인가는 과학적 측정을 필요로 한다"면서도, "그동안 사회과학자로서 터득한 다양한 체험에 근거"하여 "한국은 평등주의적 심성이 '가장 높은 국가군'에 속한다"고 선언한다.[1] 그가 보기에 재벌에 대한 한국인의 태도는 평등주의의 전형이며 그런 심성은 사회 갈등을 일으키는 원인이다.

미국과 일본의 유수 기업들은 삼성, LG, 현대자동차의 경영 전략 및 혁신 기법을 배우려고 온갖 신경을 집중하고 있는 중이다. 그런데 정작 한국 사회 내부에서는 이런 재벌기업들에 대한 반감이 널리 확산되어 있으며 여러 가지 규제 장치를 개발하여 재벌의 운신의 폭을 좁히고자 노력한다. (중략) 성공한 사람을 인정하지 않는 사회는 항상 시끄럽고 갈등에 취약하다. 성공의 기준과 수단에 대한 시비가 자주 일어난다. 그리하여 평등주의적 심성은 갈등을 빚어낸다. 불인정, 불만, 분노가 평등주의적 심성에서 점화되기 때문이다.[2]

송호근은 한국인의 "결과의 불평등에 대한 불만이 (기회의 불평등에 대한 불만보다) 더욱 세차다"면서 "의사사회주의pseudo-socialism"라는 단어를 꺼내든다.[3] 그리고 그는 한국에서

사회적 협약이 부재하고 협약을 창출하기 어려운 이유가 "평등주의적 심성을 만족시킬 기준이 마땅치 않다는 데 있다"[4]고 주장한다. "한국 국민들이 대부분 수용할 수 있는 합의의 기준을 찾아내기 어렵다", 이는 "거의 불가능할 정도"라고도 말한다. 그러나 그의 분석대로 한국인이 결과의 평등을 중시하는 "의사사회주의적" 심성을 가졌다면, 국민적 합의의 기준을 찾아내는 것은 간단하다. 모두 똑같이 분배받는 평등주의 방식으로 기준을 세우면 될 일이다. 그렇게 안 되는 이유는 무엇일까? 간단하다. 송호근의 주장과 달리 한국인의 심성이 "의사사회주의적 평등주의"가 아니기 때문이다.

　　송호근의 주장은 한눈에 보기에도 현실과 떨어져있다. 최근의 공기업 정규직화 논란을 보자. 수년간 문재인 정부가 공기업 비정규직을 정규직으로 전환하려● 할 때마다 엄청난 반발과 사회적 갈등이 벌어졌다. 서울교통공사 정규직 전환, 인천국제공항공사 정규직 전환 등이 대표적인 사례다. 논란의 이유는 한국인들이 결과의 평등을 추구해서가 아니었다. 오히려 '결과의 평등이 부당하다'는 불만 때문이었다. '쉽게 입사'한 비정규직이 '어렵게 입사'한 정규직 신분으로 전환되는 것은 '공정하지 않다'는 것이다. 최근만의 일이 아니다. 오랫동안 한국인들은

●　기존 정규직으로 완전 통합되는 경우는 드물고 '무기계약직' 또는 '자회사 정규직' 등 정규직과 처우가 동일하지 않은 '준정규직'으로의 전환이 다수다; 박의래, 〈직고용되는 인국공 보안검색요원, 신분은 '무기계약직'〉, 《연합뉴스》, 2020.07.04.

이런 사안에 비슷하게 반응해왔다. 그리고 이런 특성을 '평등주의'로 규정할 수는 없다. 다수 한국인이 공유하는 이 심성은 일반적인 '평등주의'와는 꽤나 다른 것이기 때문이다.

일반적 의미에서 평등주의는 "너무 많이, 혹은 너무 적게 갖는 건 불공평하다"라는 것이다. 반면 한국형 평등주의는 "나도 부자가 되어야 한다"이다. 자매품으로 "내 새끼도 서울대 가야 한다"와 "나도 MBA 따야 한다" 등이 있다. 즉, 일반적 평등주의는 '사회 전체의 비대칭'을 문제 삼는 데 비해, 한국적 평등주의는 '부자와 나의 비대칭'만 문제 삼는다. 전자의 처지에 서면 필연으로 부자가 가진 것을 일정 부분 빼앗아올 수밖에 없다. 그래야 못 가진 자에게 분배할 테니까. 그러나 후자의 처지에 서면 그런 일이 벌어질 수 없다. 부자들의 것을 빼앗는 것은 곧 자신의 숭고한 목적을 훼손하는 짓이기 때문이다.[5]

한국인은 '모두가 같아지는' 평등, 이를테면 "의사사회주의적 평등" 따위를 선호하지 않는다. 한국인이 선호하는 평등은, 그것을 여전히 평등이라 부를 수 있을지 모르겠지만, 좀 다른 종류의 평등이다. 한국 사회의 극단적인 입시경쟁과 대학서열체제는 일반적 평등주의가 강했다면 성립되기 어려운 시스템이었다. 그런 사회는 한날한시에 같은 시험을 보는 '기회의 평등'

과 전국 1등부터 전국 꼴찌까지 촘촘하게 위계서열을 나누어 보상을 차별하는 '결과의 불평등'이 철저히 정당화됐기에 비로소 성립 가능하다.

　한국에서 벌어진 공정성 시비의 절대다수는 결과가 불평등해서가 아니라 과정이 불투명하다는 불만에서 비롯한다. 결과의 불평등을 이미 가정하기에 과정의 공정성에 더욱 민감해졌다고도 할 수 있다. 요컨대 공정성을 문제 삼는 한국인들은 불평등한 보상을 비판하는 게 아니라 그 보상에 접근할 기회가 균등한지, 그 보상이 비례적으로 차등 배분됐는지에 관해 항의하고 있는 것이다. 여기서 비례적 보상은 보통 평등equality이 아니라 형평equity 개념에 포함된 요소다. 평등이 '모두에게 같은 몫의 분배'라면 형평은 '기여, 투자, 노력 등에 따른 차등 분배'라고 할 수 있다. 그리고 이 형평의 원리는 능력주의와 떼려야 뗄 수 없는 관계에 있다.

한국인의 능력주의, 그 놀라운 숫자

이제부터 소개하려는 데이터들은 평등과 불평등, 그리고 분배적 정의 등과 관련된 한국인의 사고방식을 보여준다. 또 이 데이터들은 한국인의 가치관이 얼마나 능력주의 친화적인지도 드러낼 것이다. 본격적으로 살펴보기 전에 주의할 것이 있다. 여기서 논의하는 한국인의 가치관은 개개인이 같은 정도로 지닌

특성이 아니라는 점이다. 이를 주의하지 않으면 자칫 집단의 특징을 개인의 특징으로 환원하는 생태학적 오류ecological fallacy나 반대로 개인의 특징을 집단의 특징으로 환원하는 개인주의적 오류individualistic fallacy에 빠질 수 있다.

당연하게도 어떤 사람은 능력주의를 강하게 내면화하고 있는 반면 어떤 사람은 그렇지 않을 수 있다. 계급, 성별, 학력, 정치의식에 따라서도 그 정도가 다를 가능성이 높다. 하지만 그렇다고 해서 다른 사회와 구분되는 한국인의 어떤 성향이 없다고 단정해서도 곤란하다. 개인 간 의식 차이가 없는 집단은 없기 때문이다. 한국인의 가치관은 어디까지나 개인 차이를 전제한 집단적 경향을 의미한다. 방대한 국가 간 비교 자료를 제공하는 세계가치관조사 자료는 이 경향이 실재할 뿐 아니라 비교적 또렷하다는 것을 증명한다.•

최근 한국에서 '공정성' 논란이 잦아지면서 '정의justice'와 '공정fairness'에 대한 대중의 인식을 체계적으로 파악해야 할 필요성도 높아졌다. 대중의 분배적 정의distributive justice에 대한 인식은 그 자체로 민주주의적 가치와 관련될 뿐 아니라 국가정책의 수립과 집행에도 상당한 영향을 끼치는 까닭이다. 그러나 전체 한국인을 대상으로 분배적 정의나 능력주의 관련 인식을 분

• 문제는 한 집단 내 개인의 의식들이 서로 얼마나 가까운지를 판단하기가 쉽지 않다는 점이다. 객관적 기준을 제시하기 어렵고 서로 다른 시점에, 다른 방식으로 측정된 데이터들을 종합하는 경우에 문제는 더 어려워진다. 이 점에 유의하여 자료의 의미를 평가해야 한다.

석한 사례는 그리 많지 않았다.●

　과거에도 소득 격차 인식에 대한 여론조사들이 꾸준히 진행되어오긴 했다. 한국보건사회연구원의 사회문제와 사회통합 실태조사에 따르면 '한국의 소득 격차가 너무 크다'는 인식이 4점 만점에 3.22점으로 매우 높았다.[6] 다른 자료에서도 비슷한 결과가 나온다. 한국종합사회조사에 따르면 '한국에서는 소득 차이가 너무 크다'는 문항에 대해 54.1%가 '매우 찬성', 38.7%가 '다소 찬성'하여 모두 92.8%가 찬성했다.●● 그러나 이런 수치를 가지고 한국인의 분배적 정의 관념을 파악하기는 어렵다. 실제로 몇몇 연구들이 이런 데이터를 근거로 '한국인은 불평등을 싫어하며 보다 평등한 분배·재분배를 원할 것이다'라고 부당하게 전제한다. '한국인은 평등주의자'라는 주장도 이런 인식과 무관치 않다. 답변만 언뜻 보면 한국인은 불평등에 극히 부정적이란 인상을 받기 때문이다. 하지만 '소득 차이가 너무 크다'에 동의하는 사람들이 모두 동일한 분배적 정의관을 갖고 있

●　2000년대 연구로는 사실상 전성표의 연구(2006)가 유일하며 노동자계급으로 특정한 연구로는 정이환의 연구(2009) 등이 있다; 전성표, 〈배분적 정의, 과정적 정의 및 인간관계적 정의의 관점에서 본 한국인들의 공평성 인식과 평등의식〉,《한국사회학》40집 6호, 2006; 정이환, 〈임금 분배의 공정성에 대한 노동자 의식과 결정요인〉,《산업노동연구》15권 1호, 2009.

●●　한편 같은 문항과 조사방법을 쓰는 국제사회조사프로그램ISSP: International Social Survey Programme에 따르면 라트비아 96%, 포르투갈이 95%, 러시아가 93.9%, 프랑스가 85.9%였고 상대적으로 낮은 나라들로는 일본(63.8%) 미국(61.7%) 순이었다; 장인성, 〈소득격차의 확대와 재분배 정책의 효과〉, 국회예산정책처, 2009, 29쪽.

을 거라 생각하면 오산이다.

그들 중에는 소득이 평등해야 한다고 생각하는 사람도 있고, 소득 차이가 있긴 해야 하지만 가급적 '적게' 나야 한다고 생각하는 사람도 있다. 또 소득 차이가 커야 하는 건 맞지만 차이를 두는 기준이 잘못됐거나 공정하게 적용되지 않는다고 생각하는 사람도 있다. 요컨대 저 문항은 분배에 대한 관점을 묻기에는 지나치게 포괄적이다. '너무'라는 단어에 여러 가치판단이 포함될 수 있음에도 정작 그 가치가 무엇인지에 관해 어떤 정보도 담고 있지 않기 때문이다.

2018년 발표된 한국리서치의 〈한국사회 공정성 인식 조사 보고서〉●는 대중이 생각하는 정의가 무엇이고, 어떤 기준으로 공정을 판단하는지에 대한 조사연구로서, 이 글의 주제인 능력주의와 관련해서도 의미 있는 결과를 보여준다. 〈한국사회 공정성 인식 조사 보고서〉는 우선 그간 전문가들 사이에서 공유됐던 몇몇 사실, 예컨대 '한국인은 평등보다 형평을 더 선호한다' 등의 명제를 재확인해준다. 커뮤니케이션학 연구자 김정희원은 "한국 사회에서 흔히 거론되는 공정성 개념은 정확히 말하자면 공정fairness이 아니라 형평equity에 가깝다"면서 "형평은

● 한국리서치 여론조사본부 정기조사팀, 〈한국사회 공정성 인식 조사 보고서〉, 《여론 속의 여론》 3호, 한국리서치, 2018.02.02; 조사결과와 모집단, 표집틀, 표본크기 등 조사방법론은 홈페이지를 참고하라; https://hrcopinion.co.kr/report?board_name=board_5_2&order_by=fn_pid&order_type=desc&board_page=12&vid=3

'나의 노력 수준'과 '남의 노력 수준'을 비교해서 정당한 보상을 받아야 한다는 원리를 뜻한다"고 설명한다.[7] 〈한국사회 공정성 인식 조사 보고서〉원문에는 평등과 형평을 구분하지 않고 "노력에 비례한 차등 분배 선호"라고 표현한다. 이게 곧 형평 원리다.

> 한국 사람들 중 다수는 분배에 있어 산술적 평등보다는 개인의 능력과 노력에 따라 차등적으로 분배하는 것이 공정하다고 생각하고 있다. 개인의 능력과 노력에 따라 보수의 차이가 클수록 좋다는 입장이 66%였다. 차등 분배를 선호하는 응답은 전 계층 및 사회집단 사이에서 공통적으로 나타나고 있다. 좀 더 구체적으로 살펴보면 한국에서는 능력이나 성과보다 근무태도와 같은 노력 요인에 대한 보상을 더욱 중시하고 있다.[8]

위에 언급된 "산술적 평등"은 결과의 평등으로 이해해도 무방하다. 요컨대 한국인은 분배 결과 모두가 같은 몫을 받는 것에는 반대하며 불평등하게 분배받는 것을 선호한다. 그리고 다른 문항으로 확인된 바에 따르면 차등 분배를 선호할수록 사시 부활에 동의하는 비율이 높았다. 한국인에게 공정한 경쟁의 상징은 사시이고 사시 부활에 찬성하는 비율은 72%에 달한다.[9]

그런데 이런 차등 분배, 곧 형평 원리도 무엇으로 차등을 둘 것인가에 따라 다시 구분된다. 예컨대 성과나 기여에 따라서 차

능력/노력별 보수 차이

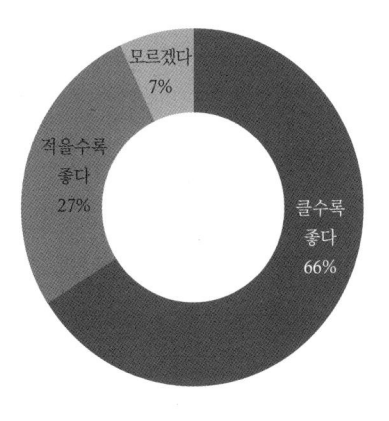

출처: 한국리서치, 〈한국사회 공정성 인식 조사 보고서〉, 2018

이념성향별 사법고시 태도   (N=966, 이념 모름층 표기 안 함, %)

■ 사시 부활 반대 ■ 사시 부활 찬성 ■ 모름

	진보(321)	중도(340)	보수(294)
모름	10	12	6
사시 부활 찬성	69	69	79
사시 부활 반대	21	19	14

출처: 한국리서치, 〈한국사회 공정성 인식 조사 보고서〉, 2018

임금 차이를 두어야 할 조건에 대한 생각 (각 문항별 N=1,000, %)

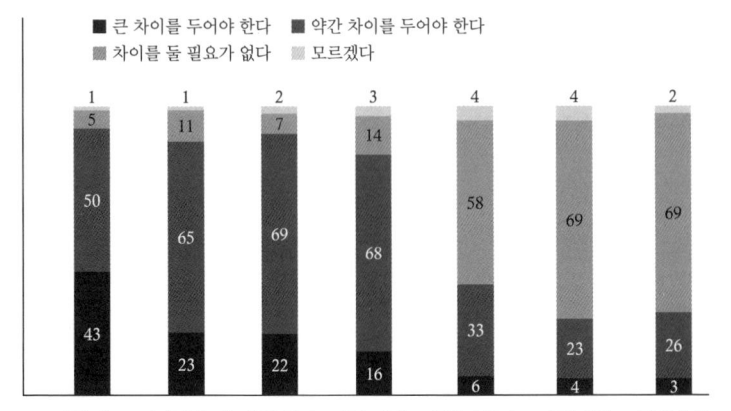

출처: 한국리서치, 〈한국사회 공정성 인식 조사 보고서〉, 2018

등 분배할 수도 있고, 노력에 따라서 혹은 자질과 능력에 따라서 분배할 수도 있다. 보고서는 다시 이에 대해서도 질문을 던진다. '보상의 기준' 즉 임금 차이를 두는 기준을 어디에 두어야 하는지를 물은 것이다. 그러자 '근무태도'라는 답이 43%, '능력'이 23%, '성과'가 22%, '근속연수'가 16% 순으로 나타났다. 또한 '필요에 따른 분배' 즉 부양가족이 많다거나 형편이 어려운 사람에게 더 분배하는 것에 대해서는 매우 부정적이었다(각각 58%, 69% 반대). 조사를 주관한 한국리서치는 다음과 같은 해석을 붙였다.

이러한 결과는 한국인들이 능력이나 성과에 따른 "업적

주의meritocracy"보다 노력과 과정에 대한 보상을 공정의 기준으로 삼고 있음을 시사한다. 생산성보다 근면성을 기준으로 한 보상이 더 필요하다는 것이다. (중략) 본 조사 결과는 삶의 형태를 해명하는 데도 일정한 암시를 준다. 즉, 근면성을 공정한 보상의 기준으로 삼게 되면 왜 한국인들이 많은 야근을 하는지, 법적 분쟁이나 사회적 갈등을 대할 때 결과보다 사연, 과정에 더 주목하는지도 납득이 된다. 또한 능력이나 성과보다는 열심히 일한 것에 대한 보상을 원하는 입장에서 결과를 놓고 임금을 책정하는 연봉급제에 대해 충분히 수긍하지 않으리라는 것, 입시경쟁에서 성실한 노력이 보상받지 못할 때 왜 크게 좌절을 느끼는지에 대해서도 설명의 근거가 될 수 있을 것이다.[10]

흥미로운 분석이고 특히 한국인의 야근문화 기저에 근무태도를 중시하는 인식이 있을 거라는 지적은 설득력이 있다. 하지만 '노력'이라는 보상 기준을 업적주의(능력주의)와 별도로 구별한 것은 무리한 해석이다. 무엇보다 그런 구별은 능력주의 개념 정의에 어긋난다. 능력주의라는 말을 처음 만든 사회학자 마이클 영은 "메리토크라시"의 메리트merit: 장점, 우월성를 지능I.Q.+노력effort으로 명시했다.[11] 노력은 지능을 지속적으로 투입하게 하는 요소다. 능력주의가 응분의 몫desert이라는 비례적 형평성과 밀접한 관련이 있음을 상기한다면 '노력'이 형평 및 능력주

의 원칙에 포함되는 것은 필연적이다.• 오늘날 관용적으로 쓰이는 능력주의 개념에도 재능이나 성과 외에 '노력(성실성)'이라는 요소는 거의 예외 없이 포함된다.[12]

유사한 문항들로 구성된 다른 시기의 한 여론조사는 '노력'을 '근무태도'와 별도 항목으로 구분해 두었는데, 결과는 큰 틀에서 비슷하다.•• 사실 '노력'이 포함되지 않은 능력주의는 능력주의보다는 성과주의performance system라 명명해야 적절하다. 성과주의는 글자 그대로 성취한 결과만 가지고 보상하는 시스템이기 때문에 개인의 성실성이나 노력 여부는 원칙적으로 보상과 관계가 없다. 정리하면 한국인 절대 다수가 근무태도, 자질과 능력, 업무 성과라는 능력주의 분배 조건에 동의하고 있는 셈이다.

• 임금체계의 정당성에 대한 노동자 의식 조사가 국내외에 다수 존재한다. 이들 연구에서 대체로 합의된 분배 원칙은 크게 세 가지로, 형평equity 원리, 평등equality 원리, 필요need 원리가 그것이다. 형평 원리를 능력주의적 분배라고 한다면, 평등 원리와 필요 원리는 비능력주의적 분배 또는 평등주의적 분배라고 할 수 있다. 형평 원리는 개인의 성과와 노력에 따른 분배이고, 평등 원리는 모두에게 동등한 자원 분배이며, 필요 원리란 수혜자의 필요에 따른 분배이다; Deutsch, 1975; Jasso and Rossi, 1977; Mikula, 1980; Wastaff, 1994; 석현호, 1997; 김동배·박호환, 2005; 전성표, 2006; 정이환, 2009.

•• '근무태도' 차이 둬야 92%(큰 차이 둬야 37%), '노력' 차이 둬야 88%(큰 차이 둬야 32%), '업무 성과' 차이 둬야 89%(큰 차이 둬야 18%) '자질과 능력' 차이 둬야 87%(큰 차이 둬야 15%); 정한울, 〈조국 이슈로 본 한국인의 공정성 인식 격차〉, 한국사회의 세대문제: 불평등과 갈등 세미나, 2019.10.25.

불공정에 반대, 불평등엔 찬성

근무태도(노력·근면성)가 보상 기준이어야 한다는 응답이 많은 배경에는 능력이나 성과에 대한 정당한 평가가 이루어지지 않는다는 불만과 불신이 있다. 〈한국사회 공정성 인식 조사 보고서〉에도 이런 경향이 또렷하게 나타난다. '법 집행이 불공정하다' 74%, '소득 분배가 불공정하다' 71%, '취업 기회가 불공정하다' 71%, '승진/진급이 불공정하다' 67% 등 상벌·평가 시스템에 대한 한국인의 불신은 매우 높다. 이 결과와 함께 앞서 임금 차등 기준에 대한 응답을 나란히 놓아 보자. 이제 '근무태도'를 가장 중시하는 이유가 좀 다른 각도에서 명료해진다.

'근무태도'에 대한 강한 선호가 나타난 까닭은 능력주의를 덜 추구하기 때문이 아니라 오히려 능력주의를 극단적으로 추구하기 때문이라 볼 수 있다. 자신의 '능력'이나 '성과'에 대한 공정한 평가가 이루어지지 않는다고 생각하는 한국인 다수는, '능력'과 '성과'가 보상 기준이어야 한다는 당위에 상당히 동의('능력' 23%, '성과' 22%)함에도, 누구도 반박할 수 없는 객관적 기준인 '근무시간'을 더 많이 선택한다. 나의 매출 기여는 모호하지만 내 야근 기록은 명확하기 때문이다. 그것은 회사에 얼마만큼 내 자원을 투여했는지에 대한 부정할 수 없는 증거다. 게다가 근면성실이라는 가치는 능력주의라는 대의에 부합하면서도 타인의 질시, 선망, 갈등을 비교적 덜 일으킨다. 지위 불안에 시달리는 능력주의자에게 이는 최선의 생존전략이자 자기방

어 논리일 수 있다.

형평 원리 곧 능력주의적 분배 원칙에 대한 한국인의 선호에는 서구 사회와 구별되는 또 하나의 특징이 있다. 전성표는 한국인의 분배적 정의 선호를 분석한 연구[13]에서 서구와 한국의 이런 차이를 언급한다. 그에 따르면 서구의 경우 보수적일수록, 계층이나 학력이 높을수록, 실질적인 기여에 따른 보상을 선호하고 필요 원리에 따른 보상이나 평등 원리에 따른 보상을 기피하는 경향이 비교적 명확히 나타난다. 즉, 지위나 계급에 따라 능력주의 성향에 내부 격차가 상당하다는 것이다. 하지만 한국의 경우 정치성향, 계층의식, 학력 등이 형평 원리에 대한 선호에 큰 영향을 끼치지 않는다. 다시 말해 한국인의 능력주의 성향은 계급이나 정치의식을 뛰어넘을 정도로 일반적이다. 〈한국사회 공정성 인식 조사 보고서〉에서도 이런 경향은 또다시 확인된다. 능력, 노력에 따라 보상 차이가 클수록 좋다는 답변, 즉 차등 분배에 대한 강한 선호는 세대, 소득, 학력, 정치성향 등 거의 모든 범주에서 고르게 나타나고 있다.•

〈한국사회 공정성 인식 조사 보고서〉는 정규직과 비정규직 차등대우에 대해서도 물었다. 응답자의 62%는 '정규직과 비정

• 반례가 없는 것은 아니다. 정이환은 사회의식(정치성향)에 따라 형평/평등/필요 원리 등의 분배 공정성 인식에 유의미한 차이를 보였다고 보고한다. 개혁주의, 자유주의, 보수주의 성향 중 자유주의 성향이 형평 원리를 가장 많이 지지했다. 단, 상시고용 노동자(조사 대상의 21.2% 노동조합 소속)만을 대상으로 한 조사임에 유의하라; 정이환, 〈임금 분배의 공정성에 대한 노동자 의식과 결정요인〉,《산업노동연구》, 15권 1호, 2009, 208쪽.

규직의 차이는 개인의 실력과 근무태도의 차이가 아니다'라고 생각하고 있었다. 이 결과 역시 강한 능력주의 신념과 다소 괴리가 있다. 능력주의 원칙에 따르면 정규직은 그만큼 노력해서 어려운 입사 관문을 통과했으니 그렇지 않은 비정규직보다 나은 대우를 받는 것이 당연하다. 그런데 왜 이런 모순되어 보이는 결과가 나온 것일까?

이는 기본적으로 현실이 불공정하다는 인식에서 비롯된 것으로 추정된다. 성과에 대한 평가뿐 아니라 취업의 과정 역시 불투명하고 불공정하다고 생각하기 때문에 정규직과 비정규직의 차등대우에도 반발하고 있는 셈이다. 〈한국사회 공정성 인식 조사 보고서〉는 이를 "공정에 대한 이중잣대"[14]라고 묘사한다. 그 이중잣대가 작동한 결과 성공한 사람에게 자신의 성공은 자수성가가 되지만 열패감을 느끼는 사람에게 그 성공은 불공정한 경쟁에서 부모 배경이나 연줄로 이룬 것이 된다.

그런데 논리적으로 본다면 이것은 공정에 대한 이중잣대라기보다 현실에 대한 이중잣대다. 무엇이 공정한 것인지에 대해 한국인이 대부분 합의하고 있기 때문이다. 즉, 공정에 대한 잣대는 하나, '능력과 노력에 따른 불평등한 분배'다. 다만 그 잣대를 가지고 구체적인 현실이 얼마나 공정하고 정의로운지를 따지게 되면, 자신의 처지와 경험이라는 또 하나의 잣대가 등장하게 되어 입장과 태도가 바뀌는 것이다. 다시 말해 규범 인식은 일치하는데 현실 인식은 분열하는 상황이다. 능력주의를 주장하던 사람이 이렇듯 자기 문제에서는 능력주의를 유보하거나

세대, 소득, 이념 성향별 보수 차이에 대한 인식　　　　(N=1,000, %)

Base =전체	사례 수 (명)	갑에 매우 가깝다	갑에 대체로 가깝다	을에 대체로 가깝다	을에 매우 가깝다	모르 겠다	계
연령							
19~29세	(175)	16	50	17	5	13	100
30~39세	(173)	20	49	17	4	9	100
40~49세	(203)	16	52	21	5	5	100
50~59세	(201)	16	46	23	8	8	100
60세 이상	(248)	16	50	23	8	3	100
월 평균 소득							
200만 원 미만	(168)	12	43	24	8	12	100
200~300만 원	(216)	21	48	19	7	5	100
300~400만 원	(184)	14	57	18	3	8	100
400~500만 원	(168)	17	53	15	7	7	100
500~600만 원	(99)	19	41	23	8	8	100
600~700만 원	(61)	15	46	29	6	3	100
700만 원 이상	(104)	19	51	23	4	3	100
이념 성향							
진보(0~4)	(321)	15	54	21	6	4	100
중도(5)	(340)	15	47	21	7	10	100
보수(6~10)	(294)	22	47	21	6	4	100

갑="능력이나 노력에 따른 보수 차이가 클수록 좋다"
을="능력이나 노력에 따른 보수 차이가 적을수록 좋다"

출처: 한국리서치, 〈한국사회 공정성 인식 조사 보고서〉, 2018

다른 기준을 적용할 때, '태세전환'이니 '내로남불'이니 하는 식
으로 냉소할 수 있다. 하지만 그런 냉소로 사회는 바뀌지 않는

다. 오히려 이 '태세전환'과 '내로남불'에야말로 문제해결의 실마리가 숨어있다. 어떻게 풀어나갈 수 있을까?

'기회균등'과 능력주의의 차이

규범이 아니라 현실에서 출발해야 한다. 각자의 현실, 그러니까 사람마다 분배의 기준이 다르게 적용되는 현실이 어쩌면 더 정의로울 수 있다. 예컨대 시험 성적에 따라 원하는 직업과 재화를 얻을 수 있게 법으로 정해진 국가 '테스토니아'를 상상해보자. 이곳은 공정한 사회일까? 혹자는 모두에게 시험을 볼 기회가 똑같이 주어졌으니 '기회균등의 원칙'이 관철된 사회라고 주장할 수 있다. 그러나 그 사회는 능력주의 원칙이 관철된 사회이지 기회균등의 원칙이 관철된 사회가 아니다.

사람들의 오해와 달리 기회균등 원칙과 능력주의 원칙은 전혀 다른 의미다. '테스토니아'의 수도 부유층에서 태어난 남성 정빈과 지방의 빈곤층에서 태어난 여성 연아를 떠올려보자. 각자 타고난 재능이 비슷하며 둘 다 클래식 음악을 전공하고 싶어 한다. 정빈은 어릴 때부터 대부분의 악기를 직접 만지고 다루어볼 수 있었고 수많은 공연을 감상하러 다녔을 뿐 아니라 뛰어난 교사들에게 레슨을 받았다. 당연히 연아는 그럴 수 없었다. 정빈이 숱한 시험을 통과해 테스토니아 최고의 음악가로 성장하는 시기에 연아는 하루 세 개의 아르바이트로 녹초가 된다.

이렇게 삶의 격차가 존재할 때 결과는 십중팔구 불평등해진다. 만일 테스토니아가 아니라 기회균등 원칙의 나라였다면 연아는 생계만이 아니라 진로 선택의 기로에서 정빈보다 훨씬 더 많은 사회적 지원을 받았을 것이다. 요컨대 **기회균등 원칙은 능력을 계발하고 노력을 경주할 실질적 여건의 보정**補正을 뜻한다. 하지만 '테스토니아'는 격차를 제대로 보정하지 않는다. 그 나라에서 우연히 좋은 조건에 있는 사람은 쉽게 원하는 것을 얻는 반면, 우연히 나쁜 조건에 있는 사람은 노력해도 원하는 것을 얻기 어렵다. 다만 연아가 굶어 죽기 직전에 도움을 요청하면 겨우 연명할 정도의 돈을 마지못해 지원해주기는 할 것이다. 기회균등 원칙이 관철된다는 것은 극히 불공평하게 배분되어 있는 삶의 기회가 최대한 균등해지도록 사회적 지원이 이루어진다는 것을 의미한다. 그것은 '이중잣대', '태세전환', '내로남불'이 아니다. 또한 '역차별'도 아니다. 그 자체로 사회정의의 실현이다.

사실 오늘날 자본주의 국가 상당수는 이 상상의 국가 '테스토니아'와 본질적으로 유사하다. 그런 사회는 기회구조를 보정하는 대신 소수의 성공신화로 다수의 비참을 덧칠함으로써 불공정과 부정의를 공정과 정의로 착각하도록 만든다. 그래서 사람들은 불의한 구조 자체를 의심하기보다는 타인이 '공정한 룰'을 어겼는지 여부에만 촉각을 곤두세운다. 그 결과 불평등은 더 악화되고 사회적 신뢰는 점점 허물어진다. 경제학자 알렉산더 히젠과 에릭 굴드는 불평등한 국가에서는 타인에 대한 신뢰가

낮아지며 이렇게 만연한 사람들 사이의 불신이 경제성장과 사회발전을 약화시키는 원인이 된다는 것을 보여주었다.[15]

그렇다. 언제나 그랬듯 문제는 불평등이다. 그런데 **한국인은 불평등에 분노하는 게 아니라 불공정에 분노한다.** 불평등에 분노하기는커녕 불평등(차등 분배)을 지고$_{至高}$의 사회정의로 적극적으로 요구하고 있다. 또한 특권의 불평등에 분노해 그것을 없애려는 게 아니라 **특권에 접근할 기회의 불평등**에 분노하며 특권은 그대로 유지하려 한다. 이 경향은 계층, 세대, 이념까지도 초월한다. 이 사실은 무엇을 의미할까? 현실에서 일어나는 모든 보상과 처벌이 공정한지, 일일이 그 등가성equivalence을 확인해야 함을 의미한다. 당연히 이는 사회 시스템에 끝없이 스트레스를 가하고 사람들을 신경쇠약으로 몰고 간다. 서울교통공사와 인천국제공항공사의 정규직화 과정에서 벌어진 엄청난 사회적 논란이 보여준 게 바로 이것, **불신의 일상화**routinized distrust다. 그럼에도 불평등은 규범 차원에서 정당화되기 때문에 점점 확대된다. 그런 사회를 과연 좋은 사회라고 할 수 있을까?

소비자 정체성

다음은 어느 대학교에서 벌어진 논란에 관한 기사다.

개강 첫날이었던 지난달 2일 서울의 한 명문 사립대 강의실. 휠체어를 탄 장애인 학생 A(여·20)씨가 강의실의 '높은 문턱'에 고개를 떨궜다. 입구에 계단이 있어 A씨 혼자서는 강의실로 들어갈 수 없었기 때문이다. 수강생 두 명에게 휠체어를 들어 올려 달라고 부탁해 간신히 강의실로 들어갔지만 상황은 더 난감했다. 강의실 좌석이 계단식으로 배치돼 있었기 때문이다. A씨는 교수가 서 있는 강단 한 귀퉁이에 자리를 잡고 수업을 들었다.

이 대학은 '장애인 접근이 어려운 강의실 리스트'를 만들어 배포하고 있다. A씨는 이 리스트를 보고 수강 신청을 했다. 그런데 이 강의실이 리스트에 빠져 있었던 것이다. A씨가 학교 장애학생지원센터에 강의실 변경을 요청하자 학교 측은 실수를 인정하고 이곳에서 350m 떨어진 다른 강의실을 배정하려 했다. 하지만 이 계획은 일부 수강생이 "동선動線을 고려해 수업 시간표를 짰는데 강의실 거리가 멀어지면 곤란하다"고 반대해 무산됐다. 대신 담당 교수가 "장애 학생이 이동 시간 때문에 수업 앞뒤로 빼먹는 부분에 대해 따로 보충 수업해주겠다"는 절충안을 내놓았다.

그러나 며칠 뒤 A씨는 학교 온라인 커뮤니티에서 '비양심 민폐 장애인'이라는 오명汚名을 뒤집어썼다. '장애학생 하나가 미리 알아보지도 않고 수강 신청해놓고 강의실 변경 요구했다가 무산됐다. 걔만 따로 일대일 수

업 받는다는데 이거 어디다 항의하냐'는 글과 함께 '특혜' 논란이 벌어진 것이다. '교수님의 말 한마디 한마디가 중요한데 1:1로 보충수업을 해주는 것은 불공평하다', '양심이 있으면 장애 학생이 수업을 포기해야지'라는 글도 올라왔다.

이번 사태를 두고 학내에선 의견이 갈렸다. 재학생 최모(21)씨는 "장애인을 배려하지 않는 일부 학생의 편협한 시각에 놀랐다"고 말했다. 그러나 본지가 4일 이 대학 재학생 20명에게 물어보니 60%가 '보충수업은 특혜'라고 답했다. 재학생 박모(21)씨는 "학점을 상대평가로 주는데 일대일로 개별 수업을 하다 보면 중요한 부분만 이야기해줄 것 아니겠느냐"고 했다. '강의실 변경을 해줘선 안 된다'는 답변도 40%였다.(하략) [16]

이 기사를 두고 '배려심 없는 요즘 이기적인 대학생'에 대한 비난이 적지 않게 나왔고, 같은 세대 대학생으로서 반성한다는 목소리도 있었다. 그러나 계단강의실을 고집한 학생들, 게시판에서 거기 동조한 많은 사람들에게 저 사건은 배려나 양보의 문제가 아니라 '공정성'의 문제였다. 단지 장애인 한 명 때문에 모든 사람이 피해와 불편을 감수하는 건 그들이 보기에 납득하기 힘든 불합리한 일이었을지 모른다. 그들은 진심으로 이렇게 생각했을 수 있다. "죽어라 공부해서 천문학적 등록금까지 내고 들어온 대학교에서 내가 누릴 권리를 다 누려도 시원찮을 판에

왜 내가 그런 '희생'을 감수해야 하지?", "애초 계단강의실임을 확인하지 않은 장애인이 문제인데 절차상 아무 잘못도 없는 우리가 왜 '양보'해야 하나. 그거야말로 '불공정'하지 않은가?"

요즘 대학생들만 그런 것은 아니다. 소비자 정체성은 동시대적이며 전사회적이다. "제발 장애인학교를 짓게 해달라"며 무릎 꿇고 빈 학부모들을 외면한 지역주민들의 논리 역시 계단강의실을 고집한 청년들과 본질적으로 다르지 않았다.[17] 당시 언론보도에서 장애인 부모들이 무릎을 꿇었다는 사실이 주로 부각됐지만, 현장에서 학교 설립에 반대한 주민들도 "왜 우리 지역이 피해를 입어야 되냐"며 무릎을 꿇었다.

한국은 부동산이라는 불로소득으로 터무니없는 부를 쌓아올리는 게 오랫동안 용인되어온 사회였다. 그런 사회의 평균적 구성원에게, 한방병원 대신 들어온다는 장애인학교는 '억울한 피해'로 받아들여질 가능성이 높다. '배려', '관용' 같은 모호하고 말캉거리는 단어는 "왜 우리만 '호갱님'이 되어야 하느냐?"고 묻는 냉철하고 절박한 소비자에게 위선으로 들리기 쉽다. 소비자 정체성 자체에 근본적인 의문을 제기하지 않은 채 도덕적 설교만 하는 것은 결과적으로 구성원 개개인의 냉소만 강화할 뿐이다.

과거 개발독재 시기에는 '국민'이라는 강요된 정체성이 다른 정체성을 압도했다. 지금 그 자리를 소비자 정체성이 꿰찬 것처럼 보인다. 예컨대 학교의 비리를 공익 제보한 교사에게 그 학교 학부모들이 퍼부은 격렬한 비난을 보라. "정의라는 가면을 쓴 위선적 행동이 아이들에게 피해가 된다", "내 딸이 힘들

어하니 나쁜 교사다."[18]

소비자 정체성에서는 이른바 "등가교환적 정의Äquivalentent ausch innewohnende Gerechtigkeit"[19]가 핵심원리로 작동한다. 독일의 철학자 하버마스Jürgen Habermas에 따르면 등가교환적 정의는 시장제도에 근거하며, 이러한 정의가 관철되는 사회에서는 소유권 중심의 질서가 자연법처럼 정당화된다. 등가교환적 정의가 소비자주의로 발현된다면, 아마도 이런 명제가 될 것이다. "나는 구매했다. 고로 내 마음대로 할 수 있다."

한국에서 이 명제는 소비자의 정당한 권리행사를 넘어 '갑질'할 권리로 오도되곤 했다. 한국의 아르바이트 노동자가 "아메리카노 한 잔 나오셨습니다"라고 사물에 존칭을 붙일 수밖에 없는 이유는, 그러지 않으면 "손님 무시한다"며 '진상'을 부리는 소비자가 너무 많아서다. 그런데 아메리카노에 높임말을 썼다고 소비자의 '갑질'이 사라지는 것도 아니다. 아메리카노에 존칭을 붙이면 붙이는 대로, "한국어도 제대로 모르면서 커피를 파는 거냐"고 일장 훈계를 늘어놓는 소비자가 나타난다.

소비자 정체성의 핵심은 개인의 권리를 상품논리로, 즉 등가교환의 대상으로 본다는 점이다. 예컨대 내가 이만큼의 '의무'를 다했으니 그만큼의 '권리'가 생긴다는 식이다. 이 논리구조 속에서는 1000을 가진 이는 1000의 권리를 가지고, 1을 가진 이는 1의 권리를 가지는 게 '공정'하다. 그 '공정성'이 끈질긴 투쟁의 동력이 되기도 하지만, 동시에 "구매자 아니면 빠지세요!"라고 말할 수 있는 이유가 된다. 이런 논리를 내면화한 이

에게 '환대와 연대' 같은 사회적 가치는 한낱 목가적 백일몽에
불과하다. 물론 강한 소비자 정체성이 나쁘기만 한 것은 아니며
합리적인 측면도 적지 않다. 하지만 이런 논리는 '1인 1표'의 민
주주의 원리와 늘 긴장상태에 놓일 수밖에 없기 때문에 민주주
의의 심화라는 차원에서는 그리 좋은 신호라 보기 어렵다.

　이제 시야를 좀 넓혀서 한국인의 가치관이 다른 나라 사람
들과 견주어 어떻게, 또 얼마나 다른지 살펴보자.

'전쟁터 사회'와 세계가치관조사

　가드너: 사회가 더욱 다양성과 다원적인 문화를 가질
때 서로 살아남고자 발버둥치는 싸움터에서 벗어나게
됩니다. 한국이야말로 경제적으로 성공한 사회가 됐는
데 '긴장 풀자'고 여유 좀 부려도 되지 않나요? 이제는
돌볼 때입니다. 제가 묻고 싶은 질문이 있는데요. 한국
에서 저의 다중지능이론이 인기가 많습니다. 어떤 사람
들이 좋아하는 건가요?
　안: 중국에서 일어나는 현상과 같습니다.
　가드너: (웃음) 아이의 흥미와 자질을 알아보려고 이용
하기보다 여덟 가지 지능을 다 개발하겠다고 욕심을 부
리는군요.[20]

위 대화는 다중지능이론으로 유명한 교육심리학자 하워드 가드너Howard Gardner 인터뷰 중 한 대목이다. 하버드대 교육심리학 교수인 가드너는 1980년대 말 기존의 단일지능론에 반기를 들고 인간이 인간친화지능, 자기성찰지능 등 여덟 가지 지능을 갖고 있다는 다중지능 이론을 주창해 세계적 명성을 얻었다. 전쟁 같은 입시경쟁으로 유명한 한국에서 자신의 책이 인기가 있다는 소식에 가드너가 인터뷰어에게 그 이유를 묻는 질문을 던졌고, '중국과 비슷하다'는 답변에 실소하고 만다. 저 학자의 말처럼 대한민국은 '긴장을 풀고 돌봄을 고민할' 경제 수준이다. 한국처럼 GDP 3만 달러 근처면 명실상부한 선진국 반열이라 할 수 있다.[21] 그러나 한국 사회는 여전히 '전쟁'처럼 처절하다. 가진 사람, 못 가진 사람 할 것 없이 각자의 전장에서 끝없이 고통받는다.

한국은 어쩌다 이런 사회가 됐을까. 한국인은 무슨 생각으로 이런 사회를 살아가고 있을까. 오랫동안 근대성과 민주주의를 연구해온 사회과학자 로널드 잉글하트Ronald Inglehart와 정치학자 크리스찬 웰젤Christian Welzel이 주도하는 '세계가치관조사World Values Survey'를 보면 그 이유를 짐작하는 데 도움이 된다. 잉글하트와 웰젤, 그들의 동료들은 각 나라 사람들의 가치관을 설문조사하고 비교해서 그것이 경제성장 및 민주주의 수준과 밀접한 관련을 맺고 있음을 보여주었다.[22] 많은 나라가 참여해야 하는 방대한 작업이기에 각국 사회과학자들이 이 프로젝트에 협력하고 있다. 그들은 수백 문항의 공통 질문지를 각국 사

람들에게 제시하고 답변 결과를 데이터 세트data set으로 만들어 4~5년에 한 번씩 발표한다. 조사는 1981년부터 2020년까지 40년간 계속되어 총 7차까지 진행된 상황이다.

　이 프로젝트의 중심인물 중 하나인 잉글하트는 미시건대학교 정치학과 교수로 근대화와 문화, 민주주의의 관계를 심층적으로 분석해 많은 학문적 업적을 남겼다. 그는 경제적 풍요에서 삶의 질 쪽으로 사람들의 관심이 옮겨가는 현상이 많은 국가에서 공통적으로 나타난다는 사실을 밝히고 이를 "조용한 혁명the silent revolution"이라 이름 붙였다. 또 20여 년 동안 각국 행복지수를 조사해 국민소득과 행복 사이에 관련이 없다는 것도 발견했다. 잉글하트와 웰젤은 인류가 기본적으로 민주주의와 경제발전을 향해 진보한다는 근대화이론을 따른다. 그런데 이들은 경제발전이 민주주의를 가져온다는 경제결정론, 그리고 민주주의 제도가 민주주의 수준을 의미한다는 제도환원론에서 벗어나, 경제발전과 민주주의 발전 과정에 사람들의 신념 내지 가치가 결정적 매개로 작용한다고 주장한다. 한편, 제도환원론은 아니지만 민주주의 제도가 민주주의 문화를 견인한다는 견해도 있다.[23] 그러나 잉글하트와 웰젤은 자신들의 데이터에 기초하여 제도가 문화를 견인한다기보다 문화가 제도를 견인한다고 주장한다.[24] 이들은 자신의 이론을 재생된 근대화론 혹은 개정된 근대화론a revised theory of modernization이라 부른다.

아무리 경제성장해도 신뢰·관용 제자리

세계가치관조사의 설문 문항들은 네 가지 핵심 가치를 측정하기 위해 설계됐다. 네 가지 가치 중 둘은 서로 상반되는 가치다. **세속 합리적 가치**secular values **대 전통적 가치**traditional values 그리고 **생존적 가치**survival values **대 자기표현 가치**self-expression values가 그것이다. 보통 선진국이라 불리는 국가는 강한 세속 합리적 가치와 강한 자기표현 가치를 보여준다. 북유럽과 서유럽 몇몇 나라들이 대표적이다. 소위 개발도상국들은 세속 합리적 가치에 반대되는 전통적 가치가 강하고 자기표현 가치에 대립하는 생존적 가치가 강했다. 여기서 전통적 가치는 종교, 가족, 전통적 권위를 존중하고 이혼이나 낙태에 반대하는 경향을 의미한다. 세속 합리적 가치는 그 반대로 종교나 가족보다 과학과 기술에 권위를 부여하고 표준화된 삶을 선호하게 만든다. 생존적 가치는 경제성장, 안전을 중시하고 신뢰 및 관용 수준이 낮은 반면, 자기표현 가치는 생태환경, 성평등을 중시하고 외국인, 동성애자 등 소수자와 약자에 관용적이다.

그런데 한국은 특이하게도 GDP가 서구 선진국 수준임에도 세속 합리적 가치는 강하되 자기표현 가치는 매우 낮다(생존적 가치가 높다). 달리 말하면 경제성장, 사회질서 유지, 안보에 집착하면서도 사회적 신뢰와 소수자와 이방인에 대한 관용이 지나치게 적은 사회다. 보통 잘살게 되면 사회의 관대함도 같이 증가하는데 한국 사회는 아무리 경제 수준이 올라가도 사회적

5차 세계가치관조사에 따른 세계문화지도(2008)

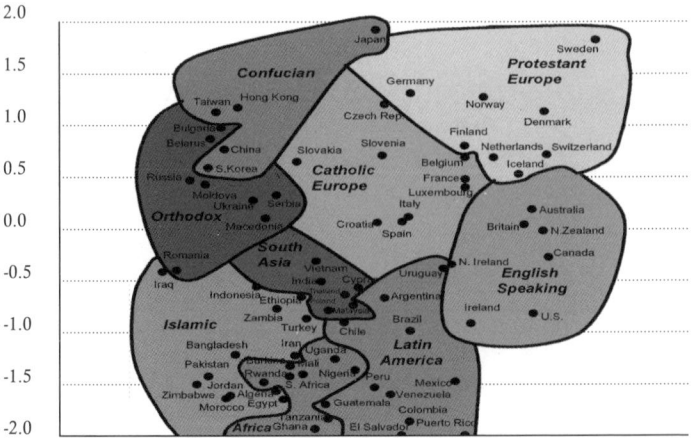

출처: https://www.worldvaluessurvey.org/

신뢰나 관용이 나아지지 않았다. "곳간에서 인심난다"는 한국
속담이 세계가치관조사 속 한국에는 통용되지 않는 셈이다. 이
런 특성은 '물질주의자가 많은 반면 탈물질주의자는 유별나게
적다'고도 표현된다. 물질주의는 생존적 가치에 비례하고, 탈물
질주의는 자기표현 가치에 비례한다.

2010년 세계가치관조사에서 한국의 물질주의 가치를 지지
하는 사람의 비율은 45%로 평균 20% 전후인 소위 선진국에 비
해 매우 높았다. 흥미로운 점은 다른 나라의 경우 학력과 소득
수준이 높아지면 물질주의가 급격히 약해지고 탈물질주의 성향
이 크게 강해지는 반면, 한국은 고학력자나 고소득자 역시 평균
과 큰 차이가 없었다는 점이다. 물론 다른 나라처럼 한국도 젊

6차 세계가치관조사에 따른 세계문화지도(2014)

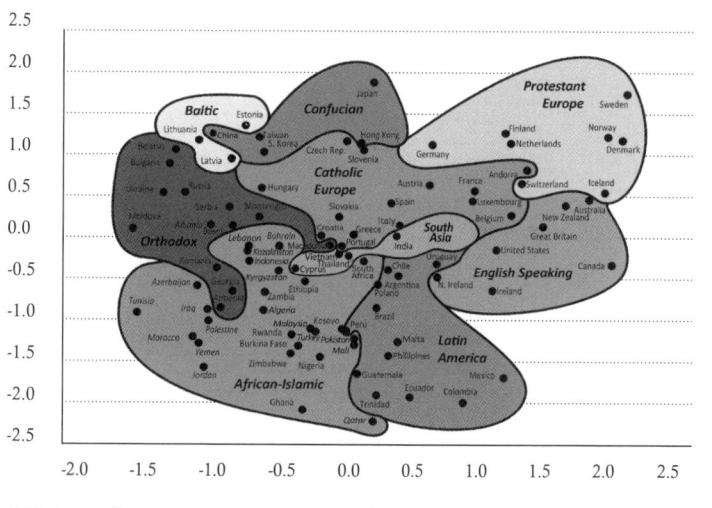

출처: https://www.worldvaluessurvey.org/

은 세대일수록 탈물질주의자 비율이 높으며 이는 많은 연구에서 확인된다.[25] 동시에 거의 대부분의 연구가 보여주는 바는 비슷한 경제 수준의 사회에 비해 한국이 여전히 훨씬 강한 물질주의적인 지향을 갖고 있으며 탈물질주의자는 크게 늘지 않고 있다는 점이다. 한국이 조사에 포함된 1981년부터 2020년까지, 놀랍게도 무려 40년에 가까운 기간 동안 이런 특성에 큰 변화가 없었다.[26]

잉글하트와 웰젤의 세계문화지도에서 각각 한국(S. Korea)의 위치를 찾아보자. 5차 조사(2008년)부터 7차 조사(2020년)에 이르는 기간 동안 한국의 자기표현 가치(생존적 가치)는 -1.2에서 -0.5 전후에 위치한다. 2008년 및 2014년 지도의 자기

7차 세계가치관조사에 따른 세계문화지도(2020)

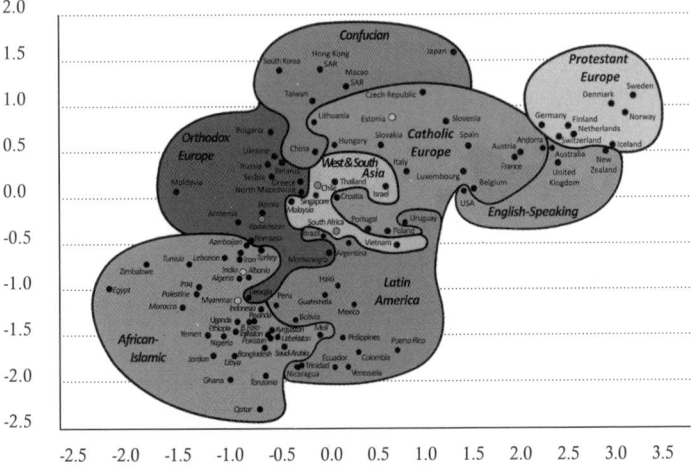

출처: https://www.worldvaluessurvey.org/

표현 가치에서 중국과 대만은 한국과 비슷한 위치이거나 더 낮았다. 하지만 2020년에는 모두 한국을 추월했다. 중국과 대만의 경우 경제가 성장한 만큼 자기표현 가치도 두드러지게 높아진 반면, 한국의 경우 경제성장에도 불구하고 자기표현 가치는 그만큼 높아지지 않았다.

사회학자 장덕진은 지위와 소득 수준이 아무리 올라가도 좀처럼 공공성, 타인에 대한 배려, 소수자·약자에 대한 관용 수준이 높아지지 않고 여전히 그악스럽게 살아가는 한국인을 인상적으로 묘사한다. 다소 길지만 인용한다.

서울대학교 사회발전연구소가 세계가치관조사 자료를

사용하여 52개 국가의 관용성 수준을 평가했더니, "자녀에게 관용성을 가르쳐야 한다"는 응답은 한국에서 45.3%로 52위, 즉 꼴찌로 나타났다. 충격적인 결과가 아닐 수 없다. 나와 다르거나 나보다 못한 사람과 더불어 살아야 한다는 의식을 자녀에게 가르치겠다는 응답이 52개 국가 중 꼴찌라니. 이것은 소득을 고려하지 않고 단순히 응답 빈도만 비교한 것인데도 불구하고, 자녀에게 관용성을 가르치겠다는 한국인의 비율은 1인당 GDP 1,807달러에 불과한 르완다(56.4%)보다도 낮다. 나는 이 주제와 관련하여 대중강연을 할 기회가 있으면 이 결과를 보여주며 청중들에게 묻는다. "여러분의 고등학생 자녀가 공부를 잘하는 편인데, 같은 반에 성적이 낮은 초등학교 동창생이 있습니다. 여러분은 자녀에게 뭐라고 말씀하시겠습니까? 네가 좀 도와줘라, 이렇게 말씀하시겠습니까? 아니면 걔랑 놀지 마라, 이렇게 말씀하시겠습니까?" 한국인의 관용성이 르완다보다도 낮다는 사실을 쉽게 받아들이지 못하던 청중들은 그제서야 고개를 끄덕이며 "놀지 말라고 말할 것 같다"는 사실을 인정한다.[27]

자기표현 가치가 약하고 세속 합리적 가치와 생존적 가치가 공히 강한 사회의 가장 큰 특징은 가치 획일성이다. 한마디로, '모두가 서울대와 강남 아파트를 열망하는 사회'다. 이런 사

회에서는 가치의 위계서열이 명확하기 때문에 투입 대비 산출이 가장 큰 선택, 즉 '합리적 선택'이 무엇인지 알기 쉬운 반면, 대안적 삶의 모델은 좀처럼 제시되기 어렵다. 그래서 모두가 하나의 목표를 향해 맹렬히 달려간다. 매우 역동적이지만 경쟁 압력 또한 극단적으로 높은 사회다.

한국은 근대화 이후 백 년이 넘는 기간 동안 시험 성적으로 사람을 서열화하고 차별하는 것이 당연시되는 사회였고 현재도 여전히 그렇다. 많은 사람들이 어렸을 때부터 이런 서열체계를 통해 정체성을 형성하게 된다. 타인이 그 서열체계를 이유로 자신을 무시하는 것에 분노하면서도 획일적인 기준으로 한 인간의 삶 전체를 줄 세우는 서열체계 자체가 문제라는 생각을 좀처럼 하지 못한다. '억울하면 출세하라'는 논리 앞에 약자들에게는 대항논리가 없었다. 강자들에게는 더더욱 제도를 바꿀 유인이 없다. 어느 변호사의 말처럼, "일찍이 영감 대접을 받으면서 기득권을 한껏 누릴 수 있는 마당에 자기개발이나 제도개선을 위한 추가적인 고생을 사서 할 이유는 없었을 터"[28]이기 때문이다. 심지어 노골적인 차별을 당할지라도 특권 집단에 이미 속한 엘리트는 좀처럼 불합리한 구조를 바꾸려 하지 않는다. 일제하 고등문관시험에 합격한 조선인들에 관한 연구는 이들 엘리트가 "급여와 인사에서 일본인에 비해 불이익을 당하며 조선인임을 자각"했지만, 그럼에도 불구하고 "구조적으로 차별을 극복하려는 노력을 하지 않았다"고 기록한다.[29]

압도적인 '격차의 열정'

〈한국사회 공정성 인식 조사 보고서〉에서 확인된 한국인의 가치관 중 가장 눈에 띄는 것은 차등 분배, 즉 불평등한 분배에 대한 강한 선호였다. 그 선호는 서구와 달리 세대, 소득, 이념, 학력 차이까지 뛰어넘는 보편적 특징이었다. 이런 특성은 다른 나라와 비교하면 어느 정도나 강할까?

세계가치관조사의 문항 중에는 이와 직결된 질문이 하나 있다. '소득 평등' 문항이다. 질문은 단순명료하다. '소득이 평등해야 한다고 생각하는가, 아니면 (노력 등에 따라) 더 차이가 나야 한다고 생각하는가?' 답변자의 경계심을 고려해 완곡하게 표현했지만, '소득에 더 많은 차이가 나야 한다'는 말은 결국 소득 불평등을 가리킨다. 다른 문항처럼 이것도 10점 척도로 나뉜다. 즉, 평등해야 한다는 생각이 강할수록 1점에 가까운 숫자에 체크하고, 불평등해야 한다는 생각이 강할수록 10점에 가까운 숫자에 체크하는 것이다. 결론만 말하면, 한국은 놀라운 수치를 기록했다. **소득 불평등에 대한 압도적 찬성**이다. 다른 나라와 너무 차이가 커서 데이터 세트 원본을 몇 번이나 확인했을 정도다.

6차 세계가치관조사(2010~2014년) 결과 중에서, 한국을 포함한 6개국을 살펴보자. 중국은 평등 52.7%, 불평등 25.8%로 평등 쪽이 높았다. 일본은 평등 28.6%, 불평등 25.1%로 양쪽이 비슷했으나 평등이 조금 더 높았다. 서유럽 사회민주주의 국가

세계가치관조사 (6차, 2010~2014) 소득 평등income equality

국가 \ 척도	1	2	3	4	5	6	7	8	9	10
중국	14.9	14.0	15.2	8.6	8.7	6.6	8.0	8.7	4.7	4.4
일본	7.3	2.8	9.7	8.8	24.1	13.4	12.8	7.6	1.3	3.4
한국	**3.8**	**3.8**	**7.9**	**8.0**	**9.2**	**8.4**	**21.3**	**17.8**	**7.0**	**12.6**
미국	9.2	4.8	7.8	7.8	18.3	14.1	11.7	12.0	4.6	7.9
독일	16.3	8.3	17.4	15.7	18.3	8.1	7.5	4.0	0.5	2.6
스웨덴	13.4	7.0	12.0	10.3	17.0	8.1	13.2	11.2	2.4	3.8

1: 평등해야 한다income equality vs. 10: 소득 차이가 더 나야 한다larger income differences
1에 가까울수록 평등 10에 가까울수록 불평등. 척도 아래 숫자는 퍼센트.
출처: 6차 세계가치관조사 https://www.worldvaluessurvey.org/WVSDocument ationWV6.jsp

세계가치관조사 (7차, 2017~2020) 소득 평등income equality

국가 \ 척도	1	2	3	4	5	6	7	8	9	10
중국	9.3	7.2	10.3	7.3	14.8	11.5	10.8	15.2	5.6	7.7
일본	5.8	2.0	9.2	8.9	26.0	14.8	15.0	7.8	2.0	2.8
한국	**0.5**	**0.7**	**4.3**	**6.9**	**8.6**	**14.3**	**32.8**	**23.5**	**6.7**	**1.8**
미국	21.4	4.1	6.8	8.1	18.0	10.6	10.3	6.6	2.8	10.1
독일	7.3	4.3	8.0	7.5	18.0	10.0	14.8	16.7	4.0	8.0
스웨덴	–	–	–	–	–	–	–	–	–	–

1: 평등해야 한다 vs. 10: 소득 차이가 더 나야 한다
1에 가까울수록 평등 10에 가까울수록 불평등. 척도 아래 숫자는 퍼센트.
* 7차 조사 스웨덴 미포함.
출처: 7차 세계가치관조사 https://www.worldvaluessurvey.org/WVSDocument ationWV7.jsp

의 대표주자인 독일은 평등 57.7%, 불평등 14.6%였다. 북유럽 복지국가 모델의 상징 스웨덴은 평등 42.7%, 불평등 30.6%였다. 미국은 능력주의와 '아메리칸드림'의 나라답게 평등에 찬성한 비율보다 불평등에 찬성한 비율이 높게 나왔다. 평등 29.6%, 불평등은 36.2%다. 그럼 한국은? 한국의 경우 평등에 찬성한 비율은 23.5%였고 불평등에 찬성한 비율은 58.7%였다. 최근 조사인 7차 자료(2017~2020)는 더 경이로운 수치를 보여준다. 한국인의 64.8%가 불평등에 찬성했고, 12.4%만 평등에 찬성했다. (5점과 6점에 해당하는 답변은 혼동 또는 유보의 여지가 있으므로 산정에서 모두 제외했다.)

물론 조사 대상 국가 전체를 보면 한국보다 더 불평등에 찬성한 비율이 높은 나라도 없지 않다(짐바브웨, 니카라과, 요르단 등). 그러나 그런 나라들은 대부분 척도상 1점이나 10점, 즉 양극단에 응답이 집중되어있다. 반면 선진국의 경우 대부분 극단보다는 중간 척도에 응답한 비율이 높다. 한국 역시 그렇다. 그렇기에 저 수치가 더 전율스럽다. 불평등에 대한 저토록 일관되고 또렷한 선호, 그 '격차의 열정Pathos der Distanz'[30]에서 한국인의 '진심'이 느껴진다. 저 숫자들은 전 세계를 향해 이렇게 외치고 있는 것 같다. **"우리는 불평등에 찬성합니다!"**

'민주화 이후의 민주주의'는 왜 오지 않는가

여러 실증 자료들을 검토한 결과, "한국인의 마음의 습관"이 평등주의라는 일각의 주장[31]과 달리 한국인은 대체로 불평등한 분배 원리를 선호하고 있었다. 구체적으로 그것은 '노력과 능력에 따른 차등 분배'로서, 이른바 능력주의 원칙과 사실상 동일하다. 또 하나 한국인의 가치관에서 특징적인 부분은 비슷한 경제 수준의 사회에 비해서도 유독 낮은 자기표현 가치였다. 이는 장애인·동성애자 등 소수자에 대한 차별, 효율성, '가성비', 순위에 대한 집착, 공공선에 대한 냉소, 생태위기에 대한 무관심 등으로 표현되고 있다.

'능력주의에 대한 강한 선호'와 '낮은 자기표현 가치'라는 두 요소에 주목하는 이유는 그것이 오늘날 한국 민주주의가 직면한 위기의 핵심에 대중의 가치관이라는 문제가 있지 않을까 하는 의문 때문이다. 형식적 민주화 이후 약 35년이 흘렀음에도 한국 민주주의에 대한 우려는 적지 않다. 무엇보다 사회경제적 불평등이 전례 없이 악화되고 있음에도 정당정치는 이를 해결하기는커녕 권력 집단 내부투쟁에만 몰입하고 있다. 정치학자 최장집이 동질적인 정당들끼리의 의회 독과점과 소외된 다수 유권자야말로 "한국 정치의 최대 균열"이라고 지적하며 '민주화 이후의 민주주의'라는 문제를 제기한 것이 2002년임을 상기해본다면, 거의 20년 가까이 한국의 민주주의는 질적으로 도약하지 못한 것이다. 최장집은 2005년 《민주화 이후의 민주주의》

개정판 후기에서 이렇게 말했다.

냉정하게 말해 이것이 의미하는 것은 경제적 민주화,
실질적 민주화의 실패가 아닐 수 없다. 민주화 이후 절
차적 수준에서 민주화와 발전이 없었던 것은 아니지만,
그와는 다른 차원이라 할 수 있는 사회경제적 수준에서
민주화는 퇴보했고, 현재에도 계속 퇴보하고 있다는 것
을 말하려는 것이다. 이것이야말로 민주화 이후 한국
민주주의의 가장 큰 특징으로서, 정치적 민주화와 경제
적 민주화, 절차적 민주주의와 실질적 민주주의가 서로
역진적으로 전개되는 경향을 의미한다.[32]

저 문제의식은 여전히 유효하다. 최장집을 포함해 많은 학
자들과 시민이 염원하던 정치구조의 변화, 즉 유권자의 요구를
제대로 반영할 수 있는 정치제도는 여전히 만들어지지 못했다.
보수 독과점의 정당들은 분명 제도개혁이 지속적으로 좌절되어
온 가장 큰 이유 중 하나였다. 2020년 초 연동형 비례대표제가
보수 양당에 의해 무력화된 것이 가장 최근 사례다.[33] 물론 실질
적 민주주의를 추진할 진보정당이 없었거나 실력이 부족했던
것도 주요한 요인일 것이다.

그러나 이유는 단지 그것만이 아니다. 아무리 과두제적 성
격의 대의민주주의 체제라 할지라도 한국 정도의 민주주의 국
가에서 대중의 요구가 강력하면 상당 부분 그 요구를 수용할 수

밖에 없다. 또한 다수 대중이 거부하는 부정의는 오래 지속되기도 어렵다. 현직 대통령을 집단행동을 통해 탄핵시킨 것이 한국인들이었다. 그런데 이렇게 형식적 민주주의 의제에서 폭발적으로 분출하던 대중 저항이 실질적 민주주의와 직결된 경제민주화, 소수자 권리 의제 등에서는 거의 나타나지 않았다. 웰젤과 클린지먼에 따르면, 엘리트들은 대중의 민주주의 수요를 충족시키는 수준에서 민주적 자유를 공급하는 경향이 있다.[34] 이는 법의 지배와 엘리트 고결성이 대중의 민주주의에 대한 실질적 수요와 밀접한 관련이 있다는 잉글하트의 주장과도 일맥상통한다. 이런 관점을 참고하면 한국 민주주의가 지체하고 있는 현 상황은 한국인의 가치관이 유의미하게 작용한 결과라고 할 수 있다.

그런 생각을 이론화한 것이 바로 잉글하트와 동료들의 세계가치관조사 프로젝트였다. 그들은 기본적으로 경제발전이 민주주의와 관련이 크다는 전제에서 출발한다. 그러나 경제발전이 민주주의로 곧장 이어진다는 식의 설명(경제결정론)에는 반대한다. 경제발전이 곧장 민주주의로 이어진다는 설을 받아들일 경우 쿠웨이트나 싱가포르 같은 부유하되 비민주적인 예외 사례들을 설명할 수 없을 뿐 아니라, 비슷한 경제발전 수준이지만 전혀 다른 민주주의 수준을 보이는 나라들의 차이 또한 해명할 수 없기 때문이다. 그래서 그들은 경제발전과 민주주의의 심화 사이에 문화변동(대중의 가치관의 변화)이 매개변수로 작용한다고 주장했다. 그 가치관의 핵심이 바로 '자기표현 가치'

이다.

자기표현 가치는 산업사회에서 후기 산업사회로 이행하며 전면화된다. 후기 산업사회에서 사회경제적 위협의 감소는 인간의 존재적 안전감을 높여준다. 그에 따라 인간의 관심사는 즉각적인 위협으로부터의 생존이 아니라 더 추상적이고 성찰적인 의제로 넘어간다. 친족관계와 이해관계를 넘어서는 유대와 관용, 자유를 향한 열망, 타자에 대한 신뢰, 인류 전체의 문제에 대한 지대한 관심 등의 가치, 즉 자기표현 가치를 점점 더 내면화하게 되는 것이다. 잉글하트와 웰젤은 이렇게 말한다. "자기표현 가치에서 높은 수준에 있는 사회들은 경제적·신체적 안전보다 개인의 자율성과 삶의 질을 강조하는 경향이 있다."[35]

자기표현 가치가 중요한 이유는 그것이 **민주주의의 심화와 결정적 관련성**을 갖기 때문이다. 민주주의는 학자에 따라서 다양하게 유형화되어 왔다. 잉글하트와 웰젤은 이런 분류를 최대한 단순화해서 '형식적 민주주의formal democracy'와 '효과적 민주주의effective democracy'로 양분한다.[36] 형식적 민주주의는 개인의 자유가 표면적·제도적으로 보장되어있는 민주주의다. 반면 효과적 민주주의는 민주주의가 제도로 존재할 뿐 아니라 그 개인들이 일상에서 충분히 자유를 누리고 평등하게 존중받는 민주주의이다. 효과적 민주주의 사회는 필연적으로 형식적 민주주의 사회이기도 하지만, 형식적 민주주의 사회라 해서 반드시 효과적 민주주의 사회란 보장은 없다.

형식적 민주주의 대 효과적 민주주의

잉글하트와 웰젤은 형식적 민주주의와 효과적 민주주의를 가르는 결정적 차이가 엘리트의 고결성elite integrity이라고 말한다. 다시 말해 형식적 민주주의의 바탕 위에 엘리트 고결성이란 조건까지 충족해야 비로소 효과적 민주주의로 나아갈 수 있는 것이다. 여기서 고결성이란 쉽게 말해 부정부패를 저지르지 않는 청렴결백성이다. 사회에 법·제도로 민주주의가 완벽히 규정되어 있더라도 엘리트가 사익을 위해 공적 권력을 남용하거나 권력 남용을 통해 인민의 자유를 침해하는 경우, 민주주의는 치명적으로 훼손된다. 정실주의적 관행, 이해충돌, 공직자에 대한 스폰서의 존재, 인민에 대한 '갑질' 등이 그 직접적인 예다. 잉글하트와 웰젤은 형식적 민주주의의 수준을 비영리 국제인권단체인 프리덤 하우스Freedom House의 자유지수[37]로 측정하고, 엘리트 고결성 수준은 세계은행World Bank의 부패통제지수CCI: Control of Corruption Index●로 측정했다. 그 결과 '효과적 민주주의 지수'가 만들어진다.[38]

> **효과적 민주주의 지수**
> **= 형식적 민주주의(퍼센트) × 엘리트 고결성(0~1 척도)**

● 세계은행 부패통제지수 https://databank.worldbank.org/databases/control-of-corruption; 이와 함께 널리 쓰이는 지수로는 부패인식지수CPI가 있다.

다음 그림('형식적 민주주의 대 효과적 민주주의')을 보면 한국이 형식적 민주주의와 효과적 민주주의에서 어느 정도 위상에 있는지 알 수 있다. 한국은 매우 높은 수준의 형식적 민주주의를 달성했으면서도 효과적 민주주의 수준은 소위 선진국들보다 상당히 낮다. 일본은 물론이고 대만, 이탈리아보다도 아래다. 대한민국의 민주주의와 민주화운동에 자부심을 가졌던 한국인이라면 혹여 실망하거나 충격받을 수도 있는 결과다. 위로가 될지는 모르지만 잉글하트와 웰젤은 이렇게 덧붙인다. "형식적 민주주의에서 높은 점수를 받는 것보다 효과적인 민주주의에서 높은 점수를 받는 것이 훨씬 더 어렵다."[39]

이를테면 라트비아와 슬로바키아는 형식적 민주주의 점수에서 한국보다 높고 영국 및 독일과 같은 점수를 기록했다. 프리덤 하우스 자유지수만 반영할 경우 이들 나라는 영국·독일만큼이나 민주적인 사회여야 한다. 하지만 엘리트 고결성, 즉 부패통제지수가 동시에 반영된 결과 효과적 민주주의에서 큰 격차가 생겼다. 라트비아와 슬로바키아의 엘리트가 영국이나 독일에 비해 상대적으로 부패했기 때문이다.

빗나간 예측: 싱가포르의 경우

잉글하트와 웰젤의 개정된 근대화론은 '만능열쇠'가 아니다. 모든 이론들이 그러하듯 설명이 군색한 대목도 적지 않다. 자신

형식적 민주주의 대 효과적 민주주의

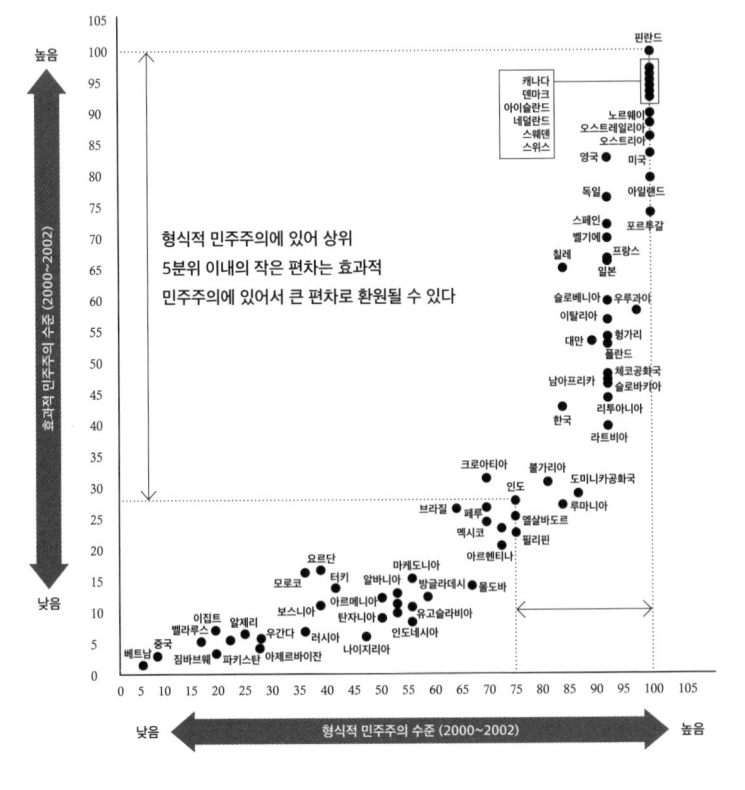

출처: 잉글하트·웰젤, 2011, 344쪽

있는 예측이 완전히 오류로 판명된 예도 있다. 싱가포르의 민주주의에 관한 예측이 그랬다. 잉글하트와 웰젤은 '부유하지만 민주주의가 아닌' 국가의 대표적인 예로 쿠웨이트와 싱가포르를 들면서, 쿠웨이트는 지대추구 경제 등으로 인해 경제발전이 대중의 자율성으로 이어지지 못했다고 설명한다. 반면 싱가포르

는 석유수출국과 달리 근대화됐기 때문에 "민주주의의 열망으로 이어질 사회적 토대를 창출"했으며, "이 책이 출판된 이후 10년 안에 완전히 민주주의를 채택할 것으로 예상"했다.[40]

책이 출판된 해가 2005년이니 2015년 안에 싱가포르는 완전한 민주주의를 채택했어야 한다. 그러나 이제 모두가 알고 있다시피 실제로는 그렇지 않았다. 2020년 현재 싱가포르는 등나무 회초리로 신체를 가격하는 태형이 실행되는 나라이고, 정당정치의 외양을 갖추고 있으나 사실상 초대 총리 리콴유 일가의 세습·족벌 통치체제가 유지되고 있다. 싱가포르는《이코노미스트》민주주의 지수에서 6.03점으로 73위(2020년), 프리덤 하우스 자유지수에서 총점 50점(100점 만점)으로 '부분적으로 자유로운' 국가이다. 언론자유지수Worldwide Press Freedom Index는 180여 개국 중 158위(2020년)다.[41] 단적으로 말해서 싱가포르는 '완전한 민주주의'는커녕 형식적 민주주의조차 갖추지 못한 사회로 남아있다.

싱가포르의 민주주의가 잉글하트와 웰젤의 예측에서 완전히 벗어난 데에는 여러 이유가 있겠으나 가장 큰 요인의 하나는 '엘리트 고결성'에 대한 과대평가로 추정된다. 앞서 살펴본 것처럼, 잉글하트와 웰젤의 모델에서 엘리트의 고결성, 즉 낮은 부패 수준은 형식적 민주주의와 효과적 민주주의를 가르는 결정적 변수다. 그리고 싱가포르는 엘리트 고결성에서 세계 최고 수준으로, 각종 반부패 관련 지수에서 늘 최상위 그룹에 포함된다. 2019년 세계은행 부패통제지수CCI에서 싱가포르는 뉴질랜

드에 이어 2위였고, 2018년 부패인식지수CPI에서는 3위였다.[42] 싱가포르는 오랫동안 이런 부패 관련 통계에서 세계 5위 이하로 좀처럼 떨어지지 않는 나라였다. 이렇듯 다른 지표에 비해 월등히 높은 엘리트 고결성, 이에 더해 아시아에서 가장 높은 GDP, 즉 사회경제 발전 수준이 잉글하트와 웰젤로 하여금 싱가포르 민주주의의 미래를 오판하게 만들었을지 모른다.

그러나 싱가포르는 엘리트 고결성은 높지만 자기표현 가치가 높은 사회가 아니다. 바로 이 점에서 싱가포르는 예외적인 사례다. 잉글하트와 웰젤은 자기표현 가치가 효과적 민주주의에 미치는 영향을 이렇게 표현한다. "자기표현 가치는 엘리트 고결성을 촉진시킴으로써 형식적 민주주의와 효과적 민주주의 사이 간극을 줄이는 사회적 힘으로 작용한다."[43] 엘리트의 고결성이 촉진된다는 말의 의미는 엘리트 부패를 막는다는 것이다. 그 방법은 대중의 집단행동, 즉 "인민권력의 대중시위 확산"[44]을 통해서다. 도식화하면, 자기표현 가치 증가 → 대중의 집단행동 증가 → 엘리트 고결성 증가 → 효과적 민주주의 증진의 순서로 인과적 영향이 작용하는 셈이다. 높은 자기표현 가치는 엘리트 고결성을 증가시키며 둘이 거의 정비례 관계인 것은 맞다. 하지만 역으로 높은 엘리트 고결성 증가가 곧 자기표현 가치의 증가를 가져오지는 않는다.[45]

싱가포르는 독특하게도 '자기표현 가치 → 대중의 집단행동 → 엘리트 고결성 → 효과적 민주주의'의 연결고리 중에서 엘리트 고결성 하나만 빼고 모든 요소가 낮은 수준에 머문다. 하지

만 이런 전반적 저수준이 반영되지 않은 채 효과적 민주주의 지수를 구성하는 공식이 단순히 형식적 민주주의와 엘리트 고결성의 곱으로만 결정되기 때문에, 압도적으로 높은 엘리트 고결성 점수가 상대적으로 낮은 형식적 민주주의 점수를 과잉 상쇄하는 효과가 발생한 것으로 짐작된다. 싱가포르가 세계에서 가장 부유한 국가• 중 하나이자 엘리트의 부정부패 또한 극히 적은 사회임에도 불구하고 언론탄압 국가, 부분적 민주주의 국가로 머물고 있는 근본적인 원인은 명확하다. 자기표현 가치가 낮기 때문이다.

특이 사례: 한국의 경우

잉글하트와 웰젤에 따르면, 후기 산업사회에서 노동조합이나 교회 같은 엘리트가 지도하는 형태의 대중행동은 감소하고 있는 반면, 엘리트에 도전하는 대중의 느슨한 네트워크는 점점 더 확산되고 있다.[46] 오늘날 한국의 상황은 이 설명과 놀라울 정도로 겹친다. 탈권위적인 대중들은 기존 조직의 권위를 인정하지 않고 그들에게 권한을 위임하는 것도 거부한다. 대신에 대중들은 각자가 평등한 개인으로 시위의 전술을 합의하며 모든 것을

• 싱가포르 1인당 명목소득은 2021년 현재 62,110달러다; IMF GDP List https://www.imf.org/external/datamapper/NGDPDPC@WEO/OEMDC/ADVEC/WEOWORLD

지도부가 아닌 전체 다수결로 결정하고 싶어 한다. 최근 한국에서 성과를 올린 집단행동은 대부분 이런 특성을 가지고 있었다. 한국의 대중은 심지어 집단행동을 통해 부패한 대통령을 탄핵시키는 사상 초유의 사건을 만들어냈다.

촛불의 또 하나 특징은 '위임 거부'였다. 공간을 마련하고 정비하는 주최 측은 있었지만 운동 목표, 전략, 전술을 명하는 지도부는 존재하지 않았다. 이대 투쟁에도 '지도부'가 없었다. 본관 농성자 모두가 평등한 피해자이자 당사자였다. 아무리 작은 사안도 다수결로 결정됐다. 석 달 가까이 지속된 농성의 결과는 놀라웠다. 설립 계획이 백지화되고 총장까지 물러났다. 지난 30년간 대학생이 주도한 투쟁 중 이토록 성공한 경우가 있었나 싶을 정도로, 그야말로 압도적 승리였다.•

한국의 대중은 21세기의 약 15년 동안 수십여 차례에 걸쳐 국가권력에 항의하는 대규모 시위('촛불시위candlelight protest')를 열었다. 이는 21세기 들어 가장 규모가 크고 오래 지속된 대중 저항 중 하나다.[47] 이 대목에서 의문이 생긴다. '촛불시위의 나라' 대한민국은 대중의 집단 저항이 강한 사회다. 그 저항은 엘

• "이대 투쟁"은 2016년 이화여대 미래라이프 대학 설립 반대 투쟁을 가리킨다; 박권일, 〈회원제 민주주의〉《한겨레》, 2020.06.25.

리트의 부패를 막는 압력으로 작동해 엘리트 고결성을 높이고, 이어서 효과적 민주주의까지 증진시켜야 한다. 그런데 왜 한국의 자기표현 가치와 효과적 민주주의는 모두 낮게 측정될까?

유럽과 러시아 민주주의에서 '자기표현 가치 → 대중의 집단행동 → 엘리트 고결성 → 효과적 민주주의'라는 연결고리는 잘 작동했다. 즉, "증가하는 사회경제적 자원이 부상하는 자기표현 가치로 반영되는 해방적 사회세력을 촉진하며, 이는 민주주의에 유리하게 작동한다."[48] 효과적 민주주의로 가는 세 단계가 선순환을 이루며 동시에 상승했던 셈이다. 한국에서는 선순환이 일어나지 않았다. 선순환이 일어나지 않은 점은 싱가포르와 같다. 다만 '엘리트 고결성'만 높았던 싱가포르와 달리 한국은 '대중의 집단행동'만 강한 경우라 할 수 있다.

한국에서는 자기표현 가치가 낮음에도 대중의 집단행동이 강해지는 현상이 일어났다. 즉, 자기표현 가치만이 아닌 다른 알 수 없는 요인(들)이 크게 작용해 대중의 집단행동을 강화한 것이다. 어떤 이유에서든 강화된 대중의 집단행동이 그만큼 엘리트 고결성을 증가시켰다면 효과적 민주주의 지표도 상승했을 테지만, 한국의 부패통제 지수CCI나 부패인식 지수CPI●가 보여주듯 그 효과는 생각보다 미약했다. 한국의 고위층 부정부패는 여전히 심각한 수준이다. 2020년 8월, OECD는 "한국 사회에

● 2019년 한국의 부패인식지수CPI는 39위, 부패통제지수CCI는 42위이다; https://www.transparency.org/en/cpi/2020/index/nzl; https://www. theglobaleconomy.com/rankings/wb_corruption/

서 정치인과 기업 최고위층이 연루된 부패는 여전히 문제가 되고 있다"면서, "한국 사회에서 부패가 완전히 근절되지 못한 것으로 나타나고 있다"고 발표했다.[49] 실제 2018년 평가에서 한국의 OECD 뇌물방지협약 집행률은 2011년과 비교해 낮아졌다. 한국 엘리트 부패의 대표적 관행인 '전관예우(전관비리)'도 완전히 근절되지 못했다. 자기표현 가치가 높아지지 않는 한, 대중의 집단행동만으로 효과적 민주주의가 증진되지 않는다는 것을 한국 사례가 보여준 셈이다.

싱가포르와 달리 한국은 《이코노미스트》 민주주의 지수에서 꽤 높은 점수를 기록하고 있다. 2020년 현재 한국은 '완전한 민주주의 국가'로 분류된다.[50] 그러나 완전한 민주주의에 해당하는 23개국 중에서는 최하위(23위)다. 한국은 최근 15년 동안 '완전한 민주주의 국가' 최하위 또는 '결함 있는 민주주의 국가' 최상위를 시계추처럼 오가고 있다. 어찌 보면 민주주의가 크게 진전하지도 크게 퇴행하지도 않은 교착 상황이라고도 볼 수 있다. 쉽게 말해 형식적 민주주의에서 효과적 민주주의(실질적 민주주의)로 가는 문턱에 걸려있는 것이다. 이에 대해 이양호 등은 한국이 "대의/참여 민주주의의 면에서는 중간 정도에 해당하지만 정치문화의 면에서 다른 완전한 민주주의에 크게 뒤지고 있다"면서 민주주의 제도에 비해 민주주의 문화 수준이 낮기 때문이라고 분석한다.[51]

한국의 자기표현 가치가 낮은 이유들을 하나하나 추적하는 것은 이 글의 범위를 너무 벗어난다. 다만 한 가지 이유만큼은

명백하다. 소수자에 대한 관용이 극히 낮다는 점이다. 잉글하트와 웰젤은 동성애에 대한 관용이 그 사회의 자기표현 가치 수준과 가장 밀접한 연관성을 보인다고 강조한 바 있다.[52] 2019년 OECD 조사에 따르면 한국은 동성애 관용도 점수에서 2.8점으로 조사 대상 36개국 중 32위였다. OECD 평균 점수는 5.1점으로 1위는 아이슬란드(8.3점), 최하위는 터키(1.6점)였다.[53]

싱가포르와 한국, 그 닮음의 의미

싱가포르와 대한민국은 서로 다르면서도 어떤 면에서 매우 비슷하다. 한국은 싱가포르보다 훨씬 민주주의적인 사회이고 싱가포르는 한국보다 훨씬 청렴한 사회다. 한국은 부패한 엘리트에 저항하는 역동적 대중을 가졌고, 싱가포르는 그런 대중 없이도 부패를 통제하는 엘리트를 가졌다. 두 나라의 공통점은 경제 수준에 비해 지나치게 낮은 자기표현 가치다. 여기서 하나 더 흥미로운 사실이 있다. 싱가포르인들이 한국인들처럼 불평등한 분배에 대해 매우 강한 선호를 보인다는 것이다. 다시 말해 싱가포르는 능력주의 성향에서 한국에 버금가는 사회다.

세계가치관조사의 특정 항목에서 빠지는 경우가 많아 매 회차를 비교할 순 없지만, 4차 조사(1999~2004) 결과를 보면 싱가포르는 한국을 빼닮은 패턴으로 불평등에 유난히 강한 선호를 보였다. '소득 평등' 항목에서 싱가포르는 '평등에 찬성'

4차 세계가치관조사

국가 \ 답변	공정하다(%)	불공정하다(%)
일본	78.9	11.2
한국	87.0	12.9
싱가포르	92.6	6.7
미국	89.5	8.6
스웨덴	70.3	24.2

출처: https://www.worldvaluessurvey.org/WVSDocumentationWV4.jsp

이 12.4%였고, '불평등에 찬성'이 62.4%였다. 이 수치는 앞서 설명했던 한국의 7차 조사 결과(평등 찬성 12.4%, 불평등 찬성 64.8%)와 거의 동일하다. 우연의 일치이겠으나 평등에 찬성한 비율은 소수점 이하까지 같았다.

4차 조사에는 소득 평등 문항 외에 '공정성' 문항도 있었다.[54] 특정한 자원 분배 상황을 제시하고 그것이 공정한지 불공한지를 묻는 문항인데, 질문의 내용은 다음과 같다. '같은 나이에, 같은 업무를 수행하는 두 명의 비서가 있다. 한 명이 다른 한 명보다 일을 잘할 경우, 잘하는 이에게 더 많은 임금을 주는 것은 공정한가 아니면 불공정한가?'[55]

문항이 묘사한 상황에서 알 수 있듯 이 문항은 능력주의 원칙에 대한 입장을 묻는 것이었다. 일을 더 잘하는 사람에게 돈을 더 주는 것이 '공정하다'는 답변은, 국가를 막론하고 '불공정하다'는 답변보다 훨씬 높게 나왔다. 다만 대다수 국가에서 '공정하다'는 답변이 50~80%대를 오간 반면, 싱가포르에서는 '공정하

다'는 답변이 90%가 넘었다. 한국은 미국보다 약간 낮지만 역시 '공정하다'에 찬성한 비율이 상대적으로 높다. 일본은 80% 아래고, 스웨덴의 경우 확연히 '공정하다'에 답한 비율이 낮았다.

물론 이런 문항 한두 개로 한 사회가 선호하는 분배 원칙을 온전히 파악할 수는 없다. 그러나 여러 데이터를 종합하면, 싱가포르와 대한민국이 적어도 능력주의 원칙에서 대다수 나라보다 훨씬 강한 선호를 보이는 것은 분명하다. 싱가포르와 대한민국 두 사회에서 유사하게 관찰되는 이런 가치관의 특징들은 두 나라 민주주의가 각자의 위치에서 지체된 이유와 깊이 관련되어 있을 것이다.

나아가 싱가포르, 한국처럼 '민주주의가 지체됐으나 물질문명은 극도로 발달한' 비유럽 국가 사례들이 더 풍부하게 연구된다면, 개정된 근대화론을 기각하고 아예 다른 이론을 도입하는 것이 현실을 설명하는 데 더 효과적일지 모른다. 잉글하트와 웰젤의 이론에서는 유럽 민주주의(특히 서유럽과 북유럽)의 우위가 또렷하며 그런 유럽 민주주의가 좋은 사회라는 암묵적 전제가 깔려있다. 하지만 민주주의의 기준 자체를 달리 적용하면 결과는 달라질 수 있다. 이러한 논의는 비非서구 사회 정치체제의 정밀한 경험연구와 함께 민주주의의 이론적 쟁점에 대한 숙고를 요구하므로 미래의 과제로 남겨두기로 한다.

낮은 자기표현 가치 외에 능력주의 원칙, 즉 불평등에 대한 강한 선호는 민주주의의 심화, 특히 사회경제적 민주화에 일정한 영향을 끼칠 것으로 예상된다. 예컨대 능력주의 원칙을 강하

게 내면화한 대중의 경우 경제성장과 높은 수준의 교육으로 인해 각자의 추상적 복지의식은 높을 수 있지만, 즉 복지국가로 가야한다는 막연한 가치에는 동의할 수 있지만, 정작 실질적 평등화 정책이나 복지지출에서는 낮은 자기표현 가치(=강한 생존적 가치)가 작동해 상반된 태도를 보일 가능성이 높다.

사회복지 연구자인 김영순과 여유진에 따르면, '소득 격차 해소는 정부 책임'이라는 데 약 75%가 동의하지만 '사회복지 확대를 위해 세금을 더 걷어야 한다'는 데에는 약 40%만이 동의했다. "특히, 소득 격차 해소는 정부 책임이라는 의견에 대해 31.4%가 매우 강한 동의를 표했으나, 사회복지 확대를 위해 세금을 더 거둬야 한다는 의견에 대해서는 2.5%만이 매우 강한 동의를 표했다."[56] 다른 나라에서는 계급·계층에 따라 복지태도의 차이가 유의미하게 발견되지만 한국의 복지태도는 계급·계층에 따른 차이가 거의 없다.[57] 복지태도의 이러한 '일관된 비계급성' 혹은 '일관된 비일관성'은 "한국인의 복지태도의 가장 큰 특징"[58]으로 지적되어왔다.

7장을 마무리하면서, 앞에서 언급한 '생태학적 오류' 및 '개인주의적 오류'를 다시 강조해둔다. 집단의 가치관은 곧장 개인의 가치관으로 환원될 수 없다. 한국인이라는 집단이 불평등이나 능력주의를 더 선호하는 경향을 보인다고 해서 한국 사람 개개인이 이기적이거나 탐욕스럽다고 말한다면 명백한 오류일 것이다. 그러나 이와 별개로 대중의 집합적 인식은 여론조사나 공론을 통해 정치담론과 경제정책에 무시할 수 없는 영향을 끼치

는 게 사실이다. 강한 능력주의 신념과 약한 자기표현 가치는 분배 및 재분배 정책에서 평등주의적 성격을 적극적으로 제거하는 동기가 되거나, 기회구조 자체의 불평등을 정당화하고 나아가 재생산하는 조건이 될 수 있다. 이것은 한국 민주주의에 대한 최장집의 진단, "정치적 민주화와 경제적 민주화, 절차적 민주주의와 실질적 민주주의가 서로 역진적으로 전개되는 경향"[59]과도 직결되는 문제일 수 있다.

민주주의가 정착되기 위해서는 민주적 가치가 뒷받침되어야 하며, 이런 바탕 위에서 민주적 제도가 효과적으로 작동해야 비로소 인간의 존엄과 복리를 공고히 확보할 수 있다.[60] 한국인의 가치관을 면밀히 짚어봐야 할 이유도 여기에 있다.

K-Meritocracy

4부

능력주의 비판

8장

불평등 그리고 이데올로기

불평등은 왜 문제인가

능력주의를 살펴보는 일이 중요한 이유를 한마디로 말하면, 그
것이 불평등과 긴밀한 관련을 가지기 때문이다. 그런데 애당초
불평등이 왜 문제냐고 되물을 수 있다. 한국의 경제신문과 몇몇
일간신문에는 '불평등은 자연의 섭리'라거나 '불평등은 성장의
동력'이라는 주장이 아무렇지 않게 실리곤 한다. 이런 주장을
하나하나 비판할 수도 있겠지만, 오늘날 다수의 학자들은 이념
을 떠나 '불평등이 문제가 아니'라거나 '불평등이 곧 성장의 동
력'이라는 주장에는 선뜻 동의하지 않을 것이다.•

　　오랫동안 주류 경제학은 불평등과 분배에 무관심했다. 심
지어 저명한 경제학자 중에 "경제학에 가장 유독한 것은 분배
에 초점을 맞추는 것"이라고 공공연히 주장하는 이도 있었다.[1]
그러나 최근 들어 많은 경제학자들과 국제기구 관료들은 과거
에 비해 훨씬 더 불평등을 우려한다. 그 근거는 주로 경제성장

과 관련이 있다. 즉, 불평등이 그 자체로 나쁘다기보다 경제성장을 저해하기 때문에 나쁘다는 것이다. 예컨대 OECD는 2015년 발간한 보고서에서 "재분배 정책이 성장률을 떨어뜨린다는 증거는 희박하지만 불평등이 장기적인 경제성장에 해롭다는 증거는 다수"라고 결론내리고 있다.[2]

그러나 불평등이 나쁜 이유는 경제성장에만 있는 게 아니다. 불평등은 인간의 건강에 나쁘다. 사회역학자 리처드 윌킨슨 Richard Wilkinson과 케이트 피킷Kate Pickett은 선진 23개 국가와 미국 50개 주 데이터를 토대로 불평등한 선진국 시민이 평등한 국가의 시민보다 약물에 중독될 확률, 살해당할 확률, 비만이 될 확률 등이 두 배에서 열배 정도 높게 나타났다고 밝혔다. 반면이 연구에 따르면 상대적으로 평등한 나라, 예를 들어 북유럽 국가들은 국민 건강의 거의 모든 면에서 불평등한 선진국들을 압도했다.[3]

- 2015년 《한국경제신문》 출판사(한경BP)가 노벨 경제학상 수상자 앵거스 디턴의 《위대한 탈출》 한국어판을 내면서 본문 내용을 왜곡했다는 논란이 벌어졌다. 《한국경제신문》 측은 '불평등은 경제성장 원동력'이라는 명제를 디턴의 핵심적 주장으로 내세웠으나 실제로 디턴은 '약간의 불평등이 성장의 동기가 될 수 있으나 지나친 불평등은 해롭다'고 주장했다. 이 논란은 디턴이 재직하던 프린스턴 대학교에도 알려졌고, 진상조사에 나선 프린스턴대는 '한국어판이 원문을 왜곡했다'며 서적 전량 회수를 요구했다; 김유미, 〈'불평등이 성장의 발판'…'위대한 탈출'은 피케티 허구 드러낸 역작〉, 《한국경제신문》, 2015.10.13; 김공회·오승훈 〈대담하게 왜곡된 '위대한 탈출' 국내 첫 인터뷰와 사건의 전말〉, 《한겨레》, 2015.10.30; 신효령, 〈노벨경제학상 디턴 "'위대한 탈출' 한국어판, 판매 중단하라"〉, 《뉴시스》, 2015.10.26.

불평등은 인간의 권리를 침해한다. 많은 경우 개인의 빈곤은 그 사람의 잘못 때문이 아니라 사회구조나 불운에서 비롯하는데, 이 빈곤은 개인이 다양한 삶의 선택지들에 접근할 수단을 앗아가며 잠재력을 개발할 기회 또한 제한한다. 한마디로 불평등은 인간의 기본적 권리들과 자유를 직접적으로 침해한다.[4] 따라서 불평등은 경제적 효율성의 문제이면서 동시에 인간의 건강과 도덕적 정당성의 문제다.

능력주의가 불평등의 원인일까

해결해나가야 할 문제는 불평등이기도 하지만 능력주의이기도 하다. 그런데 능력주의는 정확히 불평등과 어떤 관계를 가지는가? 이 관계를 명확히 하지 않으면 능력주의를 불평등 자체와 동일시하거나 혹은 능력주의를 불평등의 근본 원인으로 놓는 등의 오류를 범할 수 있다. 최대한 단순한 문장으로 써보자.

> **능력주의는 불평등을 재생산한다.**

위 문장은 단순하지만 간단치 않다. 가장 중요한 단어는 '재생산再生産'이다. 일상의 한국어는 생산과 재생산, 분배와 재분배를 엄밀히 구분하지 않는 경향이 있다. 이를테면 무언가를 만들어내면 생산, 그걸 계속 만들어내면(반복하면) 재생산이라는

의미로 사용하는 것이다. 분배 역시 유사한 맥락으로 사용되는 경우가 많다.• 완전히 틀린 이야기는 아니지만 그렇다고 정확한 용법이라고 보기도 어렵다. 저 단어들은 원래 각각 다른 의미를 가지고 있다.

노동을 예로 들어보자. 전통적으로 생산 노동productive labour 은 '상품을 만들어내는 노동'으로, 재생산 노동reproductive labour 은 '노동력을 만드는 노동'으로 정의됐다. 전자는 주로 남성의 노동을 가리키고 후자는 여성의 가사노동과 출산 등을 가리키는데, 이 때문에 생산/재생산 개념이 가장 치열하게 논의되어 온 영역의 하나는 페미니즘이었다. 오랫동안 생산 노동은 가치를 직접 생산하는 핵심적 노동으로 여겨졌지만 재생산 노동은 주변적인 노동으로 취급되거나 심지어 노동으로 취급되지조차 못했다. 급진 사상가 이반 일리치Ivan Illich는 이런 노동을 "그림자 노동"이라 불렀다.[5] 가치를 인정받지 못하고 그래서 일의 대가를 지불받지도 못하는 여성의 노동을 부불노동不拂勞動이라고도 한다. 페미니즘 이론가 실비아 페데리치Silvia Federici는 자본주의의 발전이 특수한 노동(가사노동, 섹슈얼리티, 출산)에 전적으로 의존하면서도 그 노동의 몫을 체계적으로 삭제해왔음을 밝힘으로써 자본주의자와 공산주의자가 공유하는 생산(노동) 중심적 시각을 전복시켰다.[6]

• 일상적 용법과는 달리 경제학이나 사회복지학 등에서는 분배 정책과 재분배 정책을 구분하며, 대체로 분배distribution는 임금으로 실현되고 재분배redistribution는 주로 정부의 조세로 실현된다고 가정한다.

왜 능력주의는 불평등을 '생산'한다고 하지 않고 '재생산'한다고 할까? 능력주의는 비교적 최근에 나타난 현상이다. 대부분의 사회에서 능력주의 사고방식은 근대 이후 본격화됐고, 능력주의라는 말 자체는 20세기 중반에야 등장했다.[7] 그러나 불평등은 그보다 훨씬 오래된 현상이다. 많은 학자들이 수렵채집사회가 농경사회로 변화되기 시작한 약 1만 년 전을 불평등의 본격적인 시작으로 본다. 작물의 재배와 동물의 가축화가 시작되며 잉여 자원이 쌓이기 시작했고, 축적된 자원을 더 많이 차지하기 위한 집단 간의 싸움이 격화됐다. 왕이 등장하고 신분이 더 복잡하게 분화됐다.

근대에 이르러서도 불평등의 근본적 원인은 농경사회와 다르지 않았다. 희소한 자원을 소수가 더 많이 차지한다는 사실, 그것이 바로 불평등의 근본 원인이다. 어떻게 소수가 자원을 더 많이 차지했을까. 처음에는 폭력적 강탈을 통해서였다. 구체적으로 그것은 집단학살, 노예화를 의미한다. 자본주의 등장 이후 폭력은 법과 관행 속으로 내재화됐다. 노골적인 폭력이 크게 줄었다고 해서 폭력성이 사라진 것은 아니었다. 제도화된 폭력성이야말로 자본주의 사회의 특성이다. 불평등의 근본 원인은 언제나 같지만, 생산양식과 정치질서의 변화에 따라 불평등의 세부 원인들은 바뀌었다.

오늘날 '불평등 악화의 원인이 무엇인가'라고 물을 때, 이 질문은 불평등의 근본 원인을 묻는 것이 아니다. 세부 원인이 무엇인지를 묻는 것이다. 예를 들어 2001년부터 2005년까지 한

국에서 지니계수 등의 불평등 지표가 시간을 두고 악화됐음이 관찰되면, 학자들은 다양한 이론적·수리적 방법을 동원해 이에 가장 큰 영향을 끼친 변수가 무엇인지를 살펴볼 것이다. 예컨대 학자들은 20년간 불평등이 악화된 원인 중 가장 큰 영향을 끼친 것이 임금소득의 불평등인지 자산소득의 불평등인지, 혹은 상위 10% 소득과 나머지 90% 소득 간의 차이가 벌어졌기 때문인지 중간층과 하층 20% 소득 간의 차이가 벌어졌기 때문인지, 혹은 재분배(누진세 등)를 통한 사회적 소득이전이 늘었기 때문인지 줄었기 때문인지 등에 대해 의견을 제시하고 어떤 분석이 더 타당한지 그 근거들을 검증하게 된다. 물론 이외에 더 다양한 원인들도 존재하며, 그 대부분은 실제 작용 여부를 검토한 뒤 학계에 수용된 것들이다.

분명한 것은, 능력주의를 위에서 언급한 불평등의 원인 중 하나로 취급하기는 어렵다는 점이다. 능력주의는 불평등의 근본 원인이 아닐뿐더러 세부 원인이라 할 수도 없다. 능력주의는 불평등을 만들어낸다기보다 이미 존재하는 불평등에 대한 평가에 영향을 끼친다. 능력주의는 현존하는 불평등을 부당한 것으로 혹은 정당한 것으로 판단하는 기준으로 기능한다. 구체적으로 말하면 봉건적 요소가 강한 불평등(부와 지위의 세습, 정실주의 등)은 부당하다고 판단하게 하고, 자본주의에 친화적인 불평등(개인의 능력 차이에 따른 차별대우)은 정당하다고 판단하게 한다. 요컨대 능력주의는 특히 **자본주의적 불평등을 재생산**한다. 이는 능력주의가 불평등을 생산하는 원인보다 덜 중요

하다는 의미는 아니다. 재생산 노동이 생산 노동만큼 중요한 문제인 것처럼, 불평등을 재생산하는 능력주의는 심각한 사회문제다.

문제는 특권이다

대학입시나 고시의 기회는 형식적으로 모든 사람에게 열려있다. 시험 성적이나 수상 경력 등이 있다면 누구나 좋은 대학에 갈 수 있고 좋은 직업을 얻을 수 있다. 그러한 선발 과정에는 큰 문제가 없다. 문제는 그 선발 과정에 지원하느냐 마느냐를 결정하는 단계에 도사리고 있다. 어린 시절부터 풍족한 가정의 지원을 받은 사람은 망설이지 않고 지원하겠지만, 어려운 형편에 아르바이트를 전전해야 하는 사람은 점수 이전에 도전할 엄두조차 못 내는 경우가 태반이다. 이 차이를 만드는 것은 개인의 재능이 결코 아니다. 이렇게 특정한 사람들에게만 기회를 더 많이 주고 다른 사람들에게는 진입장벽을 높이는 것을 막스 베버는 사회적 봉쇄social closure[8]라 불렀고, 사회학자 찰스 틸리Charles Tilly는 기회 비축opportunity hoarding[9]이라 명명했다.

　사회적 봉쇄나 기회 비축 개념은 신분제가 철폐된 오늘날에도 여전히 눈에 잘 보이지 않는, 그러나 실제로 매우 잘 작동하는 진입장벽이 있음을 보여준다. 전형적인 사례가 소위 '조국 사태' 당시 주요 의혹 중 하나인 조국 전 법무장관 딸의 대학

입시 비리다. 그의 딸의 명문대 입학에 필요한 인턴십 경력을 만드는 과정에서 평범한 시민은 상상도 못할 방식들이 동원됐다. 당시 고등학교 2학년이었던 조 전 장관 딸은 단국대학교 의과학연구소 인턴으로 참여해 박사급 의학 전문가들이 다수 들어간 논문에 제1저자로 이름을 올렸고, 논문은 SCIE급Science Citation Index Expanded 등재지인 《대한병리학회지The Korean Journal of Pathology》에 실렸다.[10] 의학논문 출판윤리 가이드라인에 따르면 논문의 저자는 1) 연구의 개념과 설계에 참여 2) 데이터 수집과 해석을 담당 3) 발표 초안 작성에 참여 4) 발표 최종본을 승인해야 하고, 제1저자는 저자 중에서 가장 기여가 높은 사람이다.[11] 이에 대해 서정욱 서울대학교 병리학과 교수는 "7년간 진행된 연구에 2주 참여한 고등학생이 1저자로 올라가게 된 것"[12]이라고 지적했고 많은 전문가들도 터무니없는 이야기라고 비판했다.

단국대 인턴십 외에도 동양대 표창장 위조, 서울대, 공주대, KIST 인턴 경력 조작 등 비슷한 경력 조작들이 있었음이 밝혀졌고, 이후 재판에서 모두 유죄 판결됐다. 당시 조국 전 장관을 옹호하기 위해 기자회견을 연 민주당 국회의원들은 의도치 않게 사건의 본질을 누설하고 만다. 김종민 의원은 "특혜가 아니고 보편적 기회", "누구나 신청하고 노력하면 접근할 수 있는 기회"라고 말했다. 송기헌 의원은 "배려는 맞지만 특혜는 아니"라고 두둔했다. 이철희 의원은 "보편은 누구에게나 열려있는 기회인데 그런 뜻으로 쓴 게 아니라 어느 정도 지위를 가진

분들에게 열려있는 기회라는 건 맞다"고 덧붙였다.[13]

조국 사태는 엘리트의 기회 비축과 사회적 봉쇄가 어떻게 일어나는지가 낱낱이 밝혀진 희귀한 사례다. 능력주의 원칙을 강화하고 비리를 더 철저히 걸러내면 되지 않느냐고? 그런 일이 불가능하다는 것은 이미 경험적으로 증명됐다. 한국만의 일도 아니다. '능력주의의 나라' 미국에서조차 입시 비리는 체계적으로 일어난다.[14] 이렇게 범죄화한 사건들은 기회 비축과 사회적 봉쇄라는 전체 빙산의 극히 일부다. 대다수 기득권 집단의 기회 비축과 사회적 봉쇄는 알려지지 않은 채 진행되기 마련이며, 불법이 아닌 미묘한 편법과 관행으로 지속된다. 그래서 이들 대다수의 성공담은 훌륭한 부모에게 좋은 교육을 받고 자란 명석한 이들이 노력까지 더해 큰 보상을 받는 서사로 그려질 것이다.

사회학자 로런 리베라Lauren Rivera는 이른바 '성삼위일체'라 불리는 초고소득 직장인 미국의 투자은행, 컨설팅 회사, 대형 로펌의 채용 관행을 오랫동안 분석한 끝에 이렇게 결론 내린다. "이 회사들이 취업 지원자의 가치를 평가하고 채용 결정을 내리는 방식은 엘리트 일자리를 향한 경쟁의 장을 사회경제적으로 혜택 받은 가정 출신의 학생들에게 유리하도록 기울인다. 이회사들은 혜택을 덜 받은 배경 출신의 학생들을 배제하는 방식으로 재능을 규정하고, 지원자들을 심사하고 채용 결정을 내리는 데 부모의 사회경제적 지위와 상관관계가 있는 평가 매트릭스를 활용한다."[15]

조국 사태 같은 사건이 나쁜 가장 큰 이유는 그것이 장기적으로 능력주의에 대한 확증편향을 강화한다는 데 있다. 한 사회에 다른 대안 없이 사실상 세습 신분제와 능력주의라는 두 가지 분배 규칙만 존재할 경우, 세습 신분제를 억누르면 그 반작용으로 능력주의가 팽창할 수밖에 없다. 말하자면 '능력주의 풍선효과'다. 경쟁의 보상이 과도하게 클수록, 구성원이 선호하는 가치관이 능력주의에 치우친 사회일수록 이 풍선효과는 강해진다. 이는 제도적으로는 자격요건의 강화로 나타나기 때문에 기득권층의 경쟁력을 떨어뜨리기보다 하층계급으로 하여금 아예 출발선에 접근할 엄두를 내지 못하게 만든다. 능력주의가 강해질수록 자원이 많은 집단은 유리해진다. 돈은 물론이고 명예까지 갖길 원하는 기득권 집단의 기회 비축 기술은 정교해질 것이다. 불평등은 그만큼 더 커지고 더 공정한 것으로 치장될 것이다.

조국 사태, 미국 입시 비리, 그리고 인류의 역사를 통해 알 수 있는 사실은 특권이 강할수록 부패가 기승을 부린다는 점이다. 특권과 부패는 정비례하며 특권이 클수록 능력주의도 강해진다. 요컨대 특권, 부패, 능력주의는 붙어 다닌다. **특권을 그대로 둔 채 특권을 둘러싼 부패와 불공정에 분노하는 것은, 음식을 한곳에 쌓아두고 벌레가 꼬인다고 역정 내는 짓이나 다름없다.**

이데올로기는 왜 중요한가

능력주의는 이데올로기다. 이데올로기라는 말이 부담스럽다면 이념이나 통념이라 해도 상관없다. 어쨌든 그것은 손으로 만질 수 있는 실체가 아니라 일종의 관념이다. 그런데 이런 비물질적 관념을 분석하는 일이 왜 중요하고 필요한지 의문을 갖는 사람도 있을 수 있다. 이를테면 '능력주의'나 '정의' 같은 머릿속 관념을 논할 게 아니라, 실재하는 경제적 불평등 자체를 바꾸는 데 집중해야 한다는 비판이다. 한마디로 이런 거다. "바보야, 문제는 머릿속 생각이 아니라 현실이야!"

이런 주장은 선명성을 과시하고 싶은 좌파 사상 입문자가 남의 주장을 비난할 때 흔히 꺼내드는 레퍼토리다. '반대편'에 있는 사람들, 이를테면 시장주의 우파들도 그런 얘길 한다. 심지어 마르크스의 유명한 말, "존재가 의식을 규정한다"●를 인용하며 '강남좌파'를 비난하는 우파도 있다. 부자가 빈자를 위한다는 건 거짓이며 위선이라는 것이다.

현실이 중요하다는 걸 부정할 사람은 없다. 그런 면에서 자본주의 사회의 개인은 관념이 아니라 물질을 근본이라 생각한다는 점에서 유물론자materialist다. "서는 데가 바뀌면 풍경도 달

● 정확히는 이런 문장이다. "인간들의 의식이 그들의 존재를 규정하는 것이 아니라 거꾸로 그들의 사회적 존재가 그들의 의식을 규정한다"; 카를 마르크스·프리드리히 엥겔스, 최인호 외 옮김, 〈정치경제학의 비판을 위하여 서문〉, 《칼 맑스 프리드리히 엥겔스 저작선집 2》 1992, 478쪽.

라지는 거야"라는 웹툰《송곳》의 대사도, 결국 "존재가 의식을 규정한다"의 응용이다. 얼음송곳 같은 이 유물론의 서늘함에 압도된 사람들은 또 얼마나 많았던가. 지금도 많지만 20세기, 19세기엔 더 많았다. 하지만 저 말을 명백한 진리라 여기고 사고를 멈추는 순간, 문제가 생기기 시작한다.

과거에 '기계적 유물론' 또는 '속류 결정론'이라 불린 어떤 주장들이 있었다. 그것은 갖가지 형태의 관념론들, 예컨대 인간의 의지가 세계를 움직인다는 주의주의主意主義 voluntarism를 제법 날카롭게 공격하면서도 문제를 해결하지는 못했다. 현상의 원인을 모조리 하나로 귀결시키는 환원론이라는 점에서 둘은 거울상처럼 동일했기 때문이다. 세상만사는 실제로 그렇게 단순하게 돌아가지 않았다.

루이 알튀세르Louis Pierre Althusser는 많은 마르크스주의자들이 왜 경제 환원론에 빠지게 되는지를 누구보다 정교하게 파고들었던 철학자였다. 그는 엥겔스의 말을 빌려 '경제만이 최종심급에서 결정적'이라고 하면서도, "최종심급이라는 고독한 시간은 결코 오지 않는다"고 말했다.[16] 그런데 사실 알튀세르 이전에도 몇몇 이론가와 혁명가들은 경제 환원론의 문제를 깊이 인식하고 있었다. 특히 이 문제에 있어 가장 과감하고 탁월한 통찰을 보여준 이는 이탈리아의 혁명가 안토니오 그람시Antonio Gramsci였다.• 그람시의 논의를 살펴보기 위해서는 마르크스의 주장에서 출발해야 한다. 마르크스와 엥겔스는 노동자의 물질적 조건이 아무리 개선되어도 분배를 둘러싼 갈등을 완화하지

못할 것이라 단언했다.

> 노동자계급에게 가장 좋은 상황, 가능한 한 급속한 자
> 본의 성장조차, 그것이 아무리 노동자의 물질적 삶을
> 개선시켜 준다 하더라도, 노동자의 이해관계와 부르주
> 아의 이해관계 사이의 대립을 폐기하지는 못한다. 이윤
> 과 임금은 예나 지금이나 반비례 관계에 있는 것이다.[17]

그러나 노동자의 물질적 조건이 개선되자 갈등은 실제로
완화됐다. 이는 자본주의의 역사가 거듭 확인해주었던 사실이
다. 물론 적대관계 자체가 한 톨 남김없이 사라지지는 않았지
만, 적어도 노동자의 물질적 조건의 개선이 자본주의의 지속가
능성을 높였을 뿐 아니라 노동자의 극단적 저항을 줄였다는 점
은 명백했다. 그람시는 자본주의 경제가 발달하면 모순이 격화
되어 자동적으로(필연적으로) 혁명이 발발하리라는 공산주의
자들의 기대가 전혀 현실과 부합하지 않는다는 사실을 잘 알고
있었다. 자본주의가 가장 발전한 영국에서 혁명이 일어나지 않
고 오히려 자본주의가 발전하지 못한 러시아에서 공산주의 혁
명이 일어난 사실만 봐도 그러했다. 더구나 러시아 혁명 이후에

● 그람시가 활동 중 체포되자 공안검사는 "이 자의 두뇌를 20년 동안 작동
하지 못하게 해야 한다"고 주장했고, 그람시의 저술 활동은 대부분 감옥에
서 이뤄지게 된다. 이를 편집한 책이 바로 《옥중수고The Prison Notebooks,
Quaderni del carcere》다.

도 서유럽에서 공산주의 혁명은 성공하지 못했다.

자신이 옳다고 믿는 이론을 통해 현실을 설명할 수 없을 때, 일종의 인지부조화 현상이 일어난다. 그럴 때 적지 않은 사람들이 이론을 바꾸기보다 현실을 이론에 끼워 맞추려 한다. 즉, 현실을 왜곡하거나 부정해서라도 자신의 신념을 지키려 한다. 신념체계를 지탱하는 이론을 비판하고 수정하는 것은 자신의 과거를 부정하는 것처럼 느껴지는 반면, 새로운 현상을 왜곡해서 해석하는 건 상대적으로 쉽게 느껴지기 때문이다. 이론을 현실화하는 쪽보다 현실을 이론화하는 쪽이 인지자원의 소모도 적다. '이성적'이지는 않지만 '합리적'인 행위인 셈이다.•

그람시는 합리적이기보다 이성적이었다. 그는 마르크스주의에 교조적으로 매달리는 대신 현실을 통해 이론을 다시 궁리했다. 이토록 비참하게 착취당하는데 왜 착취당하는 사람들은 들고일어나지 않을까? 지배자들의 탄압이 두려워서일까? 아래로부터의 저항이 나타나면 지배 집단은 물리적 폭력을 동원해

• 이성reason 차원에서는 부당해도 합리성rationality 차원에서는 타당할 수 있다. 보통 '이성적'이라는 말과 '합리적'이라는 말은 같은 뜻으로 사용되곤 하지만, 엄밀히 말해 두 개념은 전혀 다르다. 여기서 이성과 구별되는 합리성 개념은 사익추구 및 합리적 선택 이론과 관련이 있다. 이와 관련해 더 심도 있는 논의는 아마르티아 센Amartya Sen의 저술을 참고하라; 〈Rational Fools: A Critique of the Behavioral Foundations of Economic Theory〉, 《Philosophy & Public Affairs》, Vol. 6, No. 4, 1977; 아마르티아 센, 이규원 옮김, 《정의의 아이디어》, 지식의 날개, 2019; 아마르티아 센, 박순성·강신욱 옮김, 《윤리학과 경제학》, 1999.

이를 잔혹하게 진압하려 한다. 그리고 이를 통해 피지배 집단에 공포를 심어주려 한다. 이것이 지배 집단의 본성이고 러시아나 다른 나라나 이 점에서 별 차이는 없었다. 그런데 러시아 인민은 혁명으로 나아갔고 다른 나라 인민은 그러지 않았다. 무엇이 그런 차이를 만들었을까?

그람시는 기존에 존재하던 지배와 저항의 방정식에 뭔가 다른 요소가 들어가야 한다고 생각했다. 그는 지배 집단이 언제나 강압적인 폭력만 사용하지는 않는다는 점, 요식 행위라 할지라도 피지배 집단의 '동의' 과정을 거친다는 점에 주목한다. 그것은 노새에게 채찍을 휘두르다가 가끔 당근도 준다는 의미가 아니라, 피지배자 스스로가 지배의 정당성을 인정하고 기꺼이 받아들인다는 의미다. 동의consent에 기초한 지배domination라는, 그람시 특유의 '헤게모니hegemony'● 개념은 그렇게 탄생했다.

지배자의 정당성과 피지배자의 동의가 핵심 사안으로 떠올랐다는 것은 곧, 의식이나 이데올로기 또한 중요하게 다뤄져야 함을 의미했다. 물론 최종적 문제, 바꿔야 할 현실이 경제임은 변함이 없다. 하지만 그람시는 계급적 이해를 인식하는 단계에서 이미 이데올로기가 '인식의 틀'로 작동해버린다는 점을 예리하게 포착했다. 착취와 불평등 그 자체를 명확히 인식하지 못

● 페리 앤더슨Perry Anderson에 따르면 헤게모니라는 말은 레닌과 플레하노프 등이 노동자와 농민의 계급동맹에서 노동계급의 지도指導를 가리키던 개념으로 쓴 적이 있다; Anderson, Perry, 〈The Antinomies of Antonio Gramsci〉, 《New Left Review》 1976 Nov.

하고 심지어 '당연하고 정당한 것'으로 받아들인다면 어떻게 그 현실을 변화시킬 수 있겠는가? 마찬가지로 차별적 제도가 존재함에도 차별이라는 인식 자체가 공감대를 형성하지 못한다면 제도의 개선은커녕 문제 제기나 공론화조차 힘들 수밖에 없다.

지배계급의 헤게모니를 지속시키는 핵심요소 중 하나가 바로 이데올로기다. 이데올로기는 단순히 속임수, 기만, 선동이 아니라 동의를 생산하는 정당화 메커니즘을 의미한다. 여기서 핵심은 **동의의 생산**manufacture of consent이다. 이 말은 오늘날 월터 리프먼Walter Lippmann의 개념으로 잘 알려졌다. 미국의 저널리스트인 리프먼은 이제 고전이 된 저작인 《여론》[18]에서 민주주의를 주도하는 여론이라는 것이 과연 합리적이고 이성적인지를 묻는다. 그리고 많은 경우 여론은 단지 '편협한 해석의 집합'일 뿐이며, 민주주의가 보통 사람들의 의견에 지나치게 좌우되는 것은 치명적인 위험을 야기한다고 경고한다. 이러한 비이성적 다수의 폭정을 막는 수단으로 리프먼이 제시한 것이 바로 '동의의 생산'●이다. 요컨대 이성적 엘리트가 비이성적 대중의 동의를 조성함으로써 여론을 합리적으로 방향으로 이끌어가야 민주주의가 위기에 빠지지 않는다는 것이다. 그로부터 60여 년 후,

● '합의의 조성'이라고 번역되기도 한다. 훗날 허먼과 촘스키는 리프먼의 이 개념을 엘리트의 이익을 위한 여론조작이란 의미로 사용("동의 조작하기 manufacturing consent")하게 되지만, 리프먼은 애초 이 개념을 긍정적인 의미로 사용했으므로 그 맥락에서는 '동의의 생산'보다 '합의의 조성'이란 번역이 더 의도에 부합한다고 볼 수 있다.

미국의 좌파 지식인 허먼Edward Herman과 촘스키Noam Chomsky
는 리프먼이 긍정적 의미로 사용한 '동의의 생산'을 부정적인
의미의 '여론 조작'으로 완전히 뒤집는다.[19] 이들은 엘리트가 매
스미디어를 활용해 사실을 왜곡하고 날조하고 은폐함으로써 어
떻게 여론을(동의를) 조작해왔는지를 다양한 사례를 들어 고발
한다.

그렇다면 리프먼의 '동의', 허먼·촘스키의 '동의', 그리고
그람시의 '동의'는 어떻게 다를까. 우선 문제 영역이라는 점에
서 보면 리프먼과 허먼·촘스키는 같은 곳에 서있다. 한쪽은 '동
의의 생산'을 긍정적으로, 다른 쪽은 부정적으로 보고 있음에
도 불구하고 양자는 공히 미디어-정치라는 영역에 초점을 맞춘
다. 반면 양자의 차이를 만드는 구분선은 엘리트주의다. 리프먼
은 기본적으로 대중을 불신한다. 허먼·촘스키는 엘리트를 불신
한다. 둘 중 하나가 전적으로 틀렸다기보다 각각 현실의 일면을
포착한 설명이라 할 수 있다.

한편 그람시는 이들처럼 엘리트에 대한 대중의 동의를 중
요한 문제로 다루고 있긴 하지만 국가, 시민사회, 정당, 그리고
무엇보다 계급을 중심으로 논의를 전개하는 까닭에 미디어-정
치 영역을 넘어선다. 그보다 더 중요한 차이는 대중을 보는 관
점이다. 리프먼이나 허먼·촘스키에게 대중이란 '합의를 조성'
당하거나 '여론을 조작'당하는 수동적 주체다. 특히 리프먼에게
대중은 비합리적 편견에 사로잡혀 어리석은 판단을 일삼는 우
중愚衆, mob에 불과하다. 하지만 그람시의 대중은 리프먼의 대중

과는 다르다.

그람시의 대중 역시 허먼·촘스키의 대중처럼 엘리트에게 착취당하고 기만당하는 피해자, 희생자이기는 하다. 그러나 언제까지고 피해자에 머물지만은 않는다. 그람시의 대중은 지배집단의 지배에 자발적으로 동의하지만 때로 그 자발성은 생각지도 못한 창발성emergence으로 발현되어 기존 질서를 뒤흔들 수 있다. 지배 헤게모니에 도전하는 주체, 즉 '대항 헤게모니counter hegemony'의 주체가 되는 것이다. 물론 대항 헤게모니는 지배 헤게모니에 비해 투박하고 허약하기 때문에 기존의 세련된 지배 헤게모니를 성공적으로 대체하는 일은 매우 어렵다. 하지만 헤게모니 이론은 현실에 저항의 가능성이 늘 잠재되어있다고 전제한다. 그람시는 대항 헤게모니의 가능성과 위험성에 대해 이렇게 설명한다.

이른바 '자생적'인 운동을 무시한다거나 경멸하기까지 한다는 것, 다시 말해 그 운동에 의식적 지도를 부여한다거나 그 운동을 정치 속으로 끌어들여 더 높은 단계로 끌어올리는 것에 실패한다는 것은, 자주 매우 심각한 결과를 낳을 수도 있다. 하위계급들의 '자생적' 운동이 여러 가지 까닭으로 인해 지배계급 우파의 반동적 운동을 동반하게 되는 것은 대체로 그런 경우이다.[20]

헤게모니와 대항 헤게모니 등의 개념을 통해서 그람시는,

마르크스주의 안에 내재됐으되 괄호 쳐져있거나 억압되어있던 '주체(화)'라는 영역에 해방적 활력을 불어넣는다. 이는 착취의 경제 관계만이 아니라 '권력의 상징적 성격'에 방점을 찍음으로써 '정치적인 것le politique'으로 이어질 교량을 제공할 수 있었다.

피해자이면서 수혜자이고 가해자인

이렇게 의식이나 문화 같은 '비물질적' 요소를 강조했다는 이유로 '관념론자'니 '사이비 마르크스주의자'니 하는 공격을 받기도 했지만, 사실 그람시는 강고한 유물론자의 입장을 단 한 번도 포기한 적이 없었다. 그는 헤게모니 개념을 설명하면서도 틈만 나면 물질적 토대의 중요성을 강조한다.

> 물론 헤게모니가, 그 헤게모니 안에 포섭되어야 할 집단들의 이해관계와 경향을 고려하여 어떤 타협적인 균형을 형성하는 것-다시 말해 지도적인 집단이 경제적·조합주의적 측면에서는 희생을 감수해야 한다는 것-을 전제로 한다는 것은 사실이다. 그러나 그러한 희생과 타협이 본질을 건드릴 수 없다는 것 또한 분명하다. 왜냐하면 헤게모니가 비록 윤리적·정치적이기는 하지만, 그것은 또한 경제적이지 않을 수 없으며 경제적 활동의

결정적인 핵심에서 지도적 집단이 수행하는 결정적 기능에 근거하지 않을 수 없는 것이기 때문이다.[21]

그람시의 관점은 본질적으로 마르크스나 엥겔스의 것과 다르지 않다. 마르크스와 엥겔스는 '경제적 현실만이 중요하며 이데올로기나 의식은 중요하지 않다' 따위의 주장을 한 적이 한 번도 없다. 마르크스와 엥겔스의 말을 인용해 그람시는 헤게모니 개념이 이미 그들의 저술에 담겨있었음을 보여준다. 이 문제가 마르크스주의자들 사이에서도 얼마나 논란을 일으켰던지, 제프리 노웰 스미스Geoffrey Nowell Smith 등의 《옥중수고》 영어판 편역자들까지 나서서 보충설명을 붙여놓고 있다.

경제는 오직 '최종적인 뜻에서'만 역사의 원천일 뿐이라는 엥겔스의 말을 기억할 필요가 있다(이것은 실천철학에 관한 그의 두 편지에 실린 말이며, 이 편지들은 이탈리아어로도 발행되었다). 이 말은 《정치경제학 비판》 서문에 있는, 인간이 경제세계에서의 갈등을 의식하는 것은 이념의 수준에서라고 하는 말과 직접적으로 연관되는 것이다.[22]

블로흐에게 보내는 편지에서 엥겔스는 다음과 같이 썼다. "역사에 대한 유물론적 견해에 따르자면, 역사에서 결정적인 운동은 궁극적으로 실제 생활의 생산과 재생

산이다. 마르크스도 나도 이것 이상으로는 단언한 바가 없다. 따라서 누군가가 이 문장을 왜곡하여, 오직 경제적 운동만이 결정적인 것이라고 해석한다면, 그는 그것을 무의미하고 추상적이며 불합리한 문장으로 바꿔버리는 것이다." 두 개의 편지는 실상 모두 사이비 마르크스주의 환원론(그람시도 공격한)의 정정을 의도한 것이었다. (영어판 편역자들의 주석)[23]

헤게모니론에 대한 대표적인 오해는 다음과 같은 진술로 흔히 표현된다. '헤게모니란, 지배계급이 피지배계급으로 하여금 현재 질서에 동의하는 것이 자기 이익에 부합하는 것이라 믿도록 상황을 정의시킴으로써 형성된다.' 이 문장은 얼핏 타당한 설명처럼 보인다. 하지만 만약 이 말이 맞다면 헤게모니를 형성하기 위해서 경제적 조건의 개선에 힘을 쏟을 이유는 별로 없다. 또한 그람시처럼 물질적 토대와 경제적 활동을 반복해서 강조해야 할 이유도 없다. 이데올로기적 선동을 정교하게 다듬는 것이 훨씬 효율적이기 때문이다.

이데올로기는 현실의 정당화 메커니즘이자 인식의 틀이기에 객관적 현실 인식을 방해한다. 하지만 그 효과는 경제적 불평등을 전부, 그리고 오랫동안 은폐할 수 있을 만큼 절대적인 것이 결코 아니다. 헤게모니가 잘 작동하고 또 유지되려면 이데올로기뿐만 아니라 **실제** 물질적 토대가 필요하다. 다시 말해 피지배 집단의 물질적 이익이 어느 정도 충족되지 않으면 헤게모

니는 잘 유지되지 않는다. 그람시는 이를 정확히 알고 있었다. 그랬기에 상부구조만이 아니라 물질적 토대를 그토록 강조했던 것이다. 그람시의 이론에서 출발하여 현대 자본주의 국가의 계급타협 동학을 분석한 정치학자 아담 쉐보르스키Adam Przeworski 또한 이러한 맥락에서 이데올로기와 경제의 관계를 설명하고 있다.

> 지배 집단의 이익은 종속 집단의 이익과 구체적으로 조화되어야 한다. (중략) 특정한 이데올로기가 일상적 삶 속에서 사람들을 방향 지으려면, 그것은 사람들의 이해관계와 열망을 표현해야만 한다. 몇몇 사람들은 기만당할 수 있지만, 대중적 규모에서 기만은 지속될 수 없다. 이데올로기적 헤게모니는 오직 물적 토대에 의존해서만 유지될 수 있다.●

정리하면, 어떤 지배-피지배 관계도 일방적이지 않다는 것이다. 지배자의 지배가 유지되려면 강제력만이 아니라 피지배자의 동의가 필수적이다. 그러나 이 동의는 피지배자가 순전히 기만당했음을 뜻하지 않으며, 일정한 물질적 충족 위에서 피지

● 바로 다음 문장에서 쉐보르스키는 "그러므로 문제는 어떠한 물질적 조건 하에서 헤게모니가 조직되고 유지되느냐"라고 쓴 뒤 계급타협, 즉 헤게모니의 조건에 대한 논의를 시작한다; 아담 쉐보르스키, 최형익 옮김,《자본주의와 사회민주주의》, 백산서당, 1995, 181쪽.

배자가 지배자의 이데올로기를 능동적으로 체화한 결과다. 능력주의도 마찬가지다. 능력주의를 내면화한 대중은 지배 집단의 능력주의 선동에 일방적으로 세뇌당하거나 속아 넘어간 게 아니다. 대중은 주체적으로 능력주의를 받아들였고 스스로가 능력주의의 피해자인 동시에 수혜자, 또 가해자가 됐다.

능력주의에는 분명 지배 집단에 위협이 되거나 피지배 집단의 이익을 대변하는 요소가 내장되어있다. 실제로 근대의 능력주의적 분배는 봉건시대의 분배에 비하면 말할 나위 없이 정의롭고 피지배 집단에도 유리하다. 문제는 그러한 상대적 개선만으로는 충분치 않다는 것이다. 능력주의 이데올로기는 현존하는 불평등을 세습 신분제와는 다른 방식으로, 어쩌면 더 나쁜 방향으로 재생산할 수 있다. 마이클 영이 '능력주의meritocracy'라는 말을 발명해 경고하려 했던 현실이 바로 그것이다.

오늘날 그람시나 마르크스·엥겔스를 언급하는 것은 시대착오로 보이기 십상이다. 그럼에도 이들을 다시 소환하는 이유는 능력주의라는 이데올로기가 어떻게 작동하는지를 이해하는 데 있어 여전히 마르크스주의가 가장 쓸모 있는 렌즈의 하나이기 때문이다. 특히 그람시의 헤게모니론이 그렇다.

9장

'이상적 능력주의' 비판

롤스의 정의론과 능력주의

능력주의를 비판하기 위해서는 현실에서 변질되고 타락한 형태의 능력주의, 즉 세습 신분제를 은폐하는 능력주의만을 비판할 것이 아니라, 능력주의 옹호자가 가정하는 이상적인 능력주의까지 비판해야 한다. 그래야만 능력주의의 전모를 근본적으로 살피고, 막연하게나마 그 대안까지 상상해볼 수 있다. 만일 이상적 능력주의를 지당한 목표로 설정하고 현실적 능력주의만을 비판하면 이는 결국 현실적 능력주의라는 문제조차 제대로 해결하지 못하는 결과로 이어지기 쉽다. 그 구도에서 현실적 능력주의는 이상적 능력주의로 가는 일종의 '통과점' 내지 '시행착오' 과정이 되며, 이에 따라 능력주의라는 프레임 안에서만 대안을 찾게 되기 때문이다.

이상적 능력주의를 비판하려면 정확히 그것이 무엇인지부터 알아야 한다. 이상적 능력주의는 다음과 같은 신조로 표현될

수 있을 것이다.

세습, 상속 같은 '외부효과'가 배제된 상태에서, 개인의
재능, 노력, 기여의 기준에 의해 사회적 자원(지위와 부
등)이 비례적·차등적으로 분배되어야 한다.

우리는 이 신조를 사회의 정의로운 원리로 수용할 수 있을
까? '이상적 능력주의'에 대한 비판 중 대표적인 것이 사회철학
자 존 롤스John Rawls의 정의 이론이다. 물론 정의 이론에는 롤스
의 것만 있는 게 아니다. 공리주의 정의론, 소유권 중심 정의론,
사회주의적 정의론 등이 오랫동안 '정의란 무엇인가'를 놓고 각
축을 벌여왔다. 그런데 그 이론들은 사회의 생산물을 어떻게 분
배할 것인지를 논하면서도 '공적(desert 혹은 merit)에 따른 분
배'를 간과한다는 비판도 받는다. 예컨대 다음과 같은 주장이
다. "아서와 쇼Arthur & Shaw가 지적한 대로 현대의 대표적인 분
배적 정의론인 공리주의, 롤스의 정의론, 노직Robert Nozick의 소
유권리론 등이 모두 공적을 무시하거나, 부차적인 요인으로 취
급한다. 공과의 측면을 완전히 무시한다는 것은 그 정의론들의
약점으로 보인다."[1]

여기서 '공적에 따른 분배'란, '재능, 노력, 기여에 따라 부
와 소득 같은 사회 자원이 분배되어야 한다'는 신조를 가리킨
다. 흔히 능력주의라는 말로 표현되는 통념이다. 그러나 저 정
의론들에서 공과의 문제는 무시됐다기보다 나름의 이론화 과정

을 통해 '주변화'됐다고 봐야 한다. 더구나 공리주의나 소유권리론 등에 비해서 롤스의 정의론은 '공적'에 따른 분배라는 문제, 즉 능력주의를 보다 직접적이고 집중적으로 다루고 있다. 적어도 롤스의 정의론이 공적의 문제를 무시한다는 비판은 과도하다. 능력주의와 관련된 롤스의 논의는 그의 대표적 저술인 《정의론A Theory of Justice》, 《공정으로서의 정의Justice as Fairness》 전반에 걸쳐 발견된다.

'재능'의 문제

능력주의에 대한 롤스의 결론부터 언급하기로 한다. 그는 '공적에 따른 분배' 즉 능력주의 원칙을 정의의 원칙에 종속시킨다. 바꿔 말해 정의의 원칙이 능력주의에 우선한다. 정의의 원칙이 '원초적 상황'에서 사회의 자원을 어떻게 분배할 것인지를 합의하는 원칙인데 반해, 능력주의의 원칙은 그런 원칙으로 정립되기에 부적합하기 때문이다. 부적합성의 주된 요인은 도덕적 자의성(임의성)에 있다.

　참고로 여기서 롤스는 자의성이나 임의성이 부정의를 의미하지는 않음을 강조하는데, 예컨대 '천부적 재능'에 대해 그는 이렇게 서술한다. "천부적으로 타고나는 것은 정의롭다거나 부정의하다고 할 수 없으며 사람이 사회의 어떤 특정한 지위에 태어나는 것도 부정의하다고 볼 수 없다. 이것은 단지 자연적인

사실에 불과하다. 정의 여부가 문제되는 것은 제도가 그러한 사실들을 처리하는 방식이다."[2]

도덕적 자의성은 도덕적 응분moral desert을 검토한 결과 도출되는 판단이다. 쉽게 말해서 '그럴 만한 자격이 있는가'의 여부다. 우리는 흔히 자신의 타고난 재능은 자신만의 소유물이며 이 "천부적 자산에 대해 권리를 가지고 있다"[3]고 생각한다. 여기에 대해서 원칙적으로 롤스도 동의한다. 그러나 이 말은 "천부적 자질의 배분에서 우리의 위치에 대해 응분의 자격을 갖는 것"[4]과는 다른 문제이며 롤스는 이를 부정한다. 이미 주어진 재능은 개인에게 속한 것이지만 '각자의 재능이 차이 나는 상황' 자체는 단지 우연적인 사건이므로 개인이 그 재능의 배분 상황에 대한 자격까지 가질 수는 없는 것이다.•

'능력주의에 우선하는 정의의 원칙'이라고 할 때, 그 원칙의 구체적 내용은 무엇인가. 정의의 원칙은 크게 두 가지다. 여기서 제1원칙은 제2원칙에 우선하고 제2원칙의 두 번째는 첫 번째에 우선한다.

• 이 문제에 대해 마이클 샌델Michael Sandel의 《정의란 무엇인가》(2010) 218~219쪽에는 "타고난 재능을 공동 자산으로 여기고"라고 표기되어있는데, 롤스의 서술은 "타고난 재능의 배분distribution"을 공동 자산으로 여겨야 한다는 것이므로 오독 내지 오역이다. 이양수(2015, 173쪽)도 "롤스가 개인의 자질을 인류의 공동 자산으로 바라봐야 한다고 한 이유가 여기에 있다"고 표현함으로써 같은 오류를 범하고 있다. 박상혁(2007, 108쪽)과 이한(2012, 187~189쪽) 등은 롤스의 '공동 자산으로서의 재능 배분'이 재능 공유제 등으로 종종 잘못 이해되고 있음을 지적한다.

제1원칙.
각자는 모든 타인의 유사한 자유와 양립 가능한 기본적
자유에 대해 평등한 권리를 가져야 한다.

제2원칙.
사회적·경제적 불평등은 다음의 두 가지 조건을 만족시
킬 때 허용된다.

하나. 그것은 최소 수혜자에게 최대 이득이 되어야 한다.
둘. 모든 사람은 모든 직위에 대해 공정한 기회균등을 누
려야 한다.[5]

천부적 재능에 의한 능력주의와 직접 결부되는 정의의 원
칙은 제2원칙의 첫 번째다. 이를 '차등의 원칙'이라고도 한다.
차등의 원칙은 최소 수혜자의 이익을 극대화함으로써 평등의
수준을 높이고, 천부적 재능을 가진 자들이 자기 이익을 추구해
효율을 높이면서도 타인의 이익을 도외시하지 않게 하기 위해
고안됐다.

차등의 원칙은 결국 천부적 재능의 분배를 공동의 자산
으로 생각하고 그 결과에 상관없이 이러한 분배가 주는
이익을 함께 나누어 가지는 데 합의한다는 것을 의미한
다. 천부적으로 보다 유리한 처지에 있는 사람들은, 그

들이 누구든지 간에, 아주 불리한 처지에 있는 사람들의 여건을 향상시켜준다는 조건하에서만 그들의 행운에 의해 이익을 볼 수 있다. 천부적으로 혜택 받은 사람들은 그들이 재능을 더 많이 타고났다는 바로 그 이유만으로는 이득을 볼 수 없으며 훈련과 교육비를 감당해야 하고 불운한 사람들도 도울 수 있도록 그들의 자질을 사용해야 한다. 아무도 자신의 보다 큰 천부적 능력이나 공적을 사회에 있어서 보다 유리한 출발 지점으로 이용할 자격은 없다.[6]

롤스는 재능의 차이를 무효화하는 것은 불가능하다고 여겼기 때문에 재능의 차이가 가져올 수 있는 불평등을 최대한 완화할 수 있어야 한다고 생각했다. 차등의 원칙에는 그런 관점이 반영되어있다. 만약 어떤 사회가 생산력의 극대화를 추구하면서 동시에 차등의 원칙을 거부한다고 가정하면 어떤 일이 일어날까? 사회는 생산력을 높이기 위해 천부적 재능을 가진 사람들에게 더 큰 이익을 보장해주는 방식을 택할 것이다. 그러나 그것은 "이미 유리한 위치에 있는 사람들을 두 번씩이나 유리하게 하는 것"[7]이다.

롤스는 재능의 도덕적 자의성을 지적하면서도 동시에 재능이 성공의 주요인이라는 점은 인정했다. 그런데 이와 달리 재능 자체가 실은 그리 결정적 변수가 아니라는 연구도 있다. 올림픽 수영 챔피언들을 오랫동안 연구한 사회학자 대니얼 챔블

리스Daniel F. Chambliss[8]에 따르면, 타고난 재능이 성공을 가른다고 여겨지는 수영 같은 스포츠에서도 재능은 성공을 가르는 결정적 요인이 아니다. 실제로 성공하기 전까지는 재능이 있는지 없는지 알 수 없기 때문에 재능을 근거로 성공과 실패를 예측할 수 없다는 것이다. 수영선수로 성공하기 위해 갖춰야 하는 기초 신체능력, 즉 근력과 심폐 지구력의 한계치는 매우 낮으며 선수 간 차이가 그렇게 엄청나지 않다. 반면 수영선수로 성공하는 데에는 그런 차이 외에 기후가 온난한 곳에서 훈련받을 수 있는가 여부, 부모로부터 충분한 뒷바라지를 받는가 여부, 전문가로부터 체계적인 훈련을 받을 수 있는가 여부가 더 결정적인 영향을 끼친다. 일반적으로 운동의 유형과 해당 종목에서 활약하는 프로 선수들의 인종과 출신 계층 사이에는 밀접한 연관이 있다. 운동 실력뿐 아니라 차별적인 기회가 재능을 펼치는 데 영향을 끼친다는 의미다.

'노력'의 문제

능력주의에 있어서 분배의 기준은 타고난 재능 외에도 노력과 (경제적) 기여가 있다. 노력은 재능이나 기여보다 더 도덕적·직관적 호소력이 강한 요소이다. 일반적으로 노력은 재능이나 기여와 달리 개인의 의지에 달린 문제라고 여겨지기 때문이다. 이를테면 정치학자 제니퍼 혹실드Jennifer Hochschild는 각자가 자신

의 의지로 노력을 통제할 수 있으므로 그 결과에 대해서도 책임이 있다고 주장했다.[9]

하지만 롤스는 "자신의 능력을 개발하도록 노력할 수 있게 해주는 우월한 성격에 대해 응분의 자격을 갖는다는 주장 역시 의문스럽다"고 말한다. "그의 성격은 대체로 자신의 공로라고 주장할 수 없는 훌륭한 가정이나 사회적 여건에 달려있기 때문"에 "응분의 몫이라는 개념은 여기에 적용될 수 없다"[10]는 것이다. 또한 다른 곳에서 같은 취지로 이렇게 주장하기도 했다. "사람이 자발적으로 하고자 하는 노력은 그의 천부적 능력이나 기능, 그리고 그에게 가능한 대안들의 영향을 받게 된다. 보다 나은 자질을 가진 사람들은 다른 것들이 같을 경우 양심적으로 노력하기가 보다 쉬우며 그들에게 보다 큰 행운이 오리라는 것을 가벼이 여기기가 어렵다."[11] 이상의 서술을 볼 때, 롤스는 노력에 따른 분배 역시 재능에 따른 분배와 본질상 유사한 것으로 간주하는 것처럼 보인다.

이런 주장을 두고 롤스가 '개인의 노력을 인정하지 않는다'는 비판도 제기됐다.[12] 이런 비판에 대해 저술가 이한은 롤스를 옹호하면서 "서로 협동하며 재화를 생산하는 사회에서, 동일한 여건에 있는 사람들 중 어느 한 사람이 남들보다 더 열심히 일해서 더 많이 생산했을 때 그의 몫이 더 많아야 한다는 점을 롤스는 분명히 인정했다"고 반박한다.[13] 그러나 이 반박에서 롤스가 인정한 점은 노력("열심히 일해서")만이 아니라 기여("더 많이 생산")를 포함한다. 따라서 이한의 주장은 위 비판의 적확한

반론이 될 수 없다.

노력은 분배의 기준으로 (재능, 기여와 비교했을 때) 가장 공정해 보이지만 객관적 측정이 불가능하다는 난점을 갖고 있다. 현실적으로 노력은 노동시간과 노동강도로 환원되곤 하지만, 이는 노력과 완전히 일치하는 개념이 아니다. 우리는 각자의 노력을 '느끼고 짐작'할 뿐, 대다수가 납득할 만큼 그것을 유의미하게 상호 비교할 수 없다. 이 난점은 치명적이어서 사실상 노력이란 요소는 분배 정의의 영역에서 수사적 의미만 지니게 된다고 해도 과언이 아니다.

그러나 그렇다고 해서 노력 역시 타고난 재능의 일종이라고 단정하는 것 또한 과도해 보이며, 평범한 생활인들의 직관적 도덕관념과도 어긋난다. 적어도 노력은 타고난 재능보다는 개인의 의지나 의도가 개입할 여지가 크기에 우리는 노력에 대해 정서적 가중치를 더 두는 경향이 있다. 롤스의 능력주의 비판에 있어 이 부분은 상대적으로 설득력이 떨어지는 대목이라 할 수 있다.

'기여'의 문제

기여에 따른 분배가 정당하다는 생각은 오래됐다. 철학자 아리스토텔레스는 "공적axia에 따른 분배"가 정의이며, "동등함에도 동등하지 않은 몫을, 혹은 동등하지 않은 사람들이 동등한 몫

을 분배받아 갖게 되는" 것은 부정의하다고 생각했다.[14] "각자에게 각자의 몫을suum cuique tribuere"이라는 신조는 《로마법대전 Corpus Iuris Civilis》에 표현된 이후 서구 사회의 관용구가 됐다.

현대에 이르러 기여에 따른 분배는 주로 '경제적 기여에 따른 분배'로서 논의되어왔다. 이는 경제학자 존 베이츠 클라크 John Bates Clark의 한계생산력설限界生産力說이 주창하는 "모든 행위자에게 각자가 창출한 양을 주어야 한다"[15]라는 구호로 요약된다. 한계생산력설은 생산요소의 효율적인 조정만이 아니라 경제체제의 도덕성까지 보증하는 완벽한 약속처럼 보였다. 그래서 이 이론은 경제학 영역을 넘어 다른 학문 영역으로 확장될 수 있었다.

그러나 클라크와 그 후계자들의 이론은, 당대에는 소스타인 베블런Thorstein Veblen[16], 월터 에이드리언스Walter Adriance[17], 조지 스티글러George Stigler[18]에게, 후대에는 아마르티아 센[19] 등 다양한 입장의 경제학자들에게 체계적이고 집중적인 비판을 받고 논파됐다. 한계생산력설의 결정적인 문제점은 총생산물에서 어떤 생산요소가 얼마만큼의 비중으로 기여했는지를 전혀 밝혀내지 못하면서 마치 밝혀낸 듯이 서술하고 있다는 점이다. 경제학자 조앤 로빈슨Joan Robinson 등이 적절하게 비판한 것처럼, 각 생산요소의 한계생산성을 결정하는 것은 그 생산성이 아니라 다른 생산요소에 대한 그 생산요소의 상대적 희소성이라고 할 수 있다.[20]

롤스도 한계생산력설 등 '기여에 의거한 신조'에 대해 부정

적이다. 그는 "이런 입장이 타당하지 않음을 쉽게 알 수 있다"
면서 "개인이 그의 노동에 의해 기여하는 것은 그의 기술에 대
한 기업의 수요에 따라 달라지며 나아가서 이것은 다시 그 기
업의 생산물에 대한 수요에 따라 달라진다"고 지적하고 있다.[21]
또한 롤스는 "노력effort에 따라서라는 신조와 기여contribution에
따라서라는 신조는 그 자체로 볼 때 서로 상반되는 지침"이라
고 말한다. "각자에게 일정한 비중을 부여하게 되면 그것들은
상대적인 강점을 어떻게 확인해야 할지를 결정할 방도를 제시
하지 못한다. 따라서 상식적인 신조들은 정의롭거나 공정한 임
금에 대한 결정적 이론을 나타내지 못한다."[22]

롤스의 능력주의 비판 요약

롤스의 이념적 성향은 흔히 자유주의 좌파 또는 평등주의적 자
유주의로 분류되며, 그래서 효율성과 공정성을 조화시키는 데
큰 관심을 둔다. 롤스가 정의의 원칙을 수립한 이유는 '정의로
우면서도 효율적인 사회'의 일반적인 모습이 어떠해야 하는지
를 최대한 구체적으로 제시하기 위해서였다. 그는 능력주의를
중심으로 논의를 진행하지는 않지만, 능력주의가 효율성과 공
정성이라는 두 개의 가치에 밀접히 연루되어있기 때문에 그의
정의론은 필연적으로 능력주의에 대한 비판을 포함하게 된다.
정의론 연구자 박상혁은 롤스의 능력주의 비판을 다음과 같은

명제 형식으로 요약한다.

1) 만일 어떤 사람의 능력이나 생산에 대한 기여도에 따라 산출된 경제적 혜택을 그에게 모두 분배하는 것이 정당하려면, 그 사람이 그의 능력에 의한 혜택을 모두 마땅히 받을 만해야 한다.

2) 어떤 사람이 자신이 산출한 어떤 것을 모두 마땅히 받을 만하려면, 그는 그 모든 것을 자신의 참된 노력을 통해서 산출해야 한다.

3) 따라서 만일 어떤 사람이 자신의 능력이나 생산에 대한 기여도에 의한 경제적 혜택을 모두 마땅히 받을 만하려면, 그는 자신의 참된 노력을 통해 그 모든 경제적 혜택을 산출해야 한다.

4) 하지만 어떤 능력 있는 사람이 자신의 능력이나 생산에 대한 기여도를 통해 산출하는 경제적 혜택이 모두 그의 참된 노력을 통해서 산출되는 것은 아니다.

5) 따라서 어떤 사람이 능력이나 생산에 대한 기여도에 따라 산출하는 경제적 혜택을 모두 마땅히 받을 만하지는 않다.

6) 따라서 어떤 사람의 능력이나 생산에 대한 기여도에 따라 산출되는 경제적 혜택 모두를 그에게 분배하는 것이 정당하지는 않다. [23]

박상혁에 따르면 롤스는 "능력주의 자체를 부정한다기보다 제한되지 않은 능력주의를 부정"한다. 그 첫째 이유는 효율성이다. 재능 있는 사람들에게 생산물을 증대시킬 동기를 제공할 필요가 있다는 것이다. 둘째 이유는 능력주의가 상식적인 정의 개념의 일부이기 때문이다. 그럼에도 롤스가 능력주의를 비판하는 것은 능력주의가 경제적 응분 개념에 완전히 적합하지 않기 때문이고, 시민의 평등 같은 다른 중요한 정의의 원칙들에 여지를 만들어주기 위해서이다.[24]

능력주의를 넘어 평등주의로

코헨의 평등론

사회철학자인 G. A. 코헨Gerald Allen Cohen은 사회주의자의 입장에서 롤스의 평등주의적 자유주의를 비판한다. 그는 롤스의 정의론이 노직 등의 자기 소유권self-ownership 중심 정의론에 비해 정의롭다고 평가한다. 코헨은 그러나 롤스가 분배 정의를 다루는 방식은 결국 부자들에 의한 불평등에 면죄부를 주는 결과로 귀착한다고 비판한다.

코헨은 여기서 '유괴범'이라는 비유를 사용한다. 유괴범은 '아이가 부모 곁에 있어야 하는데 부모가 돈을 주지 않으니 아이를 못 돌려보낸다'고 말한다. 코헨은 가난한 사람들을 위해

유능한 사람에게 보상을 해줘야 한다는 롤스의 논리도 이와 본질적으로는 다를 게 없다고 말한다.[25] 또한 경제적 불평등은 가장 가난한 사람들에게 혜택을 줄 때 정당화되는데, 유능한 부자들은 세율이 60%일 때보다 40%일 때 더 많이 생산하고, 결과적으로 가난한 사람들에게 더 큰 혜택을 준다. 따라서 세율은 40%보다 더 많은 60%로 인상되어서는 안 된다는 논리로 이어질 수 있다. 코헨은 이런 주장이 과연 정의롭고 건전하냐고 묻는다.[26]

또한 코헨은 자유 개념에 있어서도 롤스와 날카롭게 대립한다(정확히는 이사야 벌린Isaiah Berlin과 롤스를 묶어서 비판하고 있다). 롤스는 자유가 빈곤이나 무능력과 관련될 경우, 즉 "수단의 결여로 인해 자신의 권리나 기회를 이용할 능력이 없는 것이 때로 자유를 제한할 경우", 이것을 "빈곤이나 무능력이 자유를 제한하는 것으로 간주하지 않고", "자유의 가치에 영향을 미치는 것으로 생각하고자 한다"고 밝힌다.[27]

코헨은 이런 주장이 '빈곤은 무엇을 할 수 있는 능력의 부족이지 자유의 부족은 아니다'라고 말하는 진부한 우파들의 주장을 되풀이하는 것이나 다름없다고 지적한다. 코헨은 '자유는 간섭의 부재'라는 (롤스나 벌린의) 가정을 인정하더라도, 자본주의 사회에서 빈곤은 간섭의 먹이가 되기 마련이라고 말한다. 빈곤은 분명 자유를 제한하고 자유의 부족을 불러오는 환경인 것이다. 또한 같은 맥락에서 코헨은, 정부의 주된 책무가 자유의 보호이지 빈곤 구제가 아니라는 자유주의자들의 주장 역시 틀

린 것이 될 수밖에 없다고 말한다.[28]

그렇다면 코헨이 지향하는 평등, 평등주의는 어떤 것일까? 그는 이른바 '캠핑 사회주의'를 제안한다.

당신과 나를 포함해서 여러 사람이 캠핑장에 왔다고 가정해보자. 우리 사이에는 계급도 서열도 없고, 우리 공동의 목적은 각자가 가장 좋아하는 일을 하면서 모두가 즐겁게 시간을 보내는 것이다. (중략) 어떤 이는 음식 재료를 준비하고, 또 어떤 이는 요리한다. 요리는 싫어하지만, 설거지는 마다치 않는 사람은 당연히 설거지를 한다. (중략) 이처럼 캠핑에서, 그리고 이와 유사한 활동에서 사람들은 공동의 관심사에 대해 서로 협동하고, 자기 능력이 닿는 데까지 다른 사람의 즐거움과 휴식에 공헌하면서 자신도 즐기고 휴식한다. 이런 상황에서는 평등을 극도로 반대하는 사람조차도 평등과 상호호혜의 규범을 받아들이고 당연하게 여길 것이다.[29]

캠핑 사회주의는 평등주의의 원리와 공동체의 원리가 동시에 실현되는 체제다. 여기서 평등주의는 강한 의미에서의 기회의 평등으로, "당사자들이 아무리 따져봐도 도저히 자기 책임이라고 할 수 없는 불리한 여건들"[30]을 모두 수정해야 한다는 평등주의다.

코헨은 기회의 평등이 허용하는 불평등의 유형을 다시 구

분한다. 첫 번째 불평등은 취향의 차이에 따른 불평등으로, '사과를 택하는가 오렌지를 택하는가'와 같은 선호 선택이기에 전혀 문제가 되지 않는다. 문제가 되는 것은 나머지 둘, 특히 세 번째 불평등이다.

두 번째 불평등은 순전히 부주의한 탓에 후회스러운 선택을 하여 발생한 불평등이다. 세 번째 불평등은 선택운에서 비롯한 불평등이다. 이 세 가지 불평등은 자체로 부정의가 아니기에 기본적으로 용인된다. 그러나 종종 선택운은 자본주의라는 '탈출할 수 없는 도박장'에서 개인의 능력이나 덕성과 무관하게 간과하기 어려운 수준의 불평등을 만들어내고, 두 번째 유형과 결합될 경우 더 심각한 불평등으로 이어진다.

여기서 도입되는 것이 공동체의 원리다. 기회의 평등으로 혹은 정의의 이름으로 금지하지 못하는 종류의 불평등을 공동체의 이름으로 규제하는 것이다. 예를 들어 캠핑장 옆에 언제든 맛있는 과일을 딸 수 있는 과일나무 군락이 있는데, 그 소유권을 제비뽑기로 정해 한 사람에게 양도하는 경우를 가정해보자. 제비뽑기에 당첨된 사람도, 당첨되지 못한 사람도 이를 부정의하다고 비난할 수 없다. 기회는 평등했고, 과정도 정의로웠다. 하지만 결과는 지나치게 불평등했다. 공동체의 원리는 이런 경우 소유권을 정하는 제비뽑기 자체를 금지하고, '과일나무는 모두의 것'이라고 선언할 것이다.

이런 주장에 대해서 '캠핑 같은 특수한 상황에서나 가능한 이상을 사회 전체로 확대하는 것은 현실성 없는 망상'이라는 비

판이 나올 수 있다. 코헨 역시 이런 반박을 예상했기에 나름의 대답을 준비한다. 그는 먼저 캠핑 같은 유희적 활동만이 아니라 끔찍한 재난상황에서도 인간은 서로 돕고 연대하는 모습을 보여왔다고 상기시킨다. 또한 우리가 인간 본성의 '다른 측면'에 대해 지나치게 무시하고 또 과소평가하고 있다고 말한다.

> 사실, 거의 모든 사람에게 이기적인 성향과 관대한 성향이 있다. 문제는 이기심을 비정상적으로 작동시켜 경제를 운영하는 법은 알지만, 관대함을 발전시키고 이용하여 운영하는 법을 모른다는 데 있다. 그러나 현실 세계에서조차 우리 사회의 많은 것이 사회구성원의 관대함에 의존한다. 좀 더 일반적이고 소극적으로 말하자면, 그런 것들은 비시장적 동기부여에 의존하고 있다.[31]

코헨의 '캠핑 사회주의'는 결국 비시장적 동기부여가 강하게 작동하는 평등주의 체제이다. 그는 이런 체제를 만들기 위해서는 어떤 재화가 필요한지 알려주는 시장의 '정보 기능'을 잘 활용하되, 시장 참여자로 하여금 가능한 최대한의 이익을 추구하게 만드는 '동기 기능'은 억제해야 한다고 강조한다.[32] 그러나 코헨도 어느 정도 인정하듯 시장의 정보 기능과 동기 기능은 논리적으로는 변별되지만 실제로 명확히 구별되기 어렵다. 또 코헨은 오직 반대급부나 대가가 있어야만 타인에게 도움이 되는 행위를 하게 하는 시장적 동기가 "천박"하다고 비판하면서도,

캠핑의 원리가 대규모로 이를테면 국가 단위로 구현될 수 있는 구체적인 경로에 대해서는 설명하지 못하고 있다.

랑시에르의 평등론

능력주의와 긴밀히 연관되는 평등주의 이론으로 철학자 자크 랑시에르Jacques Ranciere의 논의를 꼽을 수 있다. 평등, 정치, 민주주의에 관한 랑시에르의 이론적 연구는 정치철학 저술인 《불화》, 《정치적인 것의 가장자리에서》에서 본격적으로 전개됐다. 또한 지적 평등에 관한 역사적 탐구인 《무지한 스승》에서도 부분적으로 드러나고 있다.

랑시에르는 19세기 노동자들이 남긴 방대한 문서들을 분석하며 마르크스주의를 포괄하는 서양 정치철학 전반의 한계를 인식하게 됐다. 그것은 고대 그리스로 거슬러 올라가는 '아르케arkhe 논리'이다. 아르케 논리는 출생, 부富, 능력에 따라 위계적으로 몫을 배분하는 불평등의 논리다.[•] 플라톤을 다소 자의적으로 해석하기는 했으나 랑시에르는 공동체에 고유한 몫을 설정하는 아르케 논리, 곧 불평등의 논리가 서양 정치철학의 기원에 내재하고 있음을 보이면서, 평등과 해방으로 가기 위해서는 이

[•] 아르케 논리에 관해서는 다음을 참조하라; 자크 랑시에르, 양창렬 옮김, 《정치적인 것의 가장자리에서》, 길, 2013, 27쪽 옮긴이 주, 210~219쪽; 자크 랑시에르, 진태원 옮김, 《불화》, 길, 2015, 233~236쪽.

아르케 논리와 단절해야 한다고 주장한다.

아르케 논리에 대한 문제의식에서 출발한 랑시에르는 '몫 없는 이들의 몫part des sans parts'이라는 개념을 통해 민주주의에 대한 이해의 지평을 넓힌다.

기원전 5세기 아테네에서 우리의 정부들에 이르기까지 부자들의 당파는 단 한 가지, 아주 정확히 말하면 정치 에 대한 부정인 단 한 가지만을 말해왔던 게 될 것이다. 곧 **몫 없는 이들의 몫이란 존재하지 않는다**고 말이다.[33]

그는 이어 말한다. "몫 없는 이들의 몫이란 존재하지 않는 다. 부분들의 몫만이 존재할 뿐이다. 달리 말하면 정치란 존 재하지 않으며, 또 마땅히 존재하지 않아야 한다."[34] 가시화되 지 않은 몫 없는 이들, 존재하지 않는 것으로 간주되던 데모스 (demos, 인민)를 현현시킬 수 있는 것은 랑시에르에 따르면, 바 로 정치다. 정치에 의해 몫 없는 이들의 몫이 설립되고 지배의 자연적 질서가 중단된다. "정치란 보이지 않았던 것을 보게 만 드는 것, 그저 소음으로만 들릴 뿐이었던 것을 말로서 듣게 만 드는 것, 특수한 쾌락이나 고통의 표현으로 나타났을 뿐인 것 을 공통의 선과 악에 대한 느낌으로서 나타나게 만드는 데 있 다."[35]

또한 랑시에르는 18세기에서 19세기까지 실존했던 교육자 조제프 자코토Joseph Jacotot의 기록을 통해 교육과 지적 평등에

대한 독창적 개념화를 시도한다. 자코토는 우연하게 기묘한 가르침의 기회를 얻게 된다. 교사인 자코토는 프랑스어를 할 줄 알았지만 네덜란드어를 몰랐고, 학생들은 네덜란드어를 할 줄 알았지만 프랑스어를 몰랐다. 임시변통으로 그는 당시 출간된 《텔레마코스의 모험》 프랑스어-네덜란드어 대역판을 교재로 삼기로 한다. 그리고 통역자를 시켜 학생들에게 네덜란드어 번역문을 사용해 프랑스어 텍스트를 익히라고 말한다.

교사 자신이 반신반의하던 이 교육실험은 놀랍도록 성공적이었다. 교사는 프랑스어의 가장 기초적인 것도 가르치지 않았지만 학생들은 알아서 프랑스어를 익혀나갔고 그 수준은 일취월장했다. 교육이란 한쪽의 지식을 다른 쪽으로 옮겨 담는 것이라 생각하던 자코토는 자신이 잘못 생각했음을 깨닫게 된다. "우리는 우리가 모르는 것을 가르칠 수 있다."[36]

여기서 지적 평등과 불평등의 관계는 전복된다. "우리 모두가 자연적으로 평등하기 때문에 우리 모두는 상황에 따라 불평등한 것이 틀림없다."[37] 즉, 우리는 평등에서 출발해 불평등해진다. 그래서 랑시에르는 불평등을 항상-이미 전제한 뒤 평등을 지향하는 진보주의자의 프로젝트는 실패할 수밖에 없다고 단언한다.

평등의 관점에서 출발하고, 그것을 긍정하며, 그것의
전제로부터 작업을 하여 그것이 산출할 수 있는 모든
것을 보고, 자유와 평등으로부터 주어진 모든 것을 극

대화하는 것이 열쇠다. 반대로 불신에서 출발한 자, 불평등에서 출발하여 그것을 축소할 것을 제안하는 자는 불평등을 위계화하고, 우선권들을 위계화하며, 지적 능력을 위계화하고 불평등을 무한정 재생산한다.[38]

지적 평등과 불평등을 랑시에르처럼 사고하면, 학교의 기능에 대한 시각도 기존 입장과는 달라질 수밖에 없다.

따라서 학교를 불평등을 재생산하는 형태로 보는 허무주의적 시각 그리고 학교를 불평등을 축소하는 도구로 보는 진보주의적 시각은 그것들의 원리에서나 효과에서나 서로 만난다. 둘 모두 불평등에서 출발해서 불평등으로 되돌아오는 것이다.[39]

능력주의를 긍정하는 측은 물론이고 능력주의에 비판적인 측도 능력의 불평등한 배분 자체를 부정하지 않는다. 불평등을 전제한다는 점에서 둘은 동일하다. 랑시에르의 평등론은 평등을 목표가 아닌 출발점으로 삼음으로써 그런 '자명한 상식'을 뒤흔든다. 그러나 그 이론의 효과나 설득력과 별개로, '존재의 평등'이나 '권리의 평등'이 아닌 '능력의 평등'이라는 전제는 실증적 근거가 부족하며 다수의 직관과 지나치게 떨어져있다는 비판을 피할 수 없을 것이다.

10장

길을 찾을 것이다, 늘 그랬듯

마이클 샌델의 해결책

사회철학자 마이클 샌델은 능력주의를 주제로 쓴 저서 《공정하다는 착각》[1]에서 미국의 대학입시 비리 사건에서 출발해 '아메리칸 드림'의 나라 미국에서 왜 더 이상 꿈이 실현되지 못하는지를 이야기한다. 한마디로 '미국은 능력주의를 표방하지만 실은 세습 신분제 사회가 됐다'는 것이다. 미국 명문대 입학생들, 그리고 소득 최상위 그룹의 가족 배경을 보여주는 통계는 교육이 더 이상 계층 사다리가 아님을 적나라하게 보여준다. 불평등과 능력주의의 폐해를 비판하는 많은 책들이 이런 통계자료를 제시하면서 미국의 '타락'을 한탄한다. 그러면서 진정한 능력주의, 아메리칸 드림의 사회를 회복하자고 제안한다.

하지만 샌델은 그런 식의 결론을 거부한다. 그는 미국이 세습 신분제적 사회가 됐음을 비판하는 동시에, '능력주의의 폐해는 능력주의가 제대로 구현되지 못했기 때문이므로 능력주의

를 더 완벽히 구현해야 한다'는 주장에도 반대한다. 능력주의 자체가 '폭정tyranny'을 낳기 때문이다. 능력주의는 세습 상류층에게서 권력을 빼앗기는커녕 오히려 그들의 권력을 강화했다. 하버드대 총장이었던 제임스 코넌트James Conant는 1940년대부터 '무계급 사회'의 이상을 위해 "엘리트 체제를 뒤집어엎고 능력주의적 체제로 대체"[2]하는 과감한 개혁을 시작했지만 시간이 지날수록 엘리트 체제는 점점 강화되기만 했다. 샌델은 코넌트가 '상황을 너무 낙관했다'면서 능력주의 개혁이 "무계급 사회를 가져오지도 않았고, 재능 없다고 배제된 사람들에 대한 혐오를 방지하지도 못했다"[3]고 말한다.

샌델은 성공이 자신의 재능과 노력 때문이라고 믿는 능력주의적 신념은 사실에 부합하지 않을 뿐 아니라 공동선共同善, the common good을 해친다고 비판한다. 그는 능력주의 방식의 인재 선별은 완벽해질 수도 없거니와, 설령 완벽해진다고 가정하더라도 선별되기 위한 극단적 경쟁의 고통, 선별에서 탈락한 대다수의 좌절로 인해 사회통합에 매우 해로울 수밖에 없다고 지적한다. 공동선을 지고의 목표로 삼는 공동체주의자인 샌델에게 이 점은 치명적인 문제였을 것이다.

그렇다면 능력주의를 극복하기 위한 샌델의 대안은 무엇일까. 그의 대안을 이해하기 위해서는 우선 그가 성공의 주된 요인을 무엇으로 보는지를 알아야 한다. 샌델이 보기에 개인의 성공은 '운'에서 온다. 재능이나 노력은 그에 비하면 지극히 미미한 요인이다.

샌델은 경제학자이자 사회철학자인 프리드리히 하이에크 Friedrich Hayek, 경제학자 프랭크 나이트Frank Knight, 존 롤스와 같은 지적 거인들이 '정의의 기반으로서 능력이나 자격을 거부했다'면서 이들의 주장을 소개한다.[4] 하이에크 주장의 요지는 다음과 같다. '시장의 보상은 단지 내 재능과 노력이 시장의 수요에 부합해 높은 사회적 가치를 실현한 데에 대한 보상이며, 따라서 그것은 재능과 노력의 보상이 아니라 행운의 산물이다.' 하이에크가 이런 주장을 한 이유는 재분배 요구를 근본적으로 차단하기 위해서였다. 불평등은 도덕적으로 비난받을 일이 아니며 누군가의 몫이 지나치게 많아지는 것에도 세금을 부과할 수 없다는 것이다.

롤스 역시 하이에크처럼 재능의 도덕적 자의성을 강조하지만, 결론은 하이에크와 반대다. 롤스에 따르면, '불평등이 정당화되는 경우는 오직 최소 수혜자의 상황을 개선하는 경우'다. 이것이 바로 '차등의 원칙'이다. 그는 세금을 통한 소득 재분배도 적극적으로 이루어져야 한다고 주장했다. 그게 정의롭기 때문이다.

시카고학파의 창시자인 프랭크 나이트는 시장 보상이 능력이나 자격에 대한 보상이 아니라고 주장함은 물론이고, 시장 수요에 부응하는 것이 사회적으로 가치 있는 일이어서 보상받는다는 하이에크의 주장까지 배격한다. 요컨대 시장 가치와 사회적 가치를 등치시킬 수는 없다는 것이다. 사회적 가치에는 언제나 경제적 요구만으로는 도저히 담아낼 수 없는 윤리적 가치까

지 포함되기 때문이다.[5] 시장 수요에 부응한다는 건 단지 사람들이 우연히 갖게 된 선호를 충족시켜준다는 의미지 사회적 기여를 의미하지 않는다. 그렇지 않다면 '카지노왕'이 외과의사보다 50배 더 큰 사회적 기여를 한다고 여겨야 하는데, 당연히 그런 주장은 정당화되기 어렵다.

샌델은 이런 주장들이 공유하는 전제, 즉 '성공은 운에서 나온다'는 명제에서 자신의 대안을 끌어낸다. "당신의 성공은 운에서 비롯한 것이니 부디 겸손할 지어다!" 실제로 책의 마지막 장 마지막 절의 제목은 '민주주의와 겸손'이다.[6] 샌델은 성공에 도취해 거만하게 굴지 말고, 박봉에 시달리는 사람들의 일을 존중하며, 건실한 공동체의식을 회복해야 한다고 역설한다. 이와 함께 조금 실용적인 대안도 제시한다. 명문대 입시에서 1차 선별 후 최종 선별을 하는 과정에 제비뽑기를 적용하자는 것이다. "일정 관문을 넘는 조건으로만 능력을 보고, 나머지는 운이 결정토록 하는 일"은 능력주의의 폭정에 맞서는 건강함을 찾게 해줄 거라고 샌델은 주장한다.

그러나 이러한 주장은 능력주의의 대안으로 충분치 않을 뿐 아니라 적절하지도 않다. 무엇보다 능력주의의 폐해는 개인의 태도('겸손') 차원의 문제가 아니며 그런 방식으로 해결될 수도 없다. 또한 성공은 운뿐만이 아니라 상층계급이 의도적으로 진입장벽을 높이는 '사회적 봉쇄'와 '기회 비축'의 결과이기도 하다.[7] 샌델은 이런 측면을 간과하고 운이라는 요소를 지나치게 강조함으로써 불평등을 '운명의 장난' 같은 것으로 자연화한다.

능력주의가 나쁜 근본적인 이유는 사람들을 오만하게 혹은 의기소침하게 만들어서가 아니라, 현존하는 불평등을 정당화하고 재생산하기 때문이다.

'공짜 점심'과 부당한 몫

능력주의가 기대고 있는 논리는 허약하다. 능력에 따라 배분한다는 원칙은, 앞서 살펴보았듯 도덕적 자의성 때문에 옳지 않고, 기여를 계산할 수 없기에 가능하지도 않다.[8] 투자가 워런 버핏Warren Buffet은 "내가 번 것 중 아주 많은 부분이 사회에서 나온 것"이라는 취지의 말을 종종 하는데, 이 말은 세계에서 가장 부유한 자산가의 겸양 따위가 아니라 있는 그대로의 사실이다.

소스타인 베블런이 1921년에 쓴 책에서 "지식의 공동축적물이야말로 모든 산업 생산의 불가결한 근원"[9]이라고 말했을 때 많은 사람들이 이 말의 진정한 의미를 정확히 이해하지 못했다. 하지만 경제학자 로버트 솔로Robert Solow가 1957년의 기념비적 논문[10]에서 20세기 상반기 생산성 성장의 90% 정도가 "넓은 의미에서 기술 변화 때문"이라고 계산했을 때 사람들은 비로소 베블런이 말한 바의 의미를 깨닫게 됐다. 로버트 솔로는 1987년 노벨경제학상 수상자다.

솔로의 연구는 사회경제적 번영을 창출하는 데 있어서 개인의 특수한 재능들은 극히 작은 역할밖에 수행하지 못한다는

것을 보여주었다. 한편, 역사적으로 축적된 사회 전체의 지식과 문화는 번영을 창출하는 데 압도적으로 큰 기여를 한다. 공동자산the commons의 중요성을 함축한 이 이론으로 인해, 공동체 자원에 대한 사회적 청구권을 더 쉽게 정당화할 수 있게 됐다. 내가 만들어낸 것은 얼굴도 모르는 숱한 타인들의 기여가 축적된 것이며 독점해선 안 되는 것이다. '사회의 경제적 혜택은 행위자의 능력 또는 생산에 대한 기여도에 비례해서 분배되어야 한다'는 과거의 경제적 응분론은 더 이상 '상식'이 될 수 없다. 정치경제학자 가 알페로비츠와 루 데일리는 이렇게 말한다.

> 오늘날 고소득자들의 부는 그들이 남들보다 더 지적이거나 더 열심히 노력했기 때문에 이루어진 것도 아니고, 일부의 주장처럼 주로 '출생 추첨'에서 행운을 얻어 좋은 곳에서 태어났기 때문에 달성된 것도 아니다. 무엇보다도 오늘날 그들은 획득할 지식이 많고 지식 획득의 기회도 많기 때문에 고도로 교육받게 된 것이다. 스탠퍼드 대학교의 폴 로머는 지금이나 100년 전이나 대졸 엔지니어의 인적 자본은 동일하다고 파악한다. 하지만 현대의 엔지니어가 훨씬 더 생산적이다. "…그들은 그동안 축적된 추가적 지식을 모두 활용할 수 있기 때문이다."
> (중략) 오늘날 모든 부의 압도적 원천인 지식은 우리 자신의 노력을 하나도 거치지 않은 채 우리에게 그냥 다

가온 것들이다. 이들은 과거의 너그럽고 대가를 지불하지 않는 불로不勞 선물이다. 모커의 말대로 "공짜 점심"이다.[11]

이러한 관점을 수용한다면 능력주의가 설 자리는 거의 사라진다. 기존의 능력주의 비판에서 타고난 재능 등의 '행운'은 분배의 정의로운 기준은 아니지만 어쨌든 개인에게 귀속되어 생산력에 기여하는 요소로 인정됐다. 하지만 공동자산으로서의 지식을 부의 주된 원천으로 수용할 경우, 그 기여조차 거의 미미한 것으로 계산된다. 능력주의의 가장 기초적 전제인 개인의 기여라는 측면, 응분의 몫이라는 관념 자체가 뿌리째 뽑혀나가는 셈이다. 그리고 우리에게 주어진 '공짜 점심'이 사실이라면, 지금 부자들이 누리는 극단적 풍요와 빈자들이 감내하는 극단적 고통은 모두 부당한 몫unjust deserts이 될 수밖에 없다.

능력주의의 대안을 제시하려면 능력주의의 개념적 한계를 다양한 측면에서 분석해야 한다. 특히 능력주의가 당연시하는 전제들, 이미 상식이 되어 불변의 자연적 조건처럼 보이는 사실들을 모두 의심해야 한다. 그 상식이 더 이상 당연하지 않을 때, 비로소 대안은 현실에서 싹을 틔우기 시작한다. 능력주의의 대안을 찾는다는 것은 불평등을 판단하는 더 정의롭고 효과적인 원칙을 마련해 정당하지 않은 불평등을 실제로 해소해가는 과정을 의미한다. 그런 의미에서 '능력주의의 대안은 곧 불평등의 대안'이며, 더 이상 당연하지 않은 크고 작은 특권들을 해소하

는 것으로 귀결된다. 요컨대 능력주의 대안의 주된 기조, 큰 방향은 **특권의 해소**여야 한다.

이를 정치의 언어로 번역하면 **권력의 분점**이기도 하다. 구체적으로 그것은 선출되지 않은 권력인 검찰과 법원의 전횡을 효과적으로 억제하고, 초헌법적 사면권을 포함한 대통령의 '제왕적 권력'을 축소하며, 특정 계급의 이익을 주로 대의하는 의회 권력의 대표성 왜곡을 교정하는 것을 의미한다. 또 대기업에 대한 각종 특혜를 폐지하고 중소기업을 실질적으로 지원하며, 플랫폼 노동과 비정규직 노동 등 방치되어온 노동권 사각지대를 해소하는 등의 광범위한 사회개혁 프로그램을 의미하기도 한다. 이런 프로그램들을 하나하나 실현해가는 과정이 바로 **형식적 민주주의에서 효과적 민주주의로의 이행**, 다시 말해 **실질적 민주화**이다.

다원적 정의, 어떻게 실현할 것인가

아마르티아 센은 "공평한 합의를 끌어낼 완벽히 공정한 사회적 장치 같은 것은 사실 존재하지 않을지도 모른다"[12]면서 정의에 관한 단일하고 선험적인 원칙보다 다원적이고 상대적인 기준들이 현실에서 유용하며 더 정의로울 수 있다고 주장한다. 그는 자신의 논지를 쉽게 표현하기 위해 '세 아이와 피리 한 개'라는 예시를 든다.

세 아이 중 한 명인 앤은 셋 중 오직 자신만이 피리를 불 수 있고 "피리를 불 수 있는 유일한 사람에게 피리를 주지 않는 것은 부당하다"며 피리를 요구한다. 그런데 밥은 셋 중 자신이 제일 가난하며 나머지 둘은 다른 장난감이 많지만 자기에겐 "오직 피리가 유일한 장난감"이라며 자신이 피리를 가져야 한다고 주장한다. 마지막으로 칼라는 그 피리를 바로 자신이 만들었다면서 "막 작업을 마치자마자 빼앗으려는 사람들이 나타나서 내 피리를 차지하려 한다"고 호소한다.

이 사례에서 앤, 밥, 칼라는 각각 공리주의utilitarianism, 평등주의egalitarianism, 자유지상주의libertarianism를 상징한다. 물론 이보다 더 다양한 입장들이 제기될 수 있을 것이다. 나아가서 "왜 피리를 누군가가 꼭 배타적으로 소유해야하는가?"라고 물으며 소유권 중심적 정의관 자체를 문제화할 수도 있을 것이다. 세 아이는 서로 싸우는 대신 합의할 수 있으며, 피리를 '소유'하지 않고 '공유'할 수도 있기 때문이다.

다만 여기서 센이 하고 싶었던 말은 이 세 정의관이 나름의 합당한 근거를 갖고 있으며 어느 한 가지가 항상 낫다고 하기 어렵다는 점이다. 센은 경제학자답게 정의라는 주제에 대해 실용적으로 접근한다고 볼 수 있다. 그는 자신의 모국인 인도의 사례를 들면서 그 사회의 전통, 문화, 사회의 기본구조와 맥락에 따라서 정의 원칙이 다르게 적용될 수 있고 그래야 한다고 강조한다. 그렇다고 해서 그가 모든 정의 원칙이 다 동등하다는 식의 상대주의를 주장하는 건 아니다. 그가 반대하는 것은 분배

적 정의에 반드시 하나의 정답이 존재한다는 사고방식이다.

센의 접근법에도 문제가 없지 않지만, 하나의 정의 원칙과 이론을 고집하지 말고 다양한 '정의의 아이디어'를 숙의해나가자는 제안은 능력주의가 사실상 단일한 정의론으로 통용되는 한국 사회에 시사하는 바가 크다. 능력주의의 문제점이 밝혀진다 해도 긴 세월 제도와 문화와 가치관으로 깊이 내면화된 능력주의와 불평등에 대한 한국인의 선호가 하루아침에 사라질 리는 없다. **능력주의의 해결책으로 평등주의 원칙만 강요하면 효과를 거두기 어려울 수 있다**는 것이다. 능력주의의 극복은 장기 프로젝트일 수밖에 없으며 이를 위해 구체적 상황에 대한 입체적 접근이 필요하다.

앞서 우리는 능력주의 대안의 큰 방향을 특권의 해소로 설정했다. 특권의 해소는 강자의 몫을 제한하는 것만이 아니라 약자의 몫을 인상하는 것도 포함한다. 그리고 그 인상의 원리는 약자의 처지와 사회적 조건에 따라 다원적인 정의 원칙으로 구성되어야 한다. 예컨대 장애인에 대한 지원은 필요의 원리에 따라 이루어지는 것이 바람직하며, 비정규직 처우 개선은 같은 일을 하는 정규직과의 지나친 격차와 차별을 없애는 방향으로, 말하자면 형평 원리와 평등 원리를 더 많이 반영하는 방향으로 가는 것이 합리적일 것이다.

다원적 정의가 구체적으로 적용되어야 하는 영역은 우선 노동 분야다. 한국 능력주의의 특징은 한국 특유의 입직 및 노동 보상 관행과 불가분의 관계에 있다. 이를 크게 '시험을 통한

지대추구'와 '승자군독식의 공채 시스템'으로 요약할 수 있다. (이 책 6장에서 자세히 다루고 있다)

　최근 사회적 쟁점이 되어온 연공급제 문제[13] 역시 이와 관련이 있다. 한국 기업의 대표적 임금체계인 연공급제는 연차에 따라 등급을 나누어 입사동기와 함께 나이가 들면 자동으로 임금이 상승하는 시스템이다. 연공급제는 오랫동안 노동시장 연구자들 사이에서 논의된 주제인 만큼 자료와 연구가 많이 축적되어 있다.[14] 또한 이미 많은 비판들이 존재한다. "오늘날 한국의 세대 간 불평등과 세대 내 불평등이 모두 연공제에 응축되어 있다"[15]는 '연공급제 만악 근원설'에 가까운 비판에서부터, 연공급제 해소가 불평등 문제를 다 해결할 수는 없지만 여러 문제를 발생시키므로 직무급제 같은 임금체계 대안이 필요하다는 상대적으로 온건한 비판[16]에 이르기까지, 많은 연구자들이 연공급제 해소의 필요성을 논한다. 이들 비판에서 공통점만 추리면 다음 문장으로 요약할 수 있다.

　연공급제는 생산성 내지 직무 난이도 등이 아닌 연차에 임금이 연동되기에 비효율적 보상이며, 내부자 집단에게 평등을 보장하지만 외부자 집단은 배제하여 노동시장 불평등을 악화시킨다.

　연공급제에 대한 실증적 논의는 이 책의 주제에서 지나치게 벗어난다. 다만 짚어두어야 할 점이 있다. 연공급제 비판이

'연공급제는 나이 많은 무임승차자들을 방치하고 생산성 높은 노동자에게 제대로 보상해주지 못하기 때문에 철폐되어야 한다'는 논리에 머문다면, 이는 능력주의 이데올로기의 강화로 이어질 뿐이라는 것이다. 이런 비판은 가장 심각한 불평등, 특히 대기업·정규직 노동자와 거기에 속하지 못한 노동자 사이에 존재하는 불합리한 차별과 격차를 해소하기에는 역부족이다.

일부 대기업, 공기업, 대형 1차 하청기업 등을 제외하면 대다수 노동자에게 연공급제는 별 의미가 없다. 특히 화이트칼라 노동자의 경우 대기업 정규직에조차 이미 매우 높은 고용 유연성이 적용되고 있으며 정년을 채우는 노동자 역시 드문 상황이다. 상층 노동자와 나머지 노동자에 적용되는 임금체계가 애초 다르기 때문에 연공급제 개혁의 효과 또한 제한적일 수밖에 없다.

물론 그동안 상층 노동자 노조가 자신의 경제적 이익에 매몰되어 비정규직 노동자와의 연대를 외면했던 것은 부정할 수 없는 사실이다. 갈등을 피하면서 구조조정을 추진하려는 기업 및 정부와, 구조조정으로 인한 내부자 피해를 최소화하려는 기업별 정규직 노조는 외부로의 비용 전가에 공통된 이해를 가지고 있었다. 다시 말해 정규직 노조만이 아니라 국가와 기업집단도 이해당사자이자 책임의 주체인 것이다. 따라서 연공급제 문제로 상징되는 노동자 불평등의 책임을 노동조합에만 돌리는 것은 어불성설이다. 상층 노동자 내부의 보상 형평성을 보다 합리적으로 개선하는 일은 필요하지만, 노동시장 분절이나 정규

직과 비정규직 간 불평등 문제의 책임을 모두 노동조합에 돌리고 '귀족노조' 담론을 퍼뜨리는 방식으로는 문제를 결코 해결할 수 없다.• 지금의 참혹한 정규직·비정규직 격차의 기원에는 경제위기마다 노동유연성을 높인다는 명목으로 정리해고제도와 파견근로자제도 등 비정규직 노동자의 착취를 극대화하는 방식으로 법과 제도를 만들어온 정부와 기업이 있었음을 상기해야 한다.[17]

상층 노동자들의 조직, 즉 정규직 노조가 지금까지처럼 '성채를 쌓아 방어'하는 방식으로 투쟁한다면 고립과 소멸을 재촉하는 것이나 다름없다. 어느 정도 손해를 감수하고서라도 연공급제의 불합리한 부분에 대해 주체적으로 개혁을 제안할 필요가 있다. 또한 연대임금제를 강화하는 등 자신의 일터에서 더 적극적으로 격차 해소에 나서야 한다. 연공급제 개혁이 효과를 보기 위해서는 정규직과 비정규직을 아우르는 직무평가 시스템이 도입되어야 한다.

입직과 보상에서 더 정의롭기 위해 필수적인 조치 중 하나는 지나치게 평가 절하된 노동에 대해 그 실질적 보상을 상향하는 것이다. 이러한 취지에 부합하는 정책이 경기도에서 시행 준비 중인 '비정규직 공정수당(고용불안정성 보상제도)'이다.[18] 같은 노동을 함에도 비정규직이라는 이유로 임금을 덜 주는 것은

• 오히려 노동조합의 존재가 임금을 평준화하는 효과를 낸다는 연구도 있다; 강승복·박철성, 〈임금분산에 대한 노동조합의 효과: 제조업을 중심으로〉, 《한국노동경제논집》, 37권 3호, 2014.

중복차별이기 때문에 고용불안정을 감수하는 만큼 임금을 더 가산해주는 제도다. 경기도의 이 정책은 우선 공공부문 기간제 노동자에게 기본급의 5%를 기준으로 삼아 근무기간이 짧을수록 지급률을 상향 적용하는 방식으로 설계됐다. 프랑스의 경우 불안정 고용 보상수당이 총 임금의 10%이며, 호주는 15~30% 추가임금을 지급하는 것으로 알려졌다.

군복무에 대한 보상도 대폭 상향되어야 한다. 이는 군가산점제 위헌 논란 이후 끊이지 않는 논란을 낳아온 문제다. 그동안 국가는 '국방의 신성한 의무'라는 미명하에 가장 생산성이 높은 시기의 청년들을 징집해 그들의 노동력에 터무니없이 낮은 대가를 지불해왔다. 이에 대해 한국은 군필자가 국가·지방자치단체·국영기업체 등에 취업할 때 가산점을 주는 '보상' 제도를 운영해왔는데, 이 제도는 오랫동안 형평성 논란의 한가운데에 있다가 1999년 헌법재판관 전원일치로 위헌 결정됐다. 군복무자 전원에게 보상하는 것도 아니고 특정 업무에 종사할 사람에게만 특혜를 주는 제도였던 군가산점제는 당연히 국민의 기본권을 침해하는 위헌적 제도였다.

문제는 남성들의 불만이었다. 적지 않은 남성들이 '역차별'을 주장하고 나섰다. 여성들은 군대에 가지 않고 그 기간 동안 취업 준비 등을 할 수 있는데, 의지와 무관하게 자유를 제한당한 채 노역까지 하는 남성들이 그 '잃어버린 시간'에 대해 어떤 보상도 받지 못하는 것은 불공정한 차별이나 다름없다는 주장이다. 이 사안은 사실 거의 20년 넘게 이른바 '남녀갈등'의 주제

로 언급되고 있으며, 취업경쟁이 치열해지면서 논란 역시 격화되는 양상이다. 급기야 '여자도 군대 가라'는 청원이 등장하는가 하면 어느 국회의원은 "모병제로 전환하고 남녀가 100일간 군사훈련을 받게 하자"고 제안하기도 했다.[19] 한국에서 매우 익숙한 풍경이다. 이미 2003년에 일부 페미니스트들이 '여자도 군대 가자'고 주장했지만 그 당시에도 잠깐 화제가 됐을 뿐 논란은 계속 공회전할 뿐이었다.[20] 정작 20년 동안 국방부는 전투력 저하와 유지비용 등의 이유로 여성의 징집에 강경하게 반대하고 있다.

내가 이만큼 고통받으니 너희도 그만큼 당해야 한다는 '고통의 평등론'은 누구도 행복하게 하지 못하며 어떤 사회적 편익도 없다. 그것은 공정을 빙자한 집단적 가학성의 발현일 따름이다. 그런 방식으로 문제는 절대 해결될 수 없다. 그렇다면 현실적이면서도 정의로운 대안은 무엇일까? 여성을 군대로 보낼 게 아니라 군대에 간 사람에게 제대로 보상을 하면 된다. 즉, 국가가 군복무자 전원의 노고에 상응하는 비용을 직접 지불하는 것이다. 군인 임금 현실화다. 물론 당장 충분할 정도로 지불하기는 힘들겠지만 할 수 있는 최대한 인상해야 한다. 인상분은 모든 국민들이 조세를 통해 부담하는 것이 옳다. 군복무 기간과 복무자 수 자체가 크게 줄었고 앞으로도 줄어들 것이기 때문에, 충분히 실현가능하다. 대한민국은 그 정도의 지출은 충분히 가능한 사회다.

이와 함께 (향후 개헌에서) "유신헌법의 독소조항"이라는

비판을 받아온 헌법 29조 2항도 폐지해야 한다. 이 조항은 다음과 같다. "군인·군무원·경찰공무원 기타 법률이 정하는 자가 전투·훈련 등 직무집행과 관련하여 받은 손해에 대하여는 법률이 정한 보상補償 외에 국가 또는 공공단체에 공무원의 직무상 불법행위로 인한 배상은 청구할 수 없다." 한마디로 헌법 29조 2항은 군인·경찰 등은 공무원의 불법·부당한 행위로 입은 피해에 대해 국가에 배상賠償을 청구할 수 없도록 기본권을 박탈한 악법이다. 이런 법은 폐기하는 것 자체가 정의의 실현이다.

여성 노동에 대한 '이유 없는 차별'은 군복무자에 대한 보상 이상으로 중요한 문제다. 많은 연구들이 여성 노동에 대한 체계적인 평가 절하를 보여주고 있다. 최근 연구에 따르면 경력단절 이전의 20대 여성은 남성과 학교, 학과, 학점 등 소위 '스펙'이 전부 같아도 남성의 82.6%밖에 벌지 못하는 것으로 나타났다.[21] 그동안 여성의 낮은 소득은 성별에 따른 전공 분리의 결과, 즉 소득이 높은 공대 출신에 남성들이 몰려있기 때문이라는 가설이 제기되어왔다. 그런데 이 연구에 따르면 대학 세부 전공, 직업, 고등학교 계열이 같은 상태에서도 여성의 소득은 남성의 85%에 불과했고, 특히 공대를 나온 여성은 같은 공대를 나온 남성의 82.9%만 버는 것으로 나타났다.

한국은 '유리천장지수glass-ceiling Index'[22]에서 OECD 29개국 중 항상 꼴찌다. 유리천장지수는 성별 임금격차, 노동참여율, 여성 관리직 비율, 성별 1차 교육수준 격차 등에 대한 세계기구 데이터를 토대로 각국 여성 노동환경을 분석한 지표다. 특

세계 주요국 유리천장지수

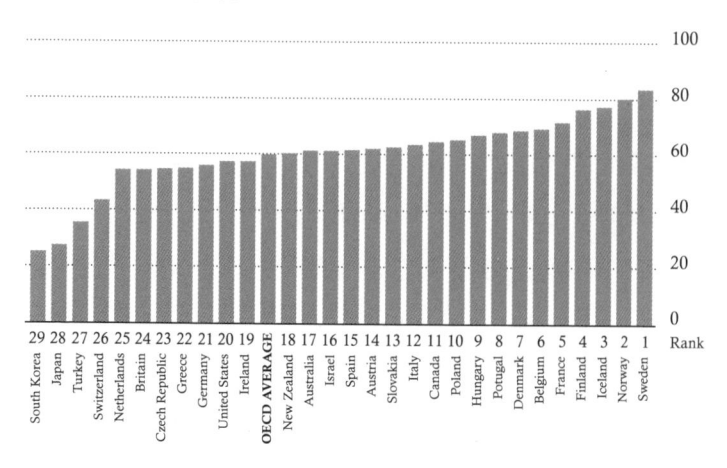

출처: 〈Glass-ceiling index〉, 《The Economist》, 2018

히 **한국은 조사할 때마다 성별 임금격차 30%를 넘어서는 압도적 최하위(29위)** 국가로서, 성별 임금격차 20%대로 '붙박이 28위'를 차지하는 일본에 비해서도 엄청난 격차를 보인다. 한국의 여성 임금은 지금보다 더 인상되어야 한다. 여성의 노동 조건은 지금보다 훨씬 나아져야 한다. 그것은 능력주의의 실현이라기보다 야만적 차별의 시정이다.

시험(고시)을 통한 입직 관행도 장기적으로는 폐지되어야 한다. 이를 위해서는 객관적 경력조회 및 직무평가 시스템을 개발하고 사회적으로 합의해나가는 것이 필수다. 물론 사회의 투명성과 신뢰도 역시 지금보다 업그레이드되어야 한다. 입직은 개방적이되, 보상은 공평하게 만드는 것이 중요하다. 특히 관

건은 과도한 경쟁 압력과 부정부패를 막는 일인데, 이를 위해 가장 효과적인 수단은 **보상의 격차를 지금보다 대폭 줄이는 것**이다.

보상 격차가 줄면 일할 동기가 저하될 거라고 예단해선 안 된다. 미래학자 다니엘 핑크Daniel Pink는 "아직까지 인간을 부의 극대화를 추구하는 로봇 같은 존재로 가정하고 있다는 점이 문제"[23]라면서 인간은 그렇게 단순한 존재가 아니라고 지적한다. 그에 따르면, 성性 본능이나 외적 보상 크기만이 인간행동의 동기라는 가정은 낡은 인식에 불과하다. 다양한 연구와 실험을 통해 인간은 물질적 동기만이 아니라 비물질적 동기, 내재적 동기에 의해서도 얼마든지 창조적 역량을 발휘하며, 이미 오랫동안 그렇게 살아왔음이 밝혀졌다. 핑크는 이런 동기를 "제3의 드라이브drive" 또는 "동기 3.0"이라고 부른다.

경제저술가 마이클 앨버트Michael Albert는 "파레콘"이라 불리는 '참여경제Participatory Economics'의 비전을 제시한 책에서 인센티브, 즉 행동과 노력의 동기부여 문제를 자세히 논한다. 그는 인간에게는 물질적 인센티브만이 아니라 비물질적 인센티브, 예컨대 사회적 존경이나 보람도 중요하다고 말한다. 다만 노동이 너무 소외되고 소비능력만 중시되는 지금 사회에서 물질적 인센티브가 지나치게 강조되고 있을 뿐이다. 그는 "과시적 소비, 즉 불균형적 소비기회만이 사람들을 노력하도록 자극할 수 있다는 가정이나, 자본주의에서는 그렇게 될 수밖에 없다는 생각은 아무런 근거도 없을 뿐 아니라 자기 기만적이기까지

하다"면서 "사람들이 정책 결정과정에 직접적으로 참여할 수만 있다면, 과도한 외부적 동기가 없더라도 각자 자신의 책임을 완수하기 위해 최선을 다할 것"이라고 주장한다.[24]

자본주의에서 사람들은 대부분 자신의 직업을 싫어한다. 그러나 자신의 직업을 싫어하는 자동차 노동자들 중 일부는 일과가 끝난 후에 자신의 자동차를 정비하는 것을 즐겨하고, 과거에 힘들고 위험한 직업에 종사했던 사람들 일부는 지방 소방서에서 자원봉사자로 일한다. 사람들은 일하는 것 자체를 거부하지 않는다. 노동은 삶에 의미를 가져다준다. 그들이 싫어하는 것은 소외된 노동이다. 파레콘에서 직무들은 노동의 소외를 최소화하고 창조적이며 권한을 부여하는 노동을 최대화할 수 있도록 만들어진다.[25]

'개천용' 사회에서 세습사회가 됐다고?

문제는 한국인의 강한 물질주의 성향, 강한 생존적 가치, 약한 자기표현 가치다. (이 책 7장에서 자세히 다루고 있다) 한국인은 사회의 전반적 수준에 비해 여전히 물질적 가치에 지나치게 집착하고 늘 불안에 떤다. 과거에 비해 사회복지 역시 상당히 향상됐음에도 여전히 그렇다. 각자의 노력에 비해 물질적 보

상의 격차가 지나치게 크다는 점은 사람들의 부정적 감정과 공정성 시비를 끊임없이 부채질한다. 그러다 보니 일 자체에 몰입하거나 타인과 자신을 돌아볼 여지가 적을 수밖에 없다. 요컨대 '동기 3.0'이 잘 통용되지 않을 가능성이 상대적으로 높은 것이다. 이는 한국인의 지위 불안이 유별나게 강한 현상과도 일맥상통한다. 특히 최근 들어 한국 사람들은 이렇게 생각하는 경향이 강해졌다. '과거에 한국은 '개천용' 사회였지만 지금은 세습사회가 됐다.'

정말 사람들 생각처럼 한국이 '개천용' 사회에서 세습사회로 변했을까? 놀랍게도 많은 실증적 연구들은 그 증거가 희박하다고 지적한다. '개천용' 사회냐 세습사회냐를 따져보는 사회과학적 개념은 '계층 이동성social mobility'이다. 한국 사회의 계층 이동성에 대한 정밀하고 종합적인 연구논문이 2020년에 발표됐는데 이 연구에 따르면 한국의 계층 이동성은 사람들 생각만큼 떨어지지 않았으며, 오히려 "최근 출생 코호트로 오면서 아버지와 아들의 계급적 상관성이 약화되는 경향을 보였다."[26] '최근 출생 코호트로 오면서 아버지와 아들의 계급적 상관성이 약화됐다'는 말은 쉽게 말해 '세습의 약화'를 의미한다.

이 연구만이 아니라 다수 연구들이 유사한 결과를 보여준다. 연구들이 공통적으로 보여주는 바에 따르면 **한국은 과거에 생각만큼 '개천용' 사회가 아니었고 지금은 생각만큼 세습사회가 아니다.** 요컨대 한국 사회 계층 이동성 변화에 대한 한국인의 주관적 인식은 지나치게 과장됐을 가능성이 크다. 위 논문을

쓴 사회학자 정인관 등은 한국인의 지위 불안이 실제 현실에 비해 지나치게 큰 이유들을 논의하면서 다음과 같이 말한다.

(중략) 이 과정에서 과거에 비해 가장 손해를 보고 있는 계층집단은 누구일까? 중상위층일 것이다. 경쟁의 양적·질적 환경 변화는 과거 안정적으로 교육 및 직업 지위를 획득할 수 있었던 이들 계층집단에게 계층 재생산에 대한 위기감을 불러일으킬 수 있다. (중략) 중상위층의 지위재생산이 쉽지 않아진 현실에 대한 인식은 이들이 기회불평등이 악화됐다고 인식하게 만들었을 가능성이 있다. 여기에 중상위층의 목소리가 사회적 담론과 인식 형성을 과대 대표하는 경향이 더해진다면 사회 전반적인 세대 간 이동성에 대한 부정적인 전망으로 귀결될 수 있다. 기회의 불평등, 공정성 담론이 중상위층 중심의 새로운 사회적 배제 담론 성격을 가질 수 있다는 것이다.[27]

위 설명은 유행하는 세습사회론류의 주장이 실제 한국에서 일어나고 있는 사태와 정반대일 수 있음을 이야기하고 있다. 즉, 중상위층이 세습을 점점 더 강화해서 문제가 아니라, 중상위층의 지위세습이 점점 어려워지고 있고 이에 대해 그들이 '공정성' 담론 등으로 반발하고 있는 게 문제라는 것이다.

어느 쪽이 사실인지는 더 면밀히 분석해볼 필요가 있다. 적

어도 지금까지의 연구들을 보면 최근 한국이 세습사회로 변화했다는 증거는 미약하다. 분명한 건 과거에 비해 사회 전반에 경쟁이 격화됐다는 점이다. 그리고 이는 한국인의 불안이 세습사회에서 비롯한 게 아니라 오히려 능력주의에서 비롯했을 가능성이 있음을 시사한다. 요컨대 문제는 능력주의의 과잉인 것이다. '용' 한두 마리에게 특권을 몰아주고 나머지가 모두 패배자가 된다는 점에서 '개천용' 사회는 세습사회 못지않게 나쁜 사회다. 수많은 사람들을 짜부라뜨리는 이 사회적 압력을 어떤 식으로든 배출시키지 않으면 한국인의 강렬한 지위 불안, 낮은 자기표현적 가치 같은 부정적 요소들 역시 나아지기 어렵다.

최고소득을 제한하자는 '망상'

경제학자 마리아나 마추카토Mariana Mazzucato는 소위 '표준 경제학'의 관점에서 가치의 착취를 비판한다. 그는 시장 가격이 높다고 해서 반드시 그 재화의 제공자가 높은 가치를 창출하는 것은 아니라고 말한다. 마추카토에 따르면 금융의 본래적 기능은 자금이 생산적인 쪽으로 흘러가도록 만드는 것인데, 월스트리트의 헤지펀드 매니저의 일은 투기적 파생금융상품을 통해 거래를 반복함으로써 수익을 내기 때문에 가치를 창출하는 행위가 아니라 가치를 착취하는 행위다. 그는 능력주의를 직접 언급하지는 않았지만 가치의 측면에서 능력주의의 사회적 역기능

이 무엇인지 정확히 밝히고 있다. "가치 창조와 가치 착취를 구분하지 못하게 되면서, 우리는 소수의 사람들이 스스로를 가치 창조자라 부르면서 가치를 착취해 가는 것을 더 용이하게 만들었다."[28]

인류학자 데이비드 그레이버David Graeber는 사회에 그렇게 필요하지 않고 일하는 사람도 즐거움과 보람을 느끼지 못함에도 돈을 많이 버는 직업을 가리켜 "허튼 직업bullshit job"이라 이름 붙였다. 그는 이런 허튼 직업이 현대에 너무 늘어나는 바람에 사람들이 깊은 분노와 원한 감정을 갖게 된다고 말한다.

우리 사회에는 한 사람의 일이 다른 사람들에게 명백하게 이익이 될수록 더 적은 보수를 받기 쉽다는 일반규칙이 있는 것 같다. 거듭 말하지만, 어떤 일이 필요한 일인지 객관적인 척도를 대긴 어렵다. 하지만 모종의 감각을 가져볼 수는 있다. 어떤 계급의 사람들이 사라지면 무슨 일이 일어날까? 간호사, 폐품 수집가, 기계공에 대해 말해보자. 만약 그들이 연기처럼 사라진다면 그 결과는 치명적일 것이다. 교사나 부두 노동자가 없는 세상은 곧 곤경에 빠질 것이고, 과학소설 작가나 스카ska 뮤지션이 없어져도 우린 분명 아쉬워질 것이다. 하지만 사모펀드 CEO, 로비스트, 홍보 연구원, 보험사, 텔레마케터, 집달관, 법률 컨설턴트 등이 모두 사라진다고 해서 인류가 어떤 고통을 겪게 될지는 그리 분명

하지 않다. 소수의 예외(의사 등)를 제외하고 이 규칙은 놀라우리만치 잘 들어맞는다.[29]

그레이버의 에세이는 좀 과장되긴 했지만 상당한 진실을 담고 있다. 마추카토와 그레이버의 주장을 단순화하면 이렇다. 오늘날 가장 돈을 많이 버는 직업군에 가치의 잣대를 적용할 경우 그들은 그만한 부를 향유할 자격이 없음이 드러날 것이다. 즉, 상당수 부자들은 실제 사회 기여에 비해 **지나치게** 많은 돈을 가져간다.

최고임금maximum wage은 이런 문제의식이 깊이 반영된 제도다. 한마디로 그 사회에서 벌어들일 수 있는 최고임금을 제한하는 것이다. '이게 무슨 말도 안 되는 빨갱이 같은 소리냐'고 분노할 사람들이 적지 않겠지만, 사실상 최고임금제나 다름없는 강력한 누진소득세는 자본주의 국가에서 실제로 시행됐던 유서 깊은 정책이다.

1880년, 극단적 사치와 절대빈곤이 공존하던 도시 뉴욕에서 철학자 펠릭스 아들러Felix Adler는 강연장을 꽉 메운 청중에게 '가파른 누진세'를 신설해야 한다고 주장했다. 그 내용은 '소득이 일정 고액에 다다르면 그 이상의 금액에는 100%의 과세율을 적용하는 것'이었다. 곧 일정 액수 이상의 돈은 벌어봐야 소용이 없게 된다는 말이다. 이 정책은 1차 세계대전 이후 미국의 진보 정치인들에 의해 본격적으로 의제화됐다. 진보 정치인들은 미국의 끔찍한 빈부격차를 고발하며 10만 달러 이상의 모

든 소득에 대한 100% 과세 정책을 요구했다. 이들의 열정적인 활동은 미국 사회에 큰 영향을 끼쳤고, 그 결과 1914년 7%였던 소득 최고 과세율이 1918년 77%로 상승했다. 1942년 초 루스벨트Franklin Roosevelt 대통령은 2만 5,000달러를 넘는 소득에 100% 세금을 매기는 법안을 의회에 요청한다. 현재 가치로 약 37만 5,000달러(약 4억 1,850만원)에 해당하는 액수였다. 미 의회는 루스벨트 대통령의 제안을 받아들이지 않았다. 하지만 국민들은 높은 지지를 보냈고 결국 1944년, 20만 달러 이상 소득에 대한 최고 과세율이 무려 94%까지 인상되기에 이른다.

이후 20년간 미국의 최고 과세율은 90%대를 유지했지만, 1960년대에 60% 이하로, 뒤이어 레이건 대통령 시기에 50% 이하로 떨어져, 2018년 현재 약 35% 수준으로 내려앉았다. 이렇게 된 배경에는 물론 부자들과 우파 언론의 체계적인 저항이 있었다. 부자들은 막대한 자금으로 정치인들을 구워삶아 누진세를 낮춰갔다. 부자들은 혈안이 되어 날뛰었지만 부자가 아닌 사람들은 생활에서 이 문제를 크게 실감하지 못했기 때문에 부자를 저지할 동기가 부족했다. 진보정치와 노동조합의 세력 약화와 맞물려 미국 정치는 점점 부자와 로비스트의 리그가 되어갔다. 그 결과 오늘의 미국은 위대한 평등의 시대였던 75년 전에 비해 훨씬 불평등한 사회가 됐다.•

• 20세기 초 누진세 도입과 관련된 이야기는 샘 피지개티의《최고임금》33~39쪽을 요약한 것이다.

불평등 전문 저널리스트 샘 피지개티Sam Pizzigati는 20세기 초 미국의 '가파른 누진세'가 지속가능하지 않았다고 지적한다. 강한 누진세는 최상위 계급들에게 정치적 행동에 나설 동기를 불러일으켰지만 나머지 대다수 시민에게는 그러지 못했기 때문이다. 피지개티는 이런 일이 재연되는 것을 막으려면 "최상위 소득을 최하위 소득과 연동시켜야" 한다고 말한다.[30] 예컨대 사회에서 정해진 최저임금의 몇 배에 해당하는 최고소득을 설정하고, 그 몇 배수가 넘는 소득에는 모두 100% 세금을 물리는 것이다. 이 정책은 시행 즉시 그 사회 "최상위층과 최하위층의 경제적 운명을 얽어맬" 것이고, 이제 최상위층은 최하위층의 삶에 크나큰 관심을 가지지 않을 수 없게 될 것이다. 가장 열악한 환경에서 일하는 노동자들의 임금이 올라야 비로소 최고 부자들이 자신의 세후소득을 늘릴 수 있기 때문이다.

한국에서 누군가 이런 제안을 하면 어떤 반응이 나올까? 가장 흔한 반응은 '북한으로나 가라!'일 것이다. 망상으로 치부하고 웃어넘기는 사람들도 많겠다. 진지한 반론 중에서 가장 한국인다운 반응은 아마 이것이리라. '최고임금이 시행되면 부자들은 더 이상 열심히 일하려 하지 않을 것이고, 세상을 놀라게 할 혁신적 상품을 개발하려 하지도 않을 것이다. 당연히 직원을 고용하지도 않을 테고, 결과적으로 대한민국호號는 침몰하게 된다!' 그런데 피지개티에 따르면 정작 억만장자는 그렇게 생각하지 않는다고 한다. 미국의 걸출한 부자 벤처 투자가인 닉 하나우어Nick Hanauer는 2013년 상원 경제정책 청문회에 출연해 이

렇게 말했다. "부자들은 일자리를 창출하지 않음으로써 부자가 됩니다. 사업 해본 사람이면 고용을 늘리는 게 최후의 수단이고, 고객 수요가 늘어나 꼭 필요할 때만 하는 조치임을 누구나 압니다. 부자들은 버는 만큼 수요를 만들지도 않습니다. 저는 중간임금의 1천 배를 벌지만 1천 배만큼 물건을 사진 않습니다. 저희 가족은 차를 세 대 소유하고 있습니다, 3천 대가 아니고요."[31] 한국 역시 재벌이나 슈퍼리치의 고용효과는 크지 않다.• 부자들의 힘, 특히 사회적 기여는 턱없이 과장되는 반면 노동자의 사회적 기여는 과소평가되는 경향이 있다. 부자들의 목소리는 증폭되는 반면 빈자들의 목소리는 묻히기 일쑤다. 불평등한 사회일수록 이런 경향은 더욱 강하다.

지나치게 돈이 많은 사람들은 지구환경에도 지나치게 해롭다. 옥스팜Oxfam과 스톡홀름 환경연구소SEI의 공동연구 보고서에 따르면 1990년부터 2015년까지 전 세계 10% 상위 소득 계층이 전체 이산화탄소 배출량의 52%를 배출했다. 2015년 기준으로 소득 상위 1%는 하위 50%보다 이산화탄소를 100배 이상 더 배출했다.[32]

불평등에 대한 문제의식이 커지면서 최고임금제 및 이와 유사한 정책을 채택하려는 움직임도 늘어나고 있다. 2016년 미국 포틀랜드 시의회는 경영자의 과도한 연봉에 법인세를 더 부

• 재벌의 고용은 전체 고용의 13% 수준이다; 통계청, 〈영리법인 기업체 행정통계〉, 2017.

과하는 법안을 미국 최초로 도입했다. 이 법안에 따르면 경영자의 연봉이 중간 직원 연봉의 100배를 넘으면 법인세를 1만 달러 인상하고 250배를 넘어서면 2만 5,000달러를 더 인상하게 된다. 경제학자 브랑코 밀라노비치Branko Milanović는 이 법안을 가리켜 "불평등을 겨냥한 최초의 세금"이라면서 "불평등을 탄소배출 같은 부정적 외부효과로 보는 세금이라는 점에서 참신한 시도"라고 평가한다.[33] 이른바 '급여비율 정치pay ratio politics'라 불리는 이런 경향은 영국에도 반향을 일으켰다. 영국 노동당이 국가가 정한 생활임금 또는 중간임금의 20배 이상 급여를 지급하는 기업에 추가로 과세하는 정책을 당 공식 정책에 포함시킨 것이 그 증거다. 극단적 불평등과 능력주의에 기반을 둔 사회에는 미래가 없다는 생각에 점점 많은 사람들이 동조할 뿐아니라 실제 행동에 나서고 있다. 최고임금이라는 아이디어가 더 이상 '망상'에 머물지 않고 조금씩 현실이 되어가고 있는 것이다.

지나친 부는 특권의 가장 큰 원천이다. 누진세 강화 같은 재분배 정책의 개편은 불평등을 줄여나가기 위해 분명 필요하다. 하지만 애당초 부의 집중 자체를 제한하는 사전분배predistribution 정책은 그 이상으로 중요하다. 부의 과도한 축적을 제한하는 것은 곧 특권을 해체하는 것이다. 이는 불평등의 직접적 해결책이자 능력주의의 효과적 해독제가 될 수 있다.

'성공한 나라'에 던지는 질문

이 책의 단초는 필자의 2018년 석사학위 논문 〈한국 능력주의
의 형성과 그 비판: 《고시계》 텍스트 분석을 중심으로〉[34]이다.
논문은 능력주의를 크게 두 가지로 구분한다. 하나는 '현실적
능력주의'로 이는 세습 신분제를 공정한 경쟁으로 위장하는 능
력주의, 변질되고 타락한 능력주의를 가리킨다. 다른 하나는
'이상적 능력주의'로 세습 신분제 성격이 제거되어 재능과 노력
과 기여에 따른 분배라는 능력주의의 이상이 구현된 능력주의
이다. 논문은 주로 전자만을 문제 삼는 기존의 능력주의 비판을
넘어서 후자, 즉 이상적 능력주의 또한 극복해야 할 문제로 규
정한다. 요컨대 논문은 '위장된 세습 신분제'뿐만 아니라 능력
주의 자체에 대한 발본적 비판을 요구하고 있다. 이 논문에 대
해 한 연구자는 이렇게 논평했다.

> 결국 능력주의의 정당성은 정치적 선택의 문제로 넘어
> 가기 때문에 정치체제의 변화를 전제하지 않고서는 능
> 력주의를 완전히 부정할 수 없다는 문제가 있다. 결국
> 그러한 관점은 능력주의에 대한 학문적 논의를 정치적
> 선택의 문제에 종속시킴으로써 특정 정치 이념에 대한
> 옹호로 귀결될 수밖에 없다. (중략) 정치적 선택의 문제
> 로 나아가는 것이 잘못됐다고까지는 볼 수 없으나, 만
> 일 정치체제의 변화가 전제되지 않고는 능력주의의 문

제점을 해결하는 것이 불가능하다는 입장만을 고수한
다면 그것은 순수한 학문이 아닌 정치적 세력화 운동의
한 차원으로 볼 수밖에 없다.[35]

논평에 나오는 "정치적 세력화 운동"이 구체적으로 무엇을
의미하는지 파악하기 어렵다. 분명한 것은 이 논평자가 자신이
비판하는 논문의 요지를 정확히 이해하고 있다는 점이다. "능
력주의의 정당성은 정치적 선택의 문제로 넘어가기 때문에 정
치체제의 변화를 전제하지 않고서는 능력주의를 완전히 부정할
수 없다"는 대목이 특히 그렇다.

능력주의는 특정한 불평등을 정당화하는 이데올로기이며
여기서 특정한 불평등이란 자본주의에 친화적인 불평등을 가리
킨다. 자본주의 체제 자체를 문제화하지 않으면 능력주의의 문
제도 적절히 문제화할 수 없다. 바로 그런 의미에서 능력주의
의 문제는 체제의 문제이자 정치의 문제로 귀결된다. 정치체
제의 변화가 반드시 혁명을 의미하는 것은 아니며 점진적 제도
개선 역시 정치체제의 유의미한 변화다. 능력주의라는 문제는
추상적·관념적 퍼즐이 아니라 역사적으로 형성된 제도이자 문
화이기 때문에 "순수한 학문" — 그런 게 과연 있는지는 차치하
고 — 만으로는 결코 해결될 수 없다. '이상적 능력주의'만이 아
니라 '현실적 능력주의'도 그러하다. 그것은 문제인식, 공론 형
성, 토론과 합의, 제도 개혁 같은 집단적 실천 과정을 통해서만
변화한다. 능력주의 비판이 결국 다다르는 '최후의 전장'은 정

치일 수밖에 없는 것이다.

경제학자 대런 애스모글루Daron Acemoglu와 정치학자 제임스 로빈슨James Robinson은 수백 년의 인류사를 관통하는 거대한 질문을 던진다. '왜 어떤 나라는 부유하고 어떤 나라는 가난하게 됐는가?', '왜 어떤 나라는 성공하고 어떤 나라는 실패하는가?' 애스모글루와 로빈슨은 여러 나라의 빈곤과 번영을 설명하는 이론으로 지리적 위치 가설과 문화적 요인 가설을 검토하고 모두 현실을 잘 설명하지 못한다고 기각한다. 그들이 택한 것은 제도 가설이다. 즉, 각 나라의 상이한 제도가 성공과 실패를 가르는 결정요인이라는 것이다. 이들은 포용적 정치제도와 포용적 경제제도가 국가의 성공과 실패를 가르는 결정적 요소라고 결론 내린다.[36]

착취적이고 전제적인 체제 때문에 실패한 국가의 대표적예로 북한이나 소말리아가 있다. 이들에 비하면 미국은 물론 한국 또한 말할 나위 없이 발전한 나라다. '성공한 국가'라 해도 좋을 것이다. 그러나 한국과 미국은 발전한 나라 중에서 불평등이 가장 심한 나라이기도 하다. 특히 미국의 소득 불평등과 자산 불평등은 OECD 국가들 중 최악이다. 불평등이라는 측면에서 보면 미국이라는 나라는 '성공한 국가 중 가장 실패한 국가'이다.

애스모글루와 로빈슨은 개도국과 선진국의 차이를 선명하게 보여주고 풍부한 근거를 통해 자신들의 논지를 증명해나간다. 그런데 이들은 명백히 실패한 국가가 왜 실패했는지를 설

득력 있게 보여주는 데 반해, 성공한 국가들 사이의 차이는 거의 보여주지 못한다. 한국의 '성공'에는 분명 제도적 요인이 작용했을 테지만, 성공에 수반된 다양한 실패나 지체 현상 또한 분명 존재한다. '성공한 나라'들 상당수는 각자의 문제들을 품고 있다. 한국은 이른바 '추격 근대화'를 완료한 나라이고 겉보기로는 서구 사회를 거의 따라잡은 나라이다. 최근에는 세계 대중문화 트렌드를 이끄는 국가의 하나이기도 하다. 하지만 구체적으로 사회 내부를 들여다보면, OECD 국가 중 가장 낮은 출생률과 가장 높은 자살률 등 사회지표상 심각한 문제들을 폭탄처럼 안고 있다. 이 책의 주제인 능력주의 역시 '성공한 나라' 한국의 문제라고 할 수 있다. 애스모글루와 로빈슨의 방법론은 이런 문제를 다루는 데 있어서는 그리 쓸모가 크지 않다. 그리고 바로 그 맥락에서, 비록 완벽하진 않지만 잉글하트와 웰젤의 '개정된 근대화론'이 더 유용하다. 그들은 문화(가치관)를 제도의 매개로 설정함으로써 '성공한 국가'들 사이의 차이가 어디에서 비롯됐는지를 보여준다. (이 책 7장에서 자세히 다루고 있다)

4.19혁명에서 2000년대 촛불시위에 이르기까지, 한국 시민이 집단행동을 통해 정치 현실을 전복한 경우는 한두 번이 아니다. 수백만 시민이 광장에 모이는 시위가 이렇게 자주 일어나는 나라는, 세계에서 한국이 단연코 앞선다. 문제는 그렇게 집단으로 모여서 무엇을 요구하고 무엇을 바꾸어냈는가다. 한국의 시민은 종종 광장에 모여 정치적 격변을 만들어내긴 했으나 전부

특정 정치 엘리트 세력을 다른 엘리트 세력으로 교체하는 데 그쳤다. 수백만 명이 모이는 촛불시위가 그렇게 많이 열렸음에도 그 시위가 **분배의 평등화**로 이어진 적이 한 번도 없었다는 것, 아니 그것을 요구한 적조차 없었다는 것, 이것이야말로 한국 사회의 어떤 본질적 면모 중 하나다.

한편, 백만 명이 넘는 사람들이 참여해 사회경제 질서를 전면적으로 바꾸고자 했던 예외적 시도로는 1987년 6월 항쟁 직후의 노동자 대투쟁을 꼽을 수 있다. 결과적으로 그것은 미완에 그쳤다. 단위노조들이 폭발적으로 늘어나긴 했으나 전체 노동자 집단은 서구처럼 사회 협약을 강제할 수 있는 정치세력으로 성장하지 못했다.[37] 게다가 1997년 외환위기는 '각자도생'을 더욱 극단적으로 추구하게 만든 계기가 됐다.

2020년 국가인권위원회가 발표한 '2020년 차별에 대한 국민인식조사'를 보면, 응답자 82%가 한국 사회의 차별이 심각하다고 답했고, 차별이 심해지는 주요 원인으로 경제적 불평등이 78%로 1위를 차지했다.[38] 유사한 다른 여론조사들을 보더라도 대체로 한국 시민 대다수는 경제적 불평등을 매우 심각한 사회 문제라고 여긴다. 그럼에도 불구하고 한국의 불평등은 별로 나아지는 것 같지 않다. 민주주의가 그 정의상 주권자 다수의 요구를 반영하기 쉬운 체제이고 대한민국이 '완전한 민주주의 국가'●임을 감안하면 이것은 꽤 기이한 풍경이다. 모두가 입을 모아 걱정은 하는데 막상 그 문제를 해결하려고 나서는 사람은 잘 보이지 않는다? 자, 여기서 질문을 하나 던져보자.

경제성장과 민주화를 모두 성취했을 뿐 아니라, 부패한 현직 대통령을 탄핵시켰을 정도로 정의로운 시민들이, 왜 불평등을 줄이기 위한 집단행동에는 잘 나서지 않을까?

집단 해법 vs. 개인 해법

대답은 간단치 않다. 수많은 요인들이 난마처럼 얽혀있기 때문이다. 그런데 우리는 이미 저 질문과 관련해 중요한 실마리를 가지고 있다. 앞서 살펴본 '한국인의 가치관'이다. 여러 자료를 통해 드러난 한국인의 가치관은 **불평등에 대한 강한 선호와 경제 수준에 비해 지나치게 낮은 자기표현 가치**로 요약된다. 불평등 선호는 주로 형평 원리, 능력주의 원칙, 소득 불평등에 대한 강한 지지로 표현됐고, 낮은 자기표현 가치는 약자와 소수자에 대한 낮은 관용 수준, 생태환경 문제에 대한 낮은 문제의식, 경제 수준에 비해 매우 낮은 성평등 수준 등으로 나타났다. 한국의 자기표현 가치는 아르헨티나, 과테말라, 콜롬비아, 멕시코보다 낮고 같은 아시아 국가들 중에서도 홍콩, 태국, 중국 아래에 있다.[39]

- 《이코노미스트》의 2020년 세계 민주주의 지수에서 대한민국은 23위로 '완전한 민주주의 국가'로 분류된다.; https://pages.eiu.com/rs/753-RIQ-438/images/democracy-index-2020.pdf

잉글하트와 동료들에 따르면 자기표현 가치의 수준은 명목적·형식적 민주주의에 머무르느냐 아니면 실질적·효과적 민주주의로 진전하느냐를 가르는 결정적 요소다. 한국은 《이코노미스트》 민주주의 지수에서 '완전한 민주주의 국가'와 '결함 있는 민주주의 국가' 경계선에 15년 동안 갇혀있다.[40] 명실상부한 민주주의 선진국 모임에 끼지 못하고 십수 년째 문 앞에 멈춰있는 것이다. 최장집 등이 오래전부터 경고한 '형식적 민주화 이후 사회경제적 민주화'의 지체 현상[41] 또한 이와 무관치 않아 보인다.

사회학자 김동춘은 한국의 지나치게 강한 교육열은 유교의 입신양명 문화, 근대화 이후의 사회 이동 확대 경향 등만으로는 모두 설명되기 어렵다면서, "집합주의적인 방식(사회 변혁)을 통한 지위획득 기회의 '차단'"이 "개인주의적인 지위경쟁"을 전면화했다고 주장한 바 있다.[42] 고시 열풍은 이러한 개인주의적 지위경쟁의 가장 전형적인 사례다. 이 지위경쟁은 실제로는 그렇지 않음에도 가장 공정한 능력 경쟁을 표방하면서 '개천용'이라는 사회적 신화를 강화해왔다.

그런데 이런 특성, 다시 말해 체제의 불평등에 집단 해법이 아닌 개인 해법으로밖에 대응할 수 없다는 점은, 한국 사회만이 아니라 사실 1980년대 이후 서구 사회의 일반적 면모이기도 하다. 오늘의 세계는 사회학자 울리히 벡Ulrich Beck이 지적한 것처럼 "우리가 어떻게 살아가는가가 체제 모순에 대한 전기적傳記的 해법"이 되어버린 사회다. 이는 구조적 불평등 같은 사회문

제가 오롯이 개인이 감당해야 할 문제가 됐다는 의미다.[43]

다만 서구 사회의 경우 결과적으로 한국과 비슷해지긴 했으나 여기까지 오는 경로가 달랐다. 특히 대공황부터 1970년대에 이르는 기간의 서구 자본주의 체제는 나라마다 차이는 있었으나 노동자 집단이 정치적 영향력을 발휘했다는 점에서 코포라티즘(조합주의)적 성격을 띠고 있었다. 하지만 이후 세계 경제가 침체하고 신자유주의 이데올로그들이 정치적 주도권을 쥐면서 '개혁'을 내건 공적 자원의 사유화가 과격하게 추진됐다. 전후의 번영과 사회 협약을 전제로 유지되어온 집단 해법은 급속히 힘을 잃고, '만인의 만인을 향한 투쟁' 속에서 개인 해법이 전면화됐다. 즉, 20세기 중반의 서구 자본주의 체제는 집단 해법의 시대를 거쳐서 개인 해법의 시대로 넘어온 셈이다. 반면 한국은 건국 이후 지금까지 초지일관 개인 해법의 사회였다. 냉전기 분단국가의 강력한 반공주의는 집단적 분배 요구를 진압하는 데 엄청난 효과를 발휘했다. 개인 해법은 지위경쟁의 유일한 수단이 됐고 경쟁의 승자들에게 능력주의는 금과옥조처럼 숭배됐다.

지구적 차원에서 불평등의 역사를 보면, 김동춘이 말한 "집합주의적인 방식"을 통해 불평등이 급격히 완화된 경우 자체가 드물었다. 역사학자 발터 샤이델Walter Scheidel은 인류가 수천 년 동안 심한 불평등 상태에 있다가 1914년부터 1970년까지의 약 60년 동안 자본주의와 공산주의 사회 모두에서 크게 빈부격차가 줄어드는 예외상황을 만들어냈다고 말한다.[44] 경제학자 토마

피케티Thomas Piketty도 비슷한 진단을 내리는데, 그는 1914년부터 1945년까지 서구 사회가 극적인 평등화로 반전하는 시대를 보내고 1950년대부터 차츰 다시 불평등이 증가하기 시작한다고 분석한다.[45]

샤이델은 방대한 역사적 데이터를 바탕으로 섬뜩한 진실을 보여준다. 그에 따르면 인류의 불평등이 급격히 완화된 계기는 크게 네 가지다. 대규모 인구이동을 수반한 전쟁, 유혈혁명, 국가붕괴, 전염병 창궐이 그것이다. 즉, 많은 인명을 앗아가는 끔찍한 재앙이 빈부격차를 줄인다. 미래에 인류가 불평등을 줄일 수 있을지에 대한 샤이델의 전망은 암울하다. 20세기 초와 같은 끔찍한 재앙이 재현될 가능성이 낮고 인구노령화 등 불평등을 악화시킬 조건들은 더 많다고 보기 때문이다. 그렇다면 우리는 그저 불평등이 지금보다 더 악화되지 않기만을 기도하고 있어야 하는가? 그렇지는 않을 것이다. 상황이 우울해 보이는 것은 사실이지만 불평등에 대한 인류의 경각심도 커지고 있다. 15년 전만 해도 기세등등했던 신자유주의 유행도 이제는 크게 꺾인 모양새다. 피케티와 같은 학자들을 필두로 강력한 재분배 정책의 필요성을 강조하는 목소리도 높아졌다. 확실히 예전에는 상상도 못했을 과격한 평등화 요구가 곳곳에서 터져 나오고 있다. 이와 함께 능력주의 이데올로기에 대한 문제 제기도 활발히 이루어지기 시작했다.

정당정치의 문제?

꼭 혁명이나 시위만이 집단 해법은 아니다. 불평등의 개선 혹은 평등화는, 시민의 일상적 실천이나 의회의 입법 활동으로도 가능하다. 형식적 민주화가 완료된 한국 같은 나라는 더욱 그렇다. 그러나 한국에서는 반공주의 정당과 자유주의 정당이 양분하는 독과점 상태가 오랫동안 고착된 탓에, 국가보건서비스NHS를 도입하는 등 일련의 평등주의적 개혁을 관철시켰던 전후 영국 노동당 같은 강력한 진보정당[46]이 역사상 한 번도 등장하지 못했다. 이러한 의회 독과점은 고인물이 썩듯 많은 문제를 양산해왔는데, 무엇보다 민의의 왜곡, 특히 빈곤계층과 노동자가 과소 대표되는 문제가 종종 지적됐다. 그래서 비주류 정당 및 시민사회의 요구와 노력으로 여러 차례 제도적 개선이 시도됐으나 양대 정당은 위성정당을 급조하는 등의 편법을 동원해 집요하게 제도의 취지를 무력화시켰다. 가장 최근에 일어난 양당체제 기득권 방어 성공 사례는 2020년 초의 이른바 '꼼수 위성정당' 사태였다.[47]

피케티는 불평등이 "경제적인 것이나 기술공학적인 것이 아닌 이데올로기적이고 정치적인 것"[48]임을 역설한다. 그래서 불평등을 줄이기 위해 특히 정치체제의 개혁을 강조한다. 피케티는 1980년부터 '다중엘리트체계'[49]라 불리는 정치구조가 불평등을 극단적으로 확대해왔다고 설명한다. 그는 이 구조를 떠받치는 두 계층이 있다고 말한다. 하나는 학력과 지식수준이 높

은 '브라만좌파'이고 다른 하나는 자본축적에 몰두하는 '상인우파'로서, 이 두 집단이 역할을 분담해 권력과 자원을 독점하고 통치의 정당성을 구현한다. 그 외의 다수 시민은 선거 때에만 유권자로 호명될 뿐, 정치적 대의구조에서 소외된 채 주요한 정책 결정과정에 거의 영향을 미치지 못한다. 미국의 양당정치체제가 이러한 다중엘리트체계의 대표적 예시다. 피케티는 한국의 예를 들고 있지 않지만, 한국 역시 미국과 유사한 정치구조를 가진 사회다. 피케티는 이런 구조를 깨려면 참여사회주의로 나아가야 하며 이를 위해 "불평등을 감소시키기 위한 평등주의 정치연합"[50]의 구성이 필요하다고 주장한다.

정치학자 제이콥 해커Jacob Hacker와 폴 피어슨Paul Pierson은 소선거구-다수 대표제를 근간으로 한 미국의 공화당/민주당 양당체제가 미국의 극단적 불평등과 승자독식 경제의 원인임을 논증한 바 있다.[51] 또한 이들은 정치학자 마틴 길렌스Martin Gilens의 설문조사연구[52]를 인용하면서, 미국에서 빈곤층의 90%가 어떤 정책 변화를 지지했다고 해서 빈곤층의 10%가 지지했을 때보다 성사 가능성이 높지는 않았다고 밝힌다. 즉 빈곤층이 어떤 정책을 많이 지지하건 적게 지지하건 그 정책이 통과될 가능성은 극히 낮았다. 반면 부유층이 지지하는 정책은 법제화될 가능성이 높았고 많이 지지할수록 그 가능성도 높아졌다.[53]

피케티, 해커·피어슨, 길렌스 등의 분석은 불평등과 능력주의의 해결에 있어서 중대한 논점을 제기한다. 불평등과 정치적 대표성은 매우 긴밀한 관련이 있다는 것이다. 특히 엘리트끼리

결탁해 정치적 대의기구를 독과점하고 이를 통해 불평등을 재생산하는 메커니즘은 많은 선진 자본주의 국가에서 공히 관찰되는 '보편증상'이다. 한국의 정당정치 역시 오랫동안 양당체제가 정치 기득권의 성벽을 쌓고 주로 고학력자 및 고소득자의 이해관심을 반영하는 대의기구로 작동해왔다. 이러한 정당정치의 대표성 문제는 불평등과 능력주의를 극복하기 위해 해결해야할 주요 과제다.

그런데 오늘날 정당정치의 불평등은 의회 밖 사회세력들 사이의 힘의 불평등에서 비롯한다. 바꿔 말해 현재 정당정치 자체가 사회권력의 극단적 쏠림을 반영했다고 할 수 있다. 의회 밖에서 변화가 일어나지 않으면 의회 안에서도 변화가 일어나기 어려운 것이다. 설령 정치적 대의구조의 개혁이 일어나더라도 의회 밖 시민권력의 탄탄한 지지를 받지 못하면 금세 무력화되거나 반동으로 돌아서기 쉽다. 능력주의와 불평등을 극복하는 대안이 결국 정치이긴 하지만 여기서 정치란 정당정치를 포함하면서 넘어서는, 보다 넓은 의미의 정치여야 한다.

사회력 키우기

이 책 전반을 통해 계속 강조했던 바이지만, 능력주의를 극복해야 하는 궁극적 이유는 능력주의가 재생산하는 불평등과 차별, 혐오와 배제 때문이다. 개인이 이러한 문제를 해결하는 것은 불

가능하기에 점진적으로나마 개선해나가려면 반드시 집단 해법이 필요하다. 집단 해법은 크게 정당정치와 사회운동으로 나누어 볼 수 있다. 사회운동에는 시민운동뿐 아니라 협동조합 등 여러 사회적 매개 조직을 통한 집합적 실천이 포함된다. 물론 정당정치의 본래 취지는 다수 주권자의 요구를 골고루 반영해 제도를 직접 입안하는 데 있다. 그러나 한국, 특히 미국의 사례가 잘 보여주듯이, 사회운동이 활성화되지 않을 경우 그것은 쉽게 소수 엘리트의 이익만을 반영하는 기구로 전락하고 만다. 요컨대 사회운동이란 그 자체로서도 의미가 크지만, 정당정치의 '정상화'를 위해서도 활발해져야 한다.

능력주의는 사적 소유권 개념과 단단히 결부되어 있다. 그래서 철학자 존 로크John Locke와 로버트 노직으로 대표되는 자기 소유권 원리에 대한 비판은 사실상 능력주의에 대한 근본적 비판이기도 하다.[●] 대다수 사람들에게 소유권은 너무나 자명하게 수용되는 권리다. 하지만 많은 철학적 논증과 역사적 분석으로 밝혀졌듯이 그것은 매우 모호하고 자의적이며, 도덕적으로 정당화되기 어려운 권리이다. 각자가 각자의 인격과 힘의 소유자인 것은 맞지만, 그것을 토대로 그가 생산한 것에 대해 어떤 경우에도 침해될 수 없는 배타적 권리를 가진다는 생각까지 자

[●] 소유권 원리에 기반을 둔 분배의 정당성에 대해서는 존 롤스, 특히 G. A. 코헨이 정교하게 비판한 바 있다. 다음의 저술을 참고하라; 존 롤스, 황경식 옮김, 《정의론》, 이학사, 2003; Cohen, G. A., 《Self-Ownership, Freedom, and Equality》, Cambridge University Press, 1995.

동적으로 타당해지지는 않는다. 그런 생각이 타당하려면 먼저 생산물의 필수재료인 자연(자원)을 누군가가 전유하는 것이 정당화되어야 하는데, 이 자연(자원)은 애초 누구의 것일 수 없기 때문이다. 개인이 자신의 '재능'과 '노력'으로 거두었다고 확신하는 시장 수익도 엄밀히 따지면 정확히 자신의 기여에 대한 대가가 아니며, 앞서 프랭크 나이트가 '표준' 경제학의 논리로 설명했듯이 사회적 가치에 대한 보상이라고 볼 수도 없다. 불평등을 사회문제로 진지하게 고려하는 사람들이 소유권 개념을 문제 삼지 않기란 불가능하다. 바꿔 말해 소유권 개념에 한 점 의문도 없는 사람은 불평등과 능력주의에 대해서도 깊이 있는 문제 제기를 할 수 없다. 사회학자 에릭 올린 라이트Erik Olin Wright는 사적 소유권, 그리고 국가 소유권이라는 우리에게 이미 친숙한 사적 소유권 말고 **사회적 소유권**이라는 것을 구체적으로 고민해보자고 제안한다.

생산수단의 사회적 소유권은 소득을 발생시키는 재산이 "사회"의 모든 사람들에게 공동으로 소유된다는 것을 뜻한다. 따라서 모든 사람들은 이 생산수단의 사용으로 발생되는 순소득에 대한 집합적 권리를 가진다. 그렇다고 해서 순소득이 단순히 모든 사람들 사이에서 평등하게 분할될 필요는 없다. 공동 소유권은 사람들이 생산수단의 사용 목적과 사회적 잉여-생산수단의 사용으로 발생하는 순소득-의 배분에 대해 결정할 권리를

집합적으로 가진다는 것을 뜻하며, 이것은 실제의 배분
에서도 광범위하게 일어난다.[54]

라이트는 몬드라곤 공동체 운동, 참여예산제, 평등주의적
선거자금 공영제, 노동자연대기금, 기본소득제 등 세계 곳곳에
서 시행되거나 시도 중인 사회적 소유권의 사례들을 짚어나가
면서 그 강점과 약점도 분석하고 있다. 이 중 참여예산제나 기
본소득 등은 한국 사회에도 부분적으로 도입됐거나 활발히 논
의되고 있다. 이러한 시도들은 오늘날의 공유부common wealth,
혹은 커먼스the commons 운동과도 많은 부분이 겹친다. 배타적
소유권 사회가 만들어내는 비참을 벗어나기 위해서는 소비자
정체성 또는 등가교환적 정의(이 책 7장에서 자세히 다루고 있
다)를 내세울 게 아니라 서로 협력하고 공유하는 방식으로 생산
하고 소비할 수밖에 없다. 라이트는 이러한 과정들을 통틀어 사
회력 키우기social empowerment●라고 표현한다. 사회력 키우기는
사회적 권력을 강화하는 것임과 동시에 사회의 특정한 영역에
집중된 권력을 분권화한다는 뜻도 가진다.
　　결은 좀 다르지만 '21세기형 복지국가 대안'이라고도 불리

●　'empowerment'는 '권한 부여', '힘 북돋아주기'에 가까운 의미이며 이는
　　특정 형태의 권력을 강화한다는 의미보다 좀 더 광범위한 의미에서의 '힘'
　　을 분산, 분점한다는 의미에 더 가깝기에 '사회력 키우기'로 명명하기로 한
　　다. 한국어판은 "사회권력 강화"라고 번역했다; 에릭 올린 라이트, 같은
　　책, 27쪽.

는 고용보장제와 참여소득제 역시 사회력 키우기의 일환이라 볼 수 있다. 고용보장제는 균형재정론의 허구성을 비판한 현대화폐이론MMT[55]을 바탕으로, 국가가 소위 '완전고용'을 목표로 적극적으로 재정을 투입해 일자리를 만들 것을 요구한다. 과거처럼 공공부문 일자리를 만드는 게 아니라, 국가가 실업자를 일단 고용하고 그때그때 사회적 필요에 따른 일자리를 마련해주는 것이다(이 일자리의 임금은 물가에 연동되지 않게 억제되는 한편 생활임금 수준으로 대폭 상향된 것이어야 한다). 고용보장제의 일자리는 돌봄care 업무일 가능성이 높고, 여기엔 사람을 돌보는 일뿐 아니라 생태환경을 돌보는 일도 포함된다. 이 정책의 관건은 국가가 돈은 지불하되, 기획은 관료기구에 맡기지 않는 것이다. 시장 수요만이 아니라 사회적 필요성도 일자리 기획의 핵심 기준이다. 이를 충족하기 위해 다양한 집단의 시민들이 민주적으로 참여하는 과정이 매우 중요해진다.

참여소득제는 모든 시민에게 무조건 소득을 지급하는 기본소득과 달리, 참여 또는 기여에 따라 소득을 지급하자는 정책이다.[56] 이는 처음에 기본소득으로 가는 우회로 내지 보완책으로 많이 논의되었으나 최근에는 독자적인 대안으로 많이 언급되고 있다. 기본소득이 '개인'에 방점을 두고 소득의 자격과 사용처를 상관하지 않는다면, 참여소득제는 '공동체'를 중시하고 사회적 가치를 실현하는 데 초점을 맞춘다. 고용보장제의 일자리를 기획할 때 시장 수요만이 아니라 사회적 필요가 핵심적 기준인 것처럼, 참여소득제에서도 소득을 받기 위한 업무가 얼마나 사

회적으로 가치 있는 일인지가 중요하다.

고용보장제와 참여소득제는 비판도 많이 받는다. 사회적 가치라는 것이 모호하며 참여소득의 경우 수혜자의 사회적 기여를 감시하는 비용도 만만치 않다는 것이다. 이 부분은 더 치열하게 토론돼야 하겠지만, 분명한 건 이러한 단점이 실은 최대 장점이기도 하다는 것이다. 사회력을 키우는 일은 미리 설계되기 어렵고 어디까지나 구성원의 참여에 의존할 수밖에 없다. 이렇게 답이 정해지지 않은 힘든 길을 가야 하는 이유는 명확하다. 정책 입안 과정의 엘리트 독점을 막고 구성원의 참여 범위와 수준을 높이는 것이야말로 민주주의, 특히 경제적 민주화를 실현하는 데 있어 결정적이기 때문이다.

기본소득제, 고용보장제, 참여소득제 등의 정책은 2020년대 이후 논의가 더욱 활발해지고 있다. 이들 각각은 구체적 쟁점에서 서로 상충하거나 모순되는 부분도 적지 않지만, 중요한 공통점이 있다. 시장이 가치의 유일한 척도가 아님을 인정한다는 것이다. 이는 곧 개인 능력의 기준 또한 시장 가치 외에 다양한 가치에 기반을 둘 수 있음을 함축한다.

사회적 소유권, 커먼스 등의 논의에 꼭 따라붙는 전형적인 비판들이 있다. "'공유지의 비극The Tragedy of the Commons'을 극복할 수 없을 것이다", "인간은 본래 이기적인 동물이다"와 같은 비판들이 그것이다. '공유지의 비극' 또는 '공유재의 비극'이라 불리는 문제는 1968년 생태학자 개릿 하딘Garret Hardin의 논문에서 비롯한 개념으로, 희소자원을 공동으로 활용할 때 나타

나는 자원 남용과 파국을 설명한 논의다.[57] 쉽게 말해 모두가 함께 쓰는 자원은 제멋대로 낭비되어 결국 고갈되고 만다는 것이다.

정치학자이자 경제학자인 엘리너 오스트롬Elinor Ostrom은 스위스, 스페인, 필리핀, 일본 등 세계 곳곳의 공유자원 관리 사례를 수집·분류하고 게임이론 등의 이론적 틀로 분석해 공유자원 관리에 성공하는 조건들을 추출했다. 그는 '공유자원은 제대로 관리될 수 없고 따라서 완전히 사유화되거나 국가가 운영해야 한다'는 전통적 견해에 맞서 공유자원을 관리하는 의사결정과 규칙을 위한 제도를 이론화한 공로로 2009년 노벨경제학상을 수상했다.[58]

오스트롬 이론의 전모를 여기서 모두 소개하기는 어렵지만, 핵심은 '조건부적 전략'과 '참여와 감시의 원리'다. 조건부적 전략이란 '모두가 협력하는 한 나도 협력한다'는 전략이다. 초기 게임이론에서는 이런 '눈에는 눈, 이에는 이' 전략tit for tat이 장기적 협동을 끌어내는 조건이라고 봤지만, 오스트롬은 현실에선 정보가 제한적이기 때문에 그 전략만으로는 부족하며 다른 사람의 행동에 대한 정보를 획득하고 감시하는 비용의 문제가 해결되어야 한다고 보았다. 정보 획득과 감시에는 많은 비용이 드는데, 자원을 사적으로 소유하거나 국가가 소유한 경우에 특히 그러하다. 그런데 참여와 자치의 원리가 잘 디자인된 공동체에서는 그 비용이 최소화됐다. 오스트롬은 공유의 비극을 피하기 위해서는 정보 획득과 감시의 비용을 최소화하는 제도적

조건들을 갖추는 것이 매우 중요하다고 지적한다.

정치학자 피오트르 슈톰프카Piotr Sztompka는 민주주의는 불신distrust을 얼마나 성공적으로 제도화하느냐에 달려있다고 말한다.[59] 공직자가 강력한 사익추구의 의도를 가지고 있더라도 그 행위를 실제 시도하지 못하도록 시스템을 만들어야 한다는 것이다. 그런 지적은 옳지만 단지 제도만 존재한다고 해서 그것이 원활히 작동되지는 않는다. 민주주의를 법으로 명시한 사회라고 해서 모두 비슷한 수준의 민주주의를 구가하지 않는 것과 마찬가지다. 시스템의 행위자들, 곧 그 사회의 시민들이 어떤 생각을 갖고 얼마나 적극적으로 참여하고 감시하느냐가 관건이다.

문제는 오늘날의 시민들이 전통적인 형태의 조직들, 예컨대 정당이나 노동조합 등의 조직에 점점 관심을 갖지 않는다는 점이다. 사회력을 키우기 위해서는 어떤 식으로든 조직화를 해야 하는데, 기존 조직들과 단체들은 점점 구성원을 잃어가고 있는 상황이다. 과연 우리는 어떻게 해야 할 것인가?

'위임 거부의 민주주의', 그리고 정의로운 사회

잉글하트와 웰젤은 형식적 민주주의가 갖춰진 후기 산업사회의 대중이 "제도화된 권위, 특히 정치적 권위에 대해 비판적이 되어가고 있고, 관료화된 기구의 구성원이 되고 싶어 하지 않는

다"고 말한다.

> 사실상 모든 오래된 위계적인 엘리트가 지도하는 기관들, 즉 노동조합이나 교회와 같은 기관들은 그 구성원들을 잃고 있다. 정당 구성원들은 아주 빠르게 감소하고 있다. 이와 유사하게 대부분의 부유한 민주주의 대중들 간에는 정부, 국가기관, 대규모의 기관에 대한 신뢰도가 쇠퇴하고 있다.[60]

오늘날 한국의 청년들은 일상적으로는 무리를 잘 짓지 않는다. 2019년 현재, 서울의 4년제 대학 35개 중 무려 8개 대학에 총학생회가 없다. 총학생회 선거가 무산됐기 때문이다. 투표율이 절반에 못 미친 학교가 그만큼 많았다. 더 심각한 것은 아예 후보자가 없어 투표조차 하지 않는 경우도 늘고 있다는 점이다. 한국 진보운동의 큰 축이던 전투적 학생운동이 붕괴한 건 벌써 20년도 넘은 일이지만, 이제 학생운동은 고사하고 학생회라는 대의 형식 자체가 존립위기에 놓였다. 이 역시 '무리가 형성되지 않는 현상'의 일부다.

반면 청년들은 어떤 국면에선 무리를 잘 짓는다. 소위 밀레니얼 세대의 거대한 집단행동들은 예측불가능하게 나타났다. 이화여대 '미래라이프 대학' 사태(이하 '이대 투쟁'), 서울대 시설 노동자 파업 사태, 숙명여대 광주항쟁·세월호 망언자 규탄 성명 취소 사태 등이 대표적 예다. 특히 '이대 투쟁'은 오늘날

한국 사회의 어떤 경향을 보여주는 상징적 사건이었다.

이화여대가 실업계 고교 출신 고졸 재직자, 30세 이상의 무직 성인을 대상으로 4년제 대학 학위를 취득할 수 있게 하는 미래 라이프 대학을 설립하려 하자, 이대 학생들이 '학교 위상 추락'과 '소통 부재' 등을 이유로 교내 농성을 벌이며 사태가 본격화됐다. 시위가 시작된 후 여러 사회운동 단체와 대학생들이 연대를 제의했다. 시위 학생들은 모두 뿌리쳤다. '외부세력' 논란을 미연에 차단한 것이다. 시위장소인 본관에 들어가려면 반드시 '순수한 이화여대 학생'임이 증명되어야 했다. 본관에서는 매일 밤 토론이 벌어졌고, 역시 이대 학생임을 인증해야 들어갈 수 있는 온라인 커뮤니티 '이화이언'에서도 실시간으로 토론과 논의가 이어졌다. '법률팀', '언론 대응팀', '현장 스태프' 등 각각 역할 분담은 존재했지만 이른바 지도부도, 집행부도 존재하지 않았다. 모든 일은 하나하나 투표로 결정됐다. 언론에 나가는 발언의 토씨 하나조차도 온·오프라인의 논의와 투표 없이는 결정될 수 없었고, 투표로 결정된 '매뉴얼' 외의 정치적 발언은 철저히 제한됐다. 심지어 시위 학생들의 복장까지 통제됐는데, 금지 목록엔 메갈리아 티셔츠는 물론이고 가방에 달린 세월호 리본까지 포함됐다.

결국 본관 점거 농성 84일 만에 미래 라이프 대학 설립은 철회됐다. 최경희 총장도 물러났다. 지난 30년을 통틀어 대학생이 주도한 투쟁 중 이 정도로 성공한 싸움이 있을까 싶을 정도로, 그야말로 압도적 승리였다. "낡고 폭력적인 학생운동을 넘어선

새로운 학생운동 모델", "느리지만 철저히 민주적인 '달팽이 민주주의'" 같은 언론의 찬사들이 쏟아졌다.[61]

지도부 없는 다수결 의사결정을 당연시한다는 점 때문에 이대 투쟁은 급진적 민주주의로 오해될 수 있다. 하지만 이 대목에서 앞서 서술한 소비자 정체성을 환기할 필요가 있다. 이대 학생들은 시민이나 노동자로서 보편적 권리를 주장한 게 아니라, 편집증적인 학생증 검사에서 드러나듯 어디까지나 특수한 당사자로서의 권리를 주장했다. 일체의 정치적 주장이나 동료 시민과의 연대를 배제하고 오직 이대에 등록금을 지불한 사람만을 투쟁 주체로 인정했다는 점에서, 이대 투쟁은 소비자 정체성의 사회운동적 실현이라고 볼 수 있다. 이러한 '순수' 당사주의 혹은 '위임 거부의 민주주의'는 최근 한국의 청년세대뿐 아니라 주요 촛불시위에서도 또렷이 드러나는 특징이다. 이런 측면은 최근 노조에 가입한 신입사원들에게서도 많이 관찰된다. 노조 집행부는 위임된 권한을 행사하는 조직인데, 젊은 세대일수록 이를 권위적이고 비민주적이라 여기는 경향이 강하다. 그러다 보니 사소한 일 하나하나 전부 다수결에 부쳐야 하는 상황이 된다. 어려운 상황에 처한 다른 노조와의 연대 사업도 어렵다. "우리 문제나 신경 쓰라"며 온라인 게시판에 대놓고 '저격'이 올라온다.[62]

제도화된 권위에 대한 위임 거부는 한국만의 특수한 현상은 아니다. 저널리스트 이졸데 카림Isolde Charim은 월가 점령운동의 특징을 논하며 "대의제와 단체 결성에 대한 깊은 불신"[63]

을 지적한다. '동질적 정체성이나 이념을 요구하지 않고, 그저 99퍼센트'를 말하던 월가의 목소리는 2000년대 내내 한국 사회를 역동적으로 바꿔나갔던 촛불시위와 놀랍도록 유사하다. 카림은 우리가 1세대 개인주의 시대와 2세대 개인주의 시대를 거쳐 3세대 개인주의 시대를 살고 있다고 말한다. 1세대 개인주의 시대에 개인들은 정당, 교회, 학교를 통해 거대집단에 강하게 통합됐다. 2세대 개인주의 시대가 되자 사람들은 이런 방식의 결합, 즉 거대조직들에 의한 통합을 비판하면서 '자기 자신의 고유함과 진정성'에 집중하기 시작했다. 오늘날의 세계, 즉 3세대 개인주의가 기반하는 우리 사회의 가장 본질적인 특징은 "모두가 공유하는" 세계관이 없다는 점이다. "다원화된 사회는 포괄적인 정체성, 모든 것을 품을 수 있는 정체성을 제공하는 데 어려움이 있다. 사회가 제공할 수 있는 것은 '중립성'뿐이다."[64]

전통적 규범, 이념적 규범, 정상성 규범 따위를 강요하지 않는다는 점에서 위임 거부의 민주주의나 3세대 개인주의는 강점을 지닌다. 또한 이런 성격의 조직은 대체로 약하게 결속된 커뮤니티weak ties communities로서 강하게 결속된 조직에 비해 더 많은 사람들의 참여를 끌어낼 뿐 아니라, 유동적 위기 상황에 신속하고 유연하게 대응할 수 있다.• 내부 구성원의 평등에 민감

• 잉글하트와 웰젤은 "느슨하게 짜인 네트워크"라고 표현한다; 로널드 잉글하트·크리스찬 웰젤, 같은 책, 214쪽.

하다는 점에서 매우 민주적이기도 하다. 이런 장점은 관용과 소수자에 대한 배려라는 자기표현 가치와도 직결되기 때문에 잘 살려낸다면 한 사회가 크게 진보하는 계기가 될 수 있다. 요컨대 위임 거부의 민주주의에는 형식적 민주주의를 실질적 민주주의로 진전하게 만드는 미덕이 적지 않게 잠재해있다고 하겠다. 그러나 한편으로 위임 거부의 민주주의가 사적 소유권 원리와 소비자 정체성의 틀에서 벗어나지 못한다면, 다시 말해 1인 1표제의 원리가 아닌 1원 1표제의 원리에 갇힌다면, 그것은 주로 비자격자·외부자에 대한 차별과 배제의 논리로 기능할 가능성이 높다.

능력주의와 불평등에 맞선 싸움의 전망은, 이성으로 본다면, 한마디로 비관적이다. 한국인의 가치관과 능력주의적 제도들이 보여주는 바는 문제의 해결 이전에 그것을 문제라고 인식하는 사람 자체가 적을 수밖에 없음을 시사한다. 하지만 우리가 지닌 무기가 아예 없지는 않다. 엘리트에 저항하는 시민행동이 다른 어떤 선진 자본주의 국가보다 활발하게 일어난다는 점은 독보적인 한국 사회의 강점이다. 잉글하트와 웰젤은 한 사회의 민주주의를 강화하는 데 있어 대중 참여의 잠재력이 결정적으로 중요함을 거듭 강조해왔다.

한국인들은 대체로 불평등을 선호하지만 전적으로 그렇지는 않다. 노벨경제학상을 받은 경제학자 제임스 토빈James Tobin은 특수한 희소상품에 대한 분배에서 '구체적 평등주의specific egalitarianism'가 필요하다고 역설했는데, 그런 상품 중 대표적인

것이 의료서비스다.[65] 한국인 10명 중 7명이 의료 영리화에 반대한다는 여론조사 결과는 한국에서 구체적 평등주의가 결코 불가능하지 않다는 것을 보여준다.[66]

무엇보다 이런 논의를 쌓아가면서 대안들을 고민하고 토론하는 과정이 중요하다. 능력주의라는 문제를 넘어서는 일은 형식적 공정성에서 실질적 공정성으로 나아가는 과정이다. 이를 위해 정치적으로 대의되지 못하는 '투명인간', 곧 기회를 구조적으로 제약당하는 약자와 소수자의 목소리가 반영될 수 있도록 정당정치를 바꿔나가야 한다. 또한 특권이 클수록 부정부패와 경쟁의 부작용 역시 커질 수밖에 없기에 각 분야에서 특권을 줄이고 다원적 정의를 실현하는 방법들을 구체적으로 고안해야 한다.

최후의 능력주의자

최후의 능력주의자는 어떤 모습일까. 놀랍게도 그는 능력주의의 단호한 반대자다. 그는 능력주의에 반대하는 것을 자신의 능력, 즉 도덕적·인지적 우월함을 증명하는 수단으로 이용한다. 최후의 능력주의자는 능력주의의 문제를 머리로 알고 있음에도 몸에서 떨쳐내지 못하는 사람이다.

예컨대 "공부 안 하면 저렇게 된다"며 아파트 경비 노동자를 비하하는 주민을 지목해서 "공부 안 하면 저렇게 교양 없는 소리를 하게 된다"고 비판하는 '교양 있는 주민'을 떠올려보자. 겉보기에 그는 노동자를 대놓고 비하하는 주민보다 똑똑하고 선량해 보일지 모른다. 하지만 그 역시 본질적으로 사람을 차별하는 능력주의자인 건 마찬가지다. 학벌주의에 반대하는 말도 학벌 좋은 사람이 해야 설득력이 있다고 느끼는 심성, 세상을 바꾸기 위해서는 먼저 힘을 기른 뒤에 행동하라는 조언, 진보는

지능의 문제라는 인식, 어떤 사람을 비판하는 것은 열등감의 발로라는 진단 등 얼핏 능력주의와 무관해 보이는 행태들도 사실은 정확한 의미에서 능력주의의 갈래들이다.

어떤 개인이나 집단을 판단할 때, 좌파와 우파, 진보니 보수니 하는 이념적 당위들은 거의 아무것도 말해주지 못한다. 반면 능력주의라는 기준은 생각보다 훨씬 많은 것을 알려준다. 능력주의의 막다른 곳에서 만나는 것은 결국 **'힘 숭배'**이며, 힘(권력)을 보는 관점과 태도야말로 한 인간의 진면목이기 때문이다.

능력을 인증 받았을 때(능력주의), 돈을 지불했음을 증명할 때(소비자), 혹은 순결무구함을 납득시킬 수 있을 때(순수한 피해자), 오직 그럴 때에만 우리는 비로소 타자에게 나의 고통을 호소할 자격을 획득하게 된다. 요컨대 능력자이거나 소비자이거나 순수한 피해자가 아니면 자신의 권리와 옳음과 억울함을 효과적으로 전할 수 없다. 능력주의와 소비자 정체성과 피해자 정체성은 아무도 누군가를 돌보지 않는 세계에서 살아남기 위한 각자도생의 생존전략이기도 하다. 억압과 착취를 시정하라는 정치적 요구가 매번 좌절되고 묵살되기에, 그 반동으로 시장의 명령(소비자)과 도덕적·사법적 명령(순수한 피해자)이 끝없이 소환되고 있는 것이다. 그러나 소비자 정체성은 각자의 고통을 절대시하는 불행 경쟁으로 귀결되고, 그 과정에서 약자와 강자의 실질적 불평등은 '평평'해져서 쉽게 은폐되고 만다.

능력주의와 소비자 정체성과 순수한 피해자 정체성은 차이를 우열로 환원하고 평등한 권리를 불평등한 자격들로 쪼갠다.

이에 따라 필연적으로 정치의 장소가 소거된다. 정치가 가능하려면 비균질적 존재들의 무조건적 평등을 전제해야 하는데, 능력주의와 소비자 정체성에 의해 그 전제가 무력해지는 것이다. 그리하여 끝내 어떤 연대도 불가능해지고 만다. 남은 건 반反정치의 논리들이다. 소비자는 약관과 계약에 의해, 그리고 기본적으로 소유권에 의해 보호받으며 피해자는 순수성의 강박적 증명에 의해서 보호받는다. 여기에 정치적 각성과 집단적 저항의 자리는 존재하지 않는다.

능력주의, 소비자 정체성, 순수한 피해자 정체성은 각각 내용과 양상이 다른 이데올로기다. 하지만 그것이 극단화되고 넘쳐흘러서 다다르는 종착점은 하나다. 바로 힘 숭배다. 강하고 우월한 것에 대한 무조건적 복종과 도취. 힘에 매혹된 자들에게 윤리와 도덕은 그저 가식적인 허울에 지나지 않는다. 힘 숭배는 권력과 강자를 선망하고 약자를 혐오하는 행위로 나타나지만 그런 노골적 표현보다 본질적인 지점은 힘 숭배의 작동 방식이다. 우월함과 열등함의 구분을 지적 행위로 포장하고 자신이 비교우위에 서있음을 끝없이 즐기려는 경향성. 이 나르시시즘적 욕동이야말로 힘 숭배의 핵심이다.

알제리 독립혁명의 투사이자 정신과 의사였던 프란츠 파농Frantz Fanon이 "깜둥이는 비교이다Negro is comparison"[1]라고 적었을 때, 그것은 일차적으로 같은 동포들을 끝없이 서열화하는 식민지 피지배자의 콤플렉스를 가리킨 것이었지만 사실 그것은 인간의 보편적 특성이기도 하다. 지배자들조차 궁극적으로

는 힘 숭배의 노예들이다. 식민지에서는 힘 숭배가 더 폭력적으로 나타나고, 제국에서는 더 세련되게 나타날 따름이다. 그 힘은 노예성에 갇힌 힘이며 무언가를 배제하고 억압하는 힘이다. 물론 우리는 해방되기 위해서도 힘을 필요로 한다. 그러나 그 **해방하는 힘**은 개별화하고 우열화하는 노예적 힘과는 다르다. 해방하는 힘은 단독적이되singular 협력적인cooperative, 그래서 생성적인generative 힘이다. 문화와 제도가 아무리 이기심과 냉소를 부추길지라도, 여전히 어떤 사람들은 노예적 힘이 아닌 해방하는 힘을 추구한다. 그런 이들이 모여 집단이 되고 제도와 문화를 바꾸는 행동에 나서면 비로소 세상은 변하기 시작한다.

능력주의가 문제인 핵심 이유는 불평등을 재생산하기 때문이다. 이 문제는 '현실적 능력주의'와 '이상적 능력주의'라는 두 층위에서 모두 발생한다. 현실적 능력주의는 세습 신분제를 공정성으로 위장하여 불평등을 재생산한다. 능력주의 비판의 대다수는 이 '위장된 세습 신분제'에 대한 비판이며, 그래서 일부는 '가짜 능력주의를 넘어 진정한 능력주의 사회로 나아가야 한다'고 결론을 내린다. 능력주의에 대한 이러한 비판은 불충분하다. 이상적 능력주의 또한 세습 신분제 못지않은 문제를 낳기 때문이다. 이상적 능력주의 사회가 얼마나 끔찍한 디스토피아인지는 '능력주의' 단어의 발명자인 마이클 영이 픽션 형식으로 보여준 바 있다.[2]

현실에서 능력, 노력, 일의 사회적 가치, 경제성장에 대한 개인의 기여 등을 정확히 측정하는 것은 불가능하며, 능력주의

는 필연적으로 그것이 주장하는 이상적 상태에 이르지 못한다. 즉, 현실적 능력주의는 지대 추구적 시험주의testocracy로 수렴하거나 다른 위장된 신분제로 귀결한다. 만약 현실적 능력주의만 비판하면서 이상적 능력주의를 비판의 성역으로 남겨둘 경우, 현실적 능력주의는 '이상적 능력주의로 가기 위한 불가피한 통과지점'으로 용인되기 쉽다. 이럴 경우 능력주의 '바깥'의 대안들은 좀처럼 제시되기 어려워진다. 아직 실현되지 않은 이상적 능력주의 또한 이론적 차원에서 철저히 비판되어야 하는 이유가 여기에 있다.

비유컨대 능력주의는 '화석연료'다. 한때 그것은 성장의 필수 연료로 각광받았지만, 오늘날 막대한 사회적 비용을 발생시키는 족쇄가 되었다. 현장 역량보다 학업 성적 위주인 각종 공채시험 제도, 소선거구제 등 승자독식적인 정치제도, 제왕적 대통령제, 엘리트의 부정부패와 선민의식, '재벌'에 대한 특혜, 정규직과 비정규직이 극단적으로 분절된 노동 및 고용체제 등 사회 전 영역에 **격차와 특권을 당연시하는 제도와 문화**가 만연해 있다. 그 소산 중 하나가 '민주주의의 지체'다.《이코노미스트》 민주주의 지수에서 확인되듯, 오랜 기간 한국은 형식적 민주주의에서 실질적·효과적 민주주의로 완전히 이행하지 못하고 정체되어 있다. '정신적 화석연료'인 능력주의의 지배에서 빠져나오지 못하면 더 나은 민주사회로 도약하기 어렵다.

이 책의 제목은 '한국의 능력주의'이지만, 능력주의는 결코 지역적·일국적 차원의 문제가 아니다. 능력주의는 자본주의 문

명을 살아가는 인류가 함께 풀어내야 할 과제다. 능력주의는 차별, 배제, 소유권 중심의 삶을 필연적으로 수반한다. 그것은 부정의일 뿐 아니라 지금까지 살펴본 것처럼 막대한 사회적 비용을 요구하며, 나아가 지구에서의 공존을 위협한다.

이 책은 한국인이 불평등과 능력주의를 선호한다는 근거들을 제시한다. 능력주의라는 문제를 정확히 인식하고 불평등과 싸워나가자고 설득하기 위해서다. 하지만 누군가는 이렇게 주장할 수 있지 않을까? "한국인 다수가 그런 성향이라면 제도와 문화도 그에 부합하게 만들어가는 게 자연스럽고 합리적이다." 요컨대 책의 내용을 오히려 능력주의를 강화해야 할 근거로 삼는 사람도 있을 수 있으며, 그런 주장은 논리적으로 얼마든지 가능하다. 만약 능력주의의 폐단들을 사소하거나 감수할 만한 것으로 치부한다면 말이다. 분명한 것은, 그런 반론까지 모두 포함하여 능력주의에 대한 생산적인 논의들이 필요하다는 점이다. 이 책이 작은 계기가 된다면 필자로서 바랄 게 없다.

능력주의의 대안은 곧 불평등의 대안이다. 그것은 불공정이 아닌 불평등 자체를 새삼 환기하여 시민적 관심사로 돌려놓는 일이다. 이는 정치, 민주주의의 문제로 수렴한다. 불평등이라는 문제의 어마어마한 크기와 질량을 생각하면 그 대안 역시 거대해지는 것은 필연적이다. 어떤 대안은 황당무계한 몽상으로 느껴질 수 있다. 그러나 더 나은 세계를 향한 몽상은 포기되는 대신 구체화되어야 한다. 격차와 불평등을 동력삼아 모두가 전쟁처럼 살아야 하는 사회는 정의롭지도, 행복하지도, 효율적

이지도 않다. 이런 가망 없는 짓은 이제 그만두자. 그리고 진정 **정의로운 사회**a just society, 더 나은 민주주의를 향한 여정을 시작하자.

프롤로그

1 통계청, 〈가계금융복지조사〉, 국가통계포털(http://kosis.kr), 2019.04.11.

2 신광영, 〈한국사회의 불평등과 민주주의〉, 한국사회학회 심포지움 논문집, 2016, 74쪽.

3 남춘호, 〈교육불평등과 노동시장〉, 《지역사회학》 4권 2호, 2003, 29쪽.

4 이병채, 〈"어디에선가 말을 타고 있을 너에게" 이대 학생의 일침〉, 《중앙일보》, 2016.10.20.

5 Shatel, Tom., 〈The Unknown Barry Switzer: Poverty, Tragedy Build Oklahoma Coach into a Winner〉, 《Chicago Tribune》, 1986.12.14.

6 조윤영, 〈조국 딸의 외고 동창, "스펙 품앗이 있었다"〉, 《한겨레》, 2020.05.07.

7 Déclaration des droits de l'homme et du citoyen, 1789.

8 이매뉴얼 월러스틴, 나종일·백영경 옮김, 《역사적 자본주의/자본주의 문명》, 창비, 1993, 89~90쪽.

9 이매뉴얼 월러스틴, 같은 책, 141쪽.

10 강준만, 〈왜 부모를 잘 둔 것도 능력이 되었나?: 능력주의 커뮤니케이션의 심리적 기제〉, 《사회과학연구》 55집 2호, 2016, 321쪽.

11 크리스토퍼 헤이즈, 한진영 옮김, 《똑똑함의 숭배: 엘리트주의는 어떻게 사회를 실패로 이끄는가》, 갈라파고스, 2017, 97쪽.

12 송영훈, 〈"폐급 XX, 공산당"…서울교통공사 비정규직, 인권위에 진정〉, 《노컷뉴스》, 2017.12.7.

13 베리굿띵, "서울교통공사 정규직 전환 미쳤네요", '엠엘비파크' 불펜 게시판, 2018.1.1.

14 오찬호, 《우리는 차별에 찬성합니다: 괴물이 된 이십대의 자화상》, 개마고원, 2013, 168쪽.

15 알랭 드 보통, 정영목 옮김, 《불안》, 이레, 2005, 119쪽.

16 아이리스 매리언 영, 김도균·조국 옮김, 《차이의 정치와 정의》, 2017, 440~446쪽.

17 박권일, 〈한국 능력주의의 형성과 그 비판: 《고시계》 텍스트 분석을 중심으로〉, 성균관대학교 비교문화협동과정 석사학위 논문, 2018.

18 마이클 영, 유강은 옮김, 《능력주의: 2034년, 평등하고 공정하고 정의로운 엘리트 계급의 세습 이야기》, 이매진, 2020.

1장

1 민현구, 〈과거제는 한국사에 어떤 유산을 남겼나〉, 《한국사 시민강좌》 46, 2010, 170쪽.

2 알렉산더 우드사이드, 민병희 옮김, 《잃어버린 근대성들: 중국, 베트남, 한국 그리고 세계사의 위험성》, 너머북스, 2012, 24쪽.

3 이남희, 〈과거제도, 그 빛과 그늘〉, 《오늘의 동양사상》 18, 2008, 118쪽.

4 손준종, 〈교육논리로서 능력주의 제고〉, 《한국교육학연구》 10권 2호, 2004, 136쪽.

5 알렉산더 우드사이드, 같은 책, 14쪽.

6 민현구, 같은 책, 170쪽.

7 민현구, 같은 책, 174쪽.

8 이남희, 같은 책, 124쪽.

9 알렉산더 우드사이드, 같은 책, 25쪽.

10 김기옥, 〈조선시대의 과거제도와 현대 행정고등고시 제도의 비교연구〉, 《인문사회과학연구》 7권, 2000, 190쪽.

11 강창동, 2005; 이정규, 2003; 민현구, 2012; 박주병, 〈능력주의와 과거제의 전통에 대한 교육학적 고찰〉, 《중등교육연구》 65(2), 2017, 411쪽에서 재인용.

12 김판석·윤주희, 〈고려와 조선왕조의 관리등용제도: 과거제도의 재해석〉, 《한국사회와 행정연구》 11(2), 2000, 143쪽.

13 한영우, 《과거, 출세의 사다리》, 지식산업사, 2013, 10~21쪽.

14 오창민, 〈사시, 개천서 용 나는 시스템 아니다〉, 《경향신문》, 2015.07.19.

15 《효종실록》 권14, 6년 2월 18일.

16 송준호, 《조선사회사연구》, 일조각, 1987, 37쪽.

17 미야지마 히로시, 노영구 옮김, 《양반》, 너머북스, 2014, 5~6쪽.

18 이상학, 〈지대추구경합의 실제 사례: 과거제, 수학능력시험 및 고시제를 중심으로〉, 《한국공공선택학연구》 4권 1호, 2016, 18쪽.

19 박주병, 같은 책, 2017.

20 이철승, 《쌀 재난 국가》, 문학과지성사, 2021, 40~41쪽; 같은 책 231~236쪽.

21 Ozaki, 1991; Lincoln, 1993; 코츠, 2003.

22 데이비드 코츠, 이영철 옮김, 《현대자본주의의 유형》, 문학과지성사, 2003, 400쪽.

23 강성태, 〈새로운 노동체제를 위한 노동법제의 개편〉, 장홍근 외, 《1987년 이후 30년: 새로운 노동체제의 탐색》, 한국노동연구원, 2017, 124쪽.

24 Foucault, Michel, 〈Nietzsche, Genealogy, History〉, 《In Language, Counter-Memory, Practice: Selected Essays and Interviews》, edited by D. F. Bouchard, Ithaca: Cornell University Press, 1977, p. 144.

2장

1 전복희, 《사회진화론과 국가사상》, 한울, 1996, 19쪽.

2 Wehler, Hans-Ulrich, 〈Sozialdarwinismus im expandierenden Industriestaat〉 in Geiss, Immanuel & Wendt, Bernd Jürgen(eds.), 《Deutschland in der Weltpolitik des 19. und 20. Jahrhunderts》, Bertelsmann Universitatsverlag, 1974, S137; 전복희, 같은 책, 20쪽에서 재인용.

3 박영은, 《사회학 고전연구》, 백의, 1995, 143쪽.

4 염운옥, 〈영국의 식민사상과 사회진화론〉; 강만길 외, 《일본과 서구의 식민통치 비교》, 선인, 2004, 53쪽.

5 Matsuzawa Hiroaki, 《Varieties of Bunmei Ron(Theories of

Civilization)》, in Conroy, Hilary, Davis, Sandra T.W., Patterson, Wayneeds, 《Japan in Transition: Thought and Action in the Meiji Era, 1868~1912》, London and Toronto: Associated University Presses, 1984, p. 210; 전복희, 같은 책, 47쪽에서 재인용.

6 加藤弘之, 《強者の権利の競争》, 哲学書院, 1893; 박노자, 《우승열패의 신화》, 한겨레신문사, 2005, 76쪽에서 재인용.

7 유길준, 《서유견문》, 대양서적, 1975, 388쪽.

8 전복희, 같은 책, 118쪽.

9 국사편찬위원회 편, 《Yun Chi-ho's Diary》 Vol.2, 1890.2.14, pp. 19~20; 전복희, 같은 책, 127쪽에서 재인용.

10 국사편찬위원회 편, 《Yun Chi-ho's Diary》 Vol.3, 1894.11.1, pp. 349~350; 박노자, 같은 책, 249쪽에서 재인용.

11 이광린, 《한국개화사상사연구》, 일조각, 1979, 263쪽.

12 이광수, 〈신생활론〉, 《이광수전집》 10권, 우신사, 1979, 326쪽.

13 박준표, 《현대청년수양독본》, 영창서관, 1923, 229~232쪽; 박성진, 《사회 진화론과 식민지 사회사상》, 2003, 164쪽에서 재인용.

14 이광수, 〈민족개조론〉, 《이광수전집》 10권, 우신사, 1979, 128쪽.

15 찰스 로버트 다윈, 장대익 옮김, 《종의 기원》, 사이언스북스, 2019, 121쪽.

16 Ibid., p. 87.

17 Stocking, George W., Jr., 《Victorian Anthropology》, The Free Press, 1987, pp. 102~109; 박노자, 같은 책, 64쪽에서 재인용.

18 김도현, 《장애학의 도전》, 오월의 봄, 2019, 212쪽.

3장

1 "立身行道揚名於後世以顯父母孝之終也"; 김학주 편저, 《효경(孝經)》, 명문당, 2006, 62쪽.

2 가라타니 고진, 조영일 옮김, 《근대문학의 종언》, 도서출판b, 2006, 75쪽.

3 소영현, 〈전쟁 경험의 역사화, 한국 사회의 속물화〉, 《한국학연구》 32권, 2014, 298쪽.

4 천정환, 《근대의 책 읽기》, 푸른역사, 2003, 190쪽.

5 가토 슈이치 외, 이목 옮김, 《교양, 모든 것의 시작》, 노마드북스, 2007, 57쪽.

6 지그문트 바우만, 이일수 옮김, 《액체근대》, 도서출판 강, 2009, 52쪽.

7 미야지마 히로시, 같은 책, 233쪽.

8 박정양, 《박정양전집》 4, 아세아문화사, 1984, 268쪽.

9 배규숙, 〈대한제국기 관립의학교에 관한 연구〉, 이화여자대학교 대학원 석사학위논문, 1991, 26쪽.

10 소영현, 〈근대 인쇄 매체와 수양론·교양론·입신출세주의: 근대 주체 형성 과정에 대한 일고찰〉, 《상허학보》 18집, 2006, 203쪽.

11 원지연, 〈근대일본에서 학교제도의 보급과 학력주의의 형성〉, 《외대사학》, 12(1), 역사문화연구소, 2000, 623쪽.

12 高田里惠子, 《文学部をめぐる病い: 教養主義・ナチス・旧制高校》, 筑摩書房, 2006, 206; 윤대석, 〈경성제대의 교양주의와 일본어〉, 《대동문화연구》 59, 2007, 118쪽에서 재인용.

13 매슈 아널드, 윤지관 옮김, 《교양과 무질서》, 한길사, 2006, 75쪽.

14 매슈 아널드, 같은 책, 77쪽.

15 매슈 아널드, 같은 책, 63쪽.

16 유진오, 〈편편야화〉 27회, 《동아일보》, 1974.4.1.

17 윤대석, 같은 책, 116쪽.

18 윤대석, 같은 책, 128쪽.

19 박숙자, 《속물 교양의 탄생: 명작이라는 식민의 유령》, 푸른역사, 2012, 17쪽.

20 이태준, 《사상의 월야》, 《매일신보》, 1941.3.4.~1942.7.5.

21 박숙자, 같은 책, 93쪽.

22 박숙자, 같은 책, 93쪽.

4장

1 디디에 에리봉, 이상길 옮김, 《랭스로 되돌아가다》, 문학과 지성사, 2021, 54쪽.

2 폴 윌리스, 김찬호·김영훈 옮김, 《학교와 계급 재생산》, 이매진, 2004, 272쪽.

3 이정규, 《한국사회의 학력·학벌주의: 근원과 발달》, 집문당, 2003, 19쪽.

4 김동훈, 《한국의 학벌, 또 하나의 카스트인가》, 책세상, 2001, 21쪽; 이정규, 같은 책, 20쪽에서 재인용.

5   이정규, 같은 책, 21쪽.

6   김용욱, 〈관료행태와 학벌〉,《한국행정학보》12권, 1978, 128~137쪽; 이정
규, 같은 책, 21쪽에서 재인용.

7   박남기, 2016; 김부태, 2011; 이정규, 2003.

8   이정규, 같은 책, 13쪽.

9   김부태, 〈한국 학력·학벌주의 인식체계 분석〉,《교육학연구》49권 4호,
2011, 27쪽.

10 최돈민, 〈학력주의에서 능력주의로의 전환을 위한 방안 탐색〉,《교육종합
연구》7권 3호, 2009, 114쪽.

11 김부태, 같은 책, 33쪽.

12 김부태, 같은 책, 40쪽.

13 이경숙,《시험국민의 탄생》, 푸른역사, 2017.

14 박남기, 같은 책, 77쪽.

15 박남기, 같은 책, 78쪽.

16 우드사이드, 같은 책, 25쪽; 이 책의 1장을 참고하라.

17 채만식, 〈레디메이드 인생〉,《채만식 중·단편 대표 소설 선집》, 다빈치,
2000, 16~17쪽.

18 福澤諭吉,《学問のすゝめ》, 福澤諭吉, 1872.

19 공혜승, 〈고위공직자 절반은 SKY대학 출신〉,《법률저널》, 2014.10.22.

20 김부태, 같은 책, 40쪽.

21 김부태, 〈한국 학력·학벌주의 인식체계 분석〉,《교육학연구》49권 4호,
2011, 42쪽.

22 오찬호, 같은 책, 2013.

23 한숭희, 〈능력주의의 함정〉,《매일경제》, 2008.12.23.

24 이광호, 〈근대 한국사회의 학력주의 제도화 과정에 관한 연구(1): 학력주
의의 발생적 기원과 형태를 중심으로〉,《정신문화연구》17권 3호, 1994,
156쪽.

25 이원호,《개화기 교육정책사》, 문음사, 1987, 124쪽.

26 보성중고등학교,《보성80년사》, 1986, 90~91쪽; 이충우·최종고,《다시 보
는 경성제국대학》, 푸른사상, 2013, 58~59쪽; 이경숙, 같은 책, 114쪽에서
재인용.

27 天野郁夫, (《試験の社会史 近代日本の試験·教育·社会》, 東京大学出
版会, 1983; 이경숙, 같은 책, 112~113쪽에서 재인용.

28 김용조·이강복,《위기 이후 한국경제의 이해》, 새미, 2006, 26~45쪽.

29 김두환,〈한국의 고등교육 팽창과 교육 불평등〉,《압축성장의 고고학》, 한울, 2015, 107쪽.

30 김동춘,〈한국의 근대성과 '과잉 교육열': 한국의 국가형성과 '학력주의'의 초기적 형성〉,《한국의 근대성과 전통의 변용〉, 정신문화연구원, 1999, 114쪽.

31 이정규, 같은 책, 125~126쪽.

32 그레고리 헨더슨, 이종삼·박행웅 옮김,《소용돌이의 한국정치》, 한울, 2013, 387쪽.

33 황병주 외,《1970, 박정희 모더니즘》, 천년의상상, 2015, 204쪽.

34 황병주 외, 같은 책, 211쪽.

35 교육부·한국교육개발원,〈교육통계연보〉.

36 오찬호, 같은 책, 108쪽.

37 김경근,〈중·고등학생의 능력주의 태도 영향요인에 대한 구조방정식 모형 분석〉,《교육사회학연구》26권 2호, 2016.

38 이관후,〈시험은 공정하지도 정의롭지도 않다〉,《한겨레》, 2018.11.20.

39 Turner, Adair,〈What do banks do? Why do credit booms and busts occur and what can public policy do about it?〉,《The Future of Finance: The LSE Report》, London School of Economics and Political Science, 2010.

5장

1 Weber, Max,《Economy and Society: An Outline of Interpretive Sociology》, translated and edited by Guenther Roth and Claus Wittich, University of California Press, 1978[1922].

2 박효진,〈무안읍 복용마을 사시합격에 동네잔치〉,《무안신문》, 2008.01. 12.

3 플라톤, 박종현 역주,《(플라톤의)국가(政體)》, 서광사, 1997.

4 고시월보 편집부,《어머니 아직 촛불을 끌 때가 아닙니다》, 고시연구사, 1984, 105쪽.

5 도정일·최재천,《대담: 인문학과 자연과학이 만나다》, 휴머니스트, 2005, 107쪽.

6   고시계 편집부,《저의 힘을 다하였나이다》, 고시계사, 1994, 244쪽.

7   고시월보 편집부, 같은 책, 26쪽.

8   고시월보 편집부, 같은 책, 101쪽.

9   고시계 편집부,《정의의 월계관이 나를 기다리고》, 고시계사, 1992, 27쪽.

10   김두식,《불멸의 신성가족》, 창비, 2009.

11   김두식, 같은 책, 224~232쪽.

12   李仁,〈創刊辭《考試界》創刊에 즈음하여〉, 같은 책, 6~7쪽.

13   鄭燦珏,〈同道를 指向하는 後輩에게 드리는 글〉,《考試界》, 國家考試學
     會, 1956년 9월호, 164쪽.

14   金榮俊,〈紙上座談: 考試와 任用의 核心을 말함〉, 같은 책, 94쪽.

15   梁炳皓,〈卷頭隨想: 考試의 보람〉,《考試界》, 考試界社, 1985년 10월호,
     12쪽.

16   천도정·황인태,《법조인 선발제도별 법조계 진입유인 실증분석》, 경성e북
     스, 2014.

17   張世斗·金正述,〈第14回 司法試驗 合格者 座談會〉,《考試界》, 考試界
     社, 1972년 12월호, 117쪽.

18   조만후,〈第27回 司法試驗 合格者 座談會〉,《考試界》, 考試界社, 1985년
     12월호, 230쪽.

19   김정하,〈合格記: 그래도 해야 합니다〉,《考試界》, 考試界社, 1986년 9
     월호, 307쪽.

20   金泰賢,〈合格記: Exodus〉,《考試界》, 考試界社, 1979년 4월호, 224쪽.

21   金基善,〈考試는 人生修養이다〉,《考試界》, 考試界社, 1973년 10월호,
     105쪽.

22   金基洙,〈卷頭言: 沈默의 追跡子와 受驗生의 修行〉,《考試界》, 考試界
     社, 1982년 5월호, 11쪽.

23   金權在,〈敗者의 辯: 必死的인 臨戰態勢로서의 前進〉,《考試界》, 國家考
     試學會, 1961년 12월호, 244~246쪽.

24   李起烈,〈合格記: 10년만에 이룬 꿈〉,《考試界》, 考試界社, 1987년 4
     월호, 353쪽.

25   金箕斗,〈卷頭言: 法學徒와 휴-매니티〉,《考試界》, 考試界社, 1969년 5
     월호. 12쪽.

26   金敬宰,〈卷頭言: 考試와 對人關係〉,《考試界》, 考試界社, 1970년 8
     월호. 11쪽.

27 文鴻株〈卷頭言: 法官의 人間美〉,《考試界》, 考試界社, 1979년 10월호, 11쪽.

28 金炯雅, 〈나의 考試觀〉,《考試界》, 國家考試學會, 1957년 8월호, 71쪽.

29 李相浣, 〈合格記: 상식이 通하지 않는 길〉,《考試界》, 考試界社, 1973년 12월호. 170~171쪽.

30 黃星泰, 〈合格記: 忍苦의 意味를 되새겨보며〉,《考試界》, 考試界社, 1990년 3월호, 308쪽.

31 Lerner, M. & Miller, D., 〈Just world research and the attribution process: Looking back and ahead〉,《Psychological Bulletin》, 85, 1978, pp. 1030~1051.

32 Furnham, A., 〈Just world beliefs in twelve societies〉,《Journal of Social Psychology》, Vol. 133, 1991, pp. 317~329.

33 전성표, 〈배분적 정의, 과정적 정의 및 인간관계적 정의의 관점에서 본 한국인들의 공평성 인식과 평등의식〉,《한국사회학》40집 6호, 2006, 118~122쪽.

34 盧昌煥, 〈合格記: 解放前夜〉,《考試界》, 考試界社, 1979년 8월호. 232쪽.

35 김도영·최율, 〈대졸 청년의 공무원 시험 준비 및 합격에 나타난 계층수준과 교육성취의 효과〉,《경제와 사회》, 123호, 2019, 40~74쪽.

36 이경숙,《시험국민의 탄생》, 푸른역사, 2017, 144쪽.

37 김상희, 〈여성 사시합격률 10년새 3배 증가〉,《연합뉴스》, 2005.09.24.

38 대한변호사협회,《한국변호사백서 2010》, 2010.

39 Coué, E.,《Self Mastery Through Conscious Autosuggestion》, New York, NY: American Library Service, 1922; Walter, Henrik. et al., 〈The suggestible brain: posthypnotic effects on value-based decision-making〉,《Social Cognitive and Affect Neuroscience》, 9(9), 2014, pp. 1281~1288.

40 장은교, 〈교육부 고위간부 "민중은 개·돼지…신분제 공고화해야"〉,《경향신문》, 2016.07.08.

41 황지태·이천현·임정호·신동준, 〈법조비리의 실태와 대책에 관한 연구(II): 전관예우(전관비리)의 실태와 대책을 중심으로〉, 형사정책연구원 연구총서, 한국형사법무정책연구원, 2019.

6장

1   이경숙, 《시험국민의 탄생》, 푸른역사, 2017, 16쪽.

2   Tullock, Gordon, 〈The Welfare Costs of Tariffs, Monopolies, and
    Theft〉, 《Western Economic Journal》 Vol. 5, 1967.

3   Krueger, Anne O., 〈The Political Economy of the Rent-Seeking
    Society〉, 《American Economic Review》 64(3), 1974.

4   김행범, 〈경제규제와 지대추출〉, 《한국제도경제학회》, 7(2), 2013.

5   Sørensen, Aage B., 〈Toward a Sounder Basis for Class Analysis〉,
    《American Journal of Sociology》 Vol. 105, No.6, 2000.

6   박도순, 〈대학수학능력시험의 구조와 의미〉, 《교육평가연구》 4권 2호,
    1991.

7   이지영·고영선, 〈대학서열과 생애임금격차〉, 한국노동연구원 워킹페이퍼
    2019년 1호.

8   사과집, 《공채형 인간》, 라이스메이커, 2019, 5쪽.

9   이진구·이효중·박상훈, 〈한국 인력채용 방식의 특성분석 연구 공개채용제
    도를 중심으로〉, 한국산업인력공단 위탁 보고서, 2016, 65~66쪽.

10 이종구·김홍유, 〈한국 공채문화의 사적 전개과정과 시대별 특성 비교분석
    에 관한 탐색적 연구〉, 《경영사학》 25권 2호, 2010.

11 이종구·김홍유, 같은 글, 234쪽.

12 정이환, 《현대 노동시장의 정치사회학》, 후마니타스, 2006, 110쪽.

13 박태주·오건호, 〈비정규직, 현대판 신분제인가〉, 《창작과비평》 통권 140
    호, 2008.

14 박준식, 1997; 황수경, 2003, 이병훈·김유선, 2003, 정이환, 2013.

15 금재호, 2000; 김유선, 2003; 강순희, 2007; 이시균·윤진호, 2007.

16 최재봉, 〈신춘문예 100년과 《한겨레》〉, 《한겨레》, 2015.01.01.

17 주예지 용접공 비하 발언 논란 영상 원본 https://www.youtube.com/
    watch?v=SYYMHaTyVvY

18 프란츠 파농, 노서경 옮김, 《검은 피부, 하얀 가면》, 문학동네, 2014,
    138쪽.

19 손석희, 〈휴거, 조롱의 대상으로〉, JTBC, 2016.3.15.

20 이승현 외, 〈혐오표현 리포트〉, 국가인권위원회, 2019, 13쪽.

21 박권일 외, 〈공백을 들여다보는 어떤 방식: 넷우익이라는 '보편증상'〉, 《지

금, 여기의 극우주의》, 자음과 모음, 2014, 58쪽.

22 고든 올포트, 석기용 옮김,《편견》, 교양인, 2020, 120쪽.

7장

1   송호근,《한국의 평등주의, 그 마음의 습관》, 삼성경제연구소, 2006, 13쪽.

2   송호근, 같은 책, 28~29쪽.

3   송호근, 같은 책, 81쪽.

4   송호근, 같은 책, 83쪽.

5   박권일,〈부자에게 유리한 한국형 평등주의〉,《시사IN》, 2008.10.07; 강준
    만,〈한국형 평등주의〉,《한겨레》, 2008.12.14.

6   정해식·김미곤·여유진·김성근·류연규·우선희·김근혜,《사회통합 실태 진
    단 및 대응 방안 연구(V)》, 한국보건사회연구원, 2018, 94쪽.

7   김정희원,〈'공정'의 이데올로기, 문제화를 넘어 대안을 모색할 때〉,《황해
    문화》109호, 2020, 35쪽.

8   정한울,〈한국사회 공정성 인식 조사: 요약〉, 한국리서치, 2018. 3.30;
    https://hrcopinion.co.kr/archives/11697

9   한국리서치 여론조사본부 정기조사팀, 같은 글, 25쪽.

10 한국리서치 여론조사본부 정기조사팀, 같은 글, 13쪽.

11 마이클 영, 유강은 옮김,《능력주의: 2034년, 평등하고 공정하고 정의로운
    엘리트 계급의 세습 이야기》, 이매진, 2020.

12 마이클 샌델, 함규진 옮김,《공정하다는 착각》, 와이즈베리, 2020; 스티븐
    J. 맥나미·로버트 K. 밀러 주니어, 김현정 옮김,《능력주의는 허구다》, 사
    이, 2015.

13 전성표,〈배분적 정의, 과정적 정의 및 인간관계적 정의의 관점에서 본 한
    국인들의 공평성 인식과 평등의식〉,《한국사회학》40집 6호, 2006, 115쪽.

14 한국리서치 여론조사본부 정기조사팀, 같은 글, 22쪽, 39쪽.

15 Hijzen, Alexander., Gould, Eric.,〈Growing Apart, Losing Trust?
    The Impact of Inequality on Social Capital〉, IMF Working Papers,
    2016.08.22.

16 김민정,〈휠체어 학생에…계단강의실 고집한 대학생들〉,《조선일보》,
    2017.04.05.

17 신지수,〈무릎 꿇은 장애인 학생 엄마들 "우리 아이는 혐오시설이 아니

다"〉, 《오마이뉴스》, 2017.09.05.

18 이재훈, 〈하나고 학부모들, 공익제보 교사에게 "학교 떠나라"〉, 《한겨레》, 2015.09.09.

19 위르겐 하버마스, 임재진 옮김, 《하버마스의 후기 자본주의 정당성 문제》, 종로서적, 1983, 28쪽.

20 안희경, 〈하워드 가드너 미국 하버드대 교수 "한국, 경제적으로 성공했는데… '전쟁터 사회' 벗어날 때도 돼"〉, 《경향신문》, 2014.01.27.

21 손해용, 〈1인당 국민소득 '3만 달러시대' 개막…'4만 달러' 가는 길은 첩첩산중〉, 《중앙일보》, 2018.12.01.

22 Inglehart, Ronald, 《The Silent Revolution: Changing Values and Political Styles Among Western Publics》, Princeton, NJ: Princeton University Press, 1977; 로널드 잉글하트·크리스찬 웰젤, 지은주 옮김, 《민주주의는 어떻게 오는가》, 김영사, 2011.

23 Jackman, Robert W., Miller, Ross A., 〈Social Capital and Politics〉, 《Annual Review of Political Science》 I, 1998.

24 로널드 잉글하트·크리스찬 웰젤, 같은 책, 430쪽; 참고로 알몬드와 버바는 1960년대에 정치체제와 시민문화의 관련성에 대한 선구적 연구를 진행했다; Almond, Gabriel A., Verba, Sidney., 《The Civic Culture: Political Attitudes and Democracy in Five Nations》, Little, Brown & Company, 1965.

25 어수영, 2004; 김욱·이이범, 2006.

26 세계가치관조사(데이터) https://www.worldvaluessurvey.org/WVSContents.jsp

27 장덕진, 〈데이터로 본 한국인의 가치관 변동〉, 《한국인의 의식 변화》, 박태준미래전략연구소, 2016, 27~28쪽.

28 김상준, 〈변호사시험 합격 발표를 보며〉, 《매일경제》, 2018.04.20.

29 장신, 〈일제하 조선인 고등관료의 형성과 정체성: 고등문관시험 행정과 합격자를 중심으로〉, 《역사와 현실》 63, 2007, 66쪽.

30 프리드리히 니체, 김정현 옮김, 〈도덕의 계보: 제1논문〉, 《선악의 저편·도덕의 계보》, 책세상, 2002, 353쪽.

31 송호근, 《한국의 평등주의, 그 마음의 습관》, 삼성경제연구소, 2006.

32 최장집, 《민주화 이후의 민주주의: 한국 민주주의의 보수적 기원과 위기》, 후마니타스, 2005, 270쪽.

33 이지은, 〈거대 양당, 비례대표 선거의 흑역사를 새로 쓰다〉, 《한겨레》, 2020.03.22.

34 Welzel, Christian., Klingemann, Hans-Dieter., 〈Evidencing and Explaining Democratic Congruence: The Perspective of 'Substantive' Democracy〉, 《World Values Research》 Vol. 1, No. 3, 2008, p. 68.

35 로널드 잉글하트·크리스찬 웰젤, 지은주 옮김, 《민주주의는 어떻게 오는가》, 김영사, 2011, 247쪽

36 Gills and Rocamora, 1992; O'donnell, 1996; Bunce, 2000; Heller, 2000; Rose, 2001 참조; 로널드 잉글하트·크리스찬 웰젤, 같은 책, 266쪽에서 재인용.

37 프리덤 하우스 자유지수 https://freedomhouse.org/report/freedom-world

38 로널드 잉글하트·크리스찬 웰젤, 같은 책, 340~342쪽.

39 로널드 잉글하트·크리스찬 웰젤, 같은 책, 344쪽.

40 로널드 잉글하트·크리스찬 웰젤, 같은 책, 285쪽.

41 《이코노미스트》 민주주의 지수 https://www.eiu.com/n/campaigns/democracy-index-2020/; 프리덤 하우스 자유지수 https://freedomhouse.org/report/freedom-world; '국경 없는 기자회' 언론자유 지수 https://rsf.org/en/ranking

42 세계은행 부패통제지수 https://databank.worldbank.org/databases/control-of-corruption; 국제투명성기구 부패인식지수 https://www.transparency.org/en/cpi/2020/index/nzl

43 로널드 잉글하트·크리스찬 웰젤, 같은 책, 363쪽.

44 로널드 잉글하트·크리스찬 웰젤, 같은 책, 399쪽.

45 로널드 잉글하트·크리스찬 웰젤, 같은 책, 392쪽.

46 로널드 잉글하트·크리스찬 웰젤, 같은 책, 213~215쪽.

47 Hwang, I. J., Willis, Charmaine N., 〈Protest by Candlelight: A Comparative Analysis of Candlelight Vigils in South Korea, 2002-2017〉, 《Journal of Civil Society》 Vol. 16, No.3, 2020, pp. 260~272; Chang, Paul Y., 〈Candlelight Protests in South Korea: The Legacies of Authoritarianism and Democratization〉, 《사회과학연구논총(Ewha Journal of Social Sciences)》 Vol. 34, No.1, 2018, pp. 5~18.

48 로널드 잉글하트·크리스찬 웰젤, 같은 책, 357쪽.

49   김혜지, 〈OECD "한국 최고위층 부패 여전··· 비리 뿌리뽑지 못했다"〉,
     《뉴스1》, 2020.08.11.

50   《이코노미스트》 민주주의 지수; https://www.eiu.com/n/campaigns/
     democracy-index-2020/

51   이양호·권혁용·지은주, 〈한국의 민주주의: 제도와 가치체계의 부조응〉,
     《한국과 국제정치》 29권 2호, 2013.

52   로널드 잉글하트·크리스찬 웰젤, 같은 책, 235쪽.

53   https://www.oecd.org/social/society-at-a-glance-19991290.htm

54   이 문항은 이후 5차 조사부터 제외됐다.

55   4차 세계가치관조사 https://www.worldvaluessurvey.org/WVSDocumen
     tationWV4.jsp

56   김영순·여유진, 〈한국인의 복지태도: 비계급성과 비일관성 문제를 중심으
     로〉, 《경제와 사회》 91호, 2011, 225쪽.

57   김영란, 1995; 최균·류진석, 2000; 이성균, 2002; 백정미 외, 2008.

58   김영순·여유진, 같은 책, 231쪽.

59   최장집, 같은 책, 270쪽.

60   고려대학교 평화와 민주주의연구소, 〈민주주의 발전을 위한 다수제와 비
     례대표제의 비교연구〉(중앙선거관리위원회 연구용역 보고서), 2015, 9쪽.

8장

1   노벨 경제학상 수상자인 로버트 루커스의 발언이다; 앤서니 B. 앳킨슨, 장
     경덕 옮김, 《불평등을 넘어》, 글항아리, 2015, 33쪽.

2   OECD, 〈In It Together: Why Less Inequality Benefits All〉, May 21,
     2015; https://www.oecd.org/social/in-it-together-why-less-inequali
     ty-benefits-all-9789264235120-en.htm

3   리처드 윌킨슨·케이트 피킷, 전재웅 옮김, 《평등이 답이다: 왜 평등한 사회
     는 늘 바람직한가》, 이후, 2012.

4   Cohen, G. A., 《Rescuing Justice and Equality》, Harvard University
     Press, 2008; Cohen, G. A., 〈Freedom and Money〉, 《On the Currency
     of Egalitarian Justice, and Other Essays in Political Philosophy》, edited
     by Michael Otsuka, Princeton University Press, 2011.

5   이반 일리치, 노승영 옮김, 《그림자 노동》, 사월의 책, 2015.

6   실비아 페데리치, 황성원·김민철 옮김, 《캘리번과 마녀》, 갈무리, 2011.

7   Young, Michael, 《The Rise of the Meritocracy 1870-2033: An Essay on Education and Equality》, London: Thames & Hudson, 1958.

8   Weber, Max, 《Economy and Society: An Outline of Interpretive Sociology》, translated and edited by Guenther Roth and Claus Wittich, University of California Press, 1978[1922].

9   Tilly, Charles, 《Durable Inequality》, University of California Press, 1999.

10 Cho, M., Hyun, K. S., Chung, D. C., Choi, I. Y., Kim, M. J., & Chang, Y. P., 〈eNOS gene polymorphisms in perinatal hypoxic-ischemic encephalopathy〉, 《The Korean Journal of Pathology》 43(4), 2009.

11 의학논문 출판윤리 가이드라인 https://www.kamje.or.kr/board/view?b_name=bo_publication&bo_id=7

12 서민선, 〈조국 딸 2주만에 이름 얹은 논문, 7년간 지속된 연구였다〉, 《노컷뉴스》, 2019.09.04.

13 박희원, 〈민주당 "조국 딸 특혜 아닌 보편적 기회"〉, 《노컷뉴스》, 2019.08. 21.

14 Medina, Jennifer., Benner, Katie., Taylor, Kate., 〈Actresses, Business Leaders and Other Wealthy Parents Charged in U.S. College Entry Fraud〉, 《The New York Times》, 2019.03.12.

15 로런 리베라, 이희령 옮김, 《그들만의 채용리그》, 지식의 날개, 2020, 359쪽.

16 루이 알튀세르, 서관모 옮김, 《마르크스를 위하여》, 후마니타스, 2017, 201쪽.

17 카를 마르크스·프리드리히 엥겔스, 최인호 외 옮김, 〈임금노동과 자본〉, 같은 책, 564쪽.

18 월터 리프먼, 이동근 옮김, 《여론》, 커뮤니케이션북스, 2021.

19 에드워드 S. 허먼, 노엄 촘스키, 정경옥 옮김, 《여론조작: 매스미디어의 정치경제학》, 에코리브르, 2006

20 안토니오 그람시, 이상훈 옮김, 《그람시의 옥중수고 1》, 거름, 2006, 228쪽.

21 안토니오 그람시, 이상훈 옮김, 같은 책, 180쪽.

22 안토니오 그람시, 이상훈 옮김, 같은 책, 182쪽.

23 안토니오 그람시, 이상훈 옮김, 같은 책, 같은 쪽.

9장

1 이재율, 〈공적주의 분배적 정의론〉, 《한국사회과학연구》 9권, 1990, 121쪽.

2 존 롤스, 황경식 옮김, 《정의론》, 이학사, 2003, 153쪽.

3 존 롤스, 같은 책, 155쪽.

4 존 롤스, 같은 책, 155쪽.

5 존 롤스, 같은 책, 105쪽; 번역본의 문장을 필자가 윤문.

6 존 롤스, 같은 책, 152~153쪽.

7 존 롤스, 같은 책, 154쪽.

8 Chambliss, Daniel F., 〈The Mundanity of Excellence〉, 《Sociological Theory》 Vol. 7, No. 1, 1989.

9 Hochschild, J. L., 《What's Fair? American Beliefs about Distributive Justice》, Harvard University Press, 1981, p. 61; 이재율, 같은 책, 130쪽에서 재인용.

10 존 롤스, 같은 책, 155쪽.

11 존 롤스, 같은 책, 411~412쪽.

12 마이클 샌델, 이창신 옮김, 《정의란 무엇인가》, 김영사, 2010, 251~252쪽.

13 John Rawls, 《Justice as Fairness: A Restatement》, Belknap Press, 2001, sec20; 이한, 《정의란 무엇인가는 틀렸다》, 미지북스, 2012, 203쪽에서 재인용.

14 아리스토텔레스, 이창우·김재홍·강상진 옮김, 《니코마코스 윤리학》, 이제이북스, 2006, 169쪽.

15 Clark, John Bates, 《The Distribution of Wealth: A Theory of Wages, Interest and Profits》, New York: Macmillan, 1908, preface v.

16 Veblen, Thornstein, 〈Professor Clark's Economics〉, 《The Quarterly Journal of Economics》 Vol. 22, Issue 2, 1908.

17 Adriance, Walter M., 〈Specific Productivity〉, 《The Quarterly Journal of Economics》 Vol. 29, Issue 1, 1914.

18 Stigler, George J., 《Production and Distribution Theories: The Formative Period》, Macmillan, 1941.

19 Sen, Amartya, 〈Just Deserts〉, 《The New York Review of Books》, March 4, 1982.

20 조앤 로빈슨 외, 주종환 옮김, 《현대경제학비판》, 일조각, 1979, 113쪽.

21 존 롤스, 같은 책, 407쪽.

22 존 롤스, 같은 책, 403쪽.

23 박상혁, 〈롤스의 평등주의적 자유주의와 경제적 응분〉, 《철학연구》 78, 2007, 105쪽.

24 박상혁, 같은 글, 106쪽.

25 Cohen, G. A., 《Rescuing Justice and Equality》, Harvard University Press, 2008, p. 39; G. A. 코헨, 조승래 옮김, 《이 세상이 백 명이 놀러온 캠핑장이라면》, 이숲, 2013, 89쪽.

26 Cohen, G. A., Ibid, p. 34; G. A. 코헨, 같은 책, 90쪽.

27 존 롤스, 《정의론》, 278쪽.

28 Cohen, G. A., 〈Freedom and Money〉, 《On the Currency of Egalitarian Justice, and Other Essays in Political Philosophy》, edited by Michael Otsuka, Princeton University Press, 2011, pp. 169~189.

29 G. A. 코헨, 같은 책, 19~20쪽.

30 G. A. 코헨, 같은 책, 28쪽.

31 G. A. 코헨, 같은 책, 54쪽.

32 G. A. 코헨, 같은 책, 55~67쪽.

33 자크 랑시에르, 진태원 옮김, 《불화》, 길, 2015, 42쪽.

34 자크 랑시에르, 같은 책, 43쪽.

35 자크 랑시에르, 양창렬 옮김, 《정치적인 것의 가장자리에서》, 길, 2013, 226쪽.

36 자크 랑시에르, 양창렬 옮김, 《무지한 스승》, 궁리, 2008, 34쪽.

37 Jean-Joseph Jacotot, 《Enseignement Universel: Langue Maternelle》, 6 édition, Paris, 1841 p. 109; 자크 랑시에르, 앞의 책, 170쪽.

38 자크 랑시에르, 양창렬 옮김, 《정치적인 것의 가장자리에서》, 길, 2013, 98쪽.

39 자크 랑시에르, 앞의 책, 102쪽.

10장

1 마이클 샌델, 함규진 옮김, 《공정하다는 착각: 능력주의는 모두에게 같은 기회를 제공하는가》, 와이즈베리, 2020.

2 마이클 샌델, 같은 책, 250쪽.

3 마이클 샌델, 같은 책, 256쪽.

4 마이클 샌델, 같은 책, 204~222쪽.

5 Knight, Frank Hyneman, 《The Ethics of Competition》, New Brunswick, 1997, p. 46.

6 마이클 샌델, 같은 책, 351쪽.

7 이 책 8장 '불평등, 능력주의, 이데올로기'를 참고하라.

8 이 책 9장 '이상적 능력주의 비판'을 참고하라.

9 Veblen, Thorstein, 《The Engineers and the Price System》, New Brunswick: Transactions Books, 1983(1921), p. 56; 가 알페로비츠·루 데일리, 원용찬 옮김, 《독식비판》, 민음사, 2011, 140쪽에서 재인용.

10 Solow, Robert M., 〈Technical Change and the Aggregate Production Function〉, 《The Review of Economics and Statistics》 Vol. 39, No. 3, 1957.

11 가 알페로비츠·루 데일리, 원용찬 옮김, 《독식비판》, 민음사, 2011, 16~17쪽.

12 아마르티아 센, 이규원 옮김, 《정의의 아이디어》, 지식의 날개, 2019, 17쪽.

13 전혜원, 〈노조여 세상을 바꾸려면 호봉제부터 바꿔라〉, 《시사IN》, 2021. 01.25.

14 이민영·김영두, 1998; 김동배·정진호, 2006; 민주노총정책실, 2007; 정승국, 2010; 이인재·안종범·최형재, 2010; 정이환, 2013; 경제사회발전노사정위원회, 2016; 권현지·함선유, 2017; 장홍근 외, 2017.

15 이철승, 《쌀 재난 국가: 한국인은 어떻게 불평등해졌는가》, 문학과지성사, 2021, 317쪽.

16 정이환, 《한국 고용체제론》, 후마니타스, 2013; 정승국, 〈독일 금속산업 ERA 임금체계의 도입 과정과 구조〉, 윤진호·이병훈 외, 《일의 가격은 어떻게 결정되는가 2》, 한울, 2012.

17 지주형, 《한국 신자유주의의 기원과 형성》, 책세상, 2011, 239~240쪽, 260~261쪽.

18 노승혁, 〈이재명 "내년부터 공공부문 단기 비정규직에 더 많은 임금"〉, 《연합뉴스》, 2020.07.22.

19 나세웅, 〈국민 청원 하루 만에 6만 명…여자도 군대 가라?〉, MBC 뉴스데스크, 2021.04.19.

20 류숙렬, 〈이프를 열며: 여자도 군대 보내라!〉, 《페미니스트 저널 이프》, 2003년 봄호.

21 김창환·오병돈, 〈경력단절 이전 여성은 차별받지 않는가?: 대졸 20대 청년층의 졸업 직후 성별 소득격차 분석〉, 《한국사회학》 53집 1호, 2019.

22 The Economist, 〈Glass-ceiling index〉, 《The Economist》, 2018; https://www.economist.com/graphic-detail/2019/03/08/the-glass-ceiling-index

23 다니엘 핑크, 김주환 옮김, 《드라이브》, 청림출판, 2011, 41쪽.

24 마이클 앨버트, 김익희 옮김, 《파레콘: 자본주의 이후 인류의 삶》, 북로드, 2003, 384쪽.

25 마이클 앨버트, 같은 책, 394~395쪽.

26 정인관·최성수·황선재·최율, 〈한국의 세대 간 사회이동과 교육 불평등: 2000년대 이후 경험적 연구에 대한 종합적 검토〉, 《경제와 사회》 127호, 2020.

27 정인관·최성수·황선재·최율, 같은 글, 46~47쪽.

28 마리아나 마추카토, 안진환 옮김, 《가치의 모든 것》, 민음사, 2020, 437쪽.

29 번역은 필자. Graeber, David, 〈On the Phenomenon of Bullshit Jobs: A Work Rant〉, 《Strike! Magazine》 August 2013; https://www.strike.coop/bullshit-jobs/

30 샘 피지개티, 허윤정 옮김, 《최고임금》, 루아크, 2018, 40쪽.

31 샘 피지개티, 같은 책, 121~122쪽.

32 Oxfam, SEI, 〈The Carbon Inequality Era: An assessment of the global distribution of consumption emissions among individuals from 1990 to 2015 and beyond〉, September 2020.

33 Woolf, Nicky, 〈Portland to vote on taxing companies if CEO earns 100 times more than staff〉, 《The Guardian》, 2016.12.06.

34 박권일, 〈한국 능력주의의 형성과 그 비판: 《고시계》 텍스트 분석을 중심으로〉, 성균관대학교 비교문화협동과정 석사학위 논문, 2018.

35 김현민, 〈다원적 능력주의 개념의 탐색과 평생교육적 함의〉, 한국교원대학

교 대학원 석사학위 논문, 2020, 41쪽.

36 대런 애스모글루, 제임스 A. 로빈슨, 최완규 옮김, 《국가는 왜 실패하는 가》, 시공사, 2012, 126쪽.

37 구해근, 신광영 옮김, 《한국 노동계급의 형성》, 창작과비평사, 2002, 279쪽.

38 한태희, 〈국민 10명중 8명 "한국사회 차별 심각…경제적 불평등이 주요 인"〉, 《뉴스핌》, 2020.06.23.

39 세계문화지도(The Inglehart-Welzel World Cultural Map 2020); https://www.worldvaluessurvey.org/

40 《이코노미스트》 민주주의 지수 https://www.eiu.com/n/campaigns/democracy-index-2020/; 구체적 논의는 7장을 참고하라.

41 최장집, 《민주화 이후의 민주주의: 한국 민주주의의 보수적 기원과 위기》, 후마니타스, 2005.

42 김동춘, 〈한국의 근대성과 '과잉 교육열'〉, 《근대의 그늘: 한국의 근대성과 민족주의》, 당대, 2000, 162쪽.

43 Beck, Ulrich, 《Risk Society: Towards A New Modernity》, Sage Publications, 1992, p. 137.

44 발터 샤이델, 조미현 옮김, 《불평등의 역사》, 에코리브르, 2017.

45 토마 피케티, 장경덕 옮김, 《21세기 자본》, 글항아리, 2014.

46 고세훈, 《영국노동당사》, 나남, 1999.

47 임지선·허남설, 〈비례대표용 위성정당은 준연동형 빈틈 파고든 '꼼수'〉, 《경향신문》, 2020.02.09

48 토마 피케티, 안준범 옮김, 《자본과 이데올로기》, 문학동네, 2020, 19쪽.

49 토마 피케티, 같은 책, 58쪽.

50 토마 피케티, 같은 책, 54쪽.

51 제이콥 해커·폴 피어슨, 조자현 옮김, 《부자들은 왜 우리를 힘들게 하는가 : 승자독식의 정치학》, 21세기북스, 2012.

52 Gilens, Martin, 〈Inequality and Democratic Responsiveness〉, 《Public Opinion Quarterly》 Vol. 69, Issue 5, 2005.

53 제이콥 해커·폴 피어슨, 같은 책, 179쪽.

54 에릭 올린 라이트, 권화현 옮김, 《리얼 유토피아: 좋은 사회를 향한 진지한 대화》, 들녘, 2012, 173쪽.

55 L. 랜덜 레이, 홍기빈 옮김, 《균형재정론은 틀렸다: 화폐의 비밀과 현대화

페이론》, 책담, 2017.

56   Atkinson, A. B., 〈The case for a participation income〉, 《The Political Quarterly》 Vol. 67, Issue 1, 1996.

57   Hardin, Garret, 〈The Tragedy of the Commons〉, 《Science》 Vol. 162, Issue 3859, 13 December 1968.

58   엘리너 오스트롬, 윤홍근·안도경 옮김, 《공유의 비극을 넘어》, 랜덤하우스 코리아, 2010.

59   Sztompka, Piotr, 〈Trust, Distrust, and Two Paradoxes of Democracy〉, 《European Journal of Social Theory》 Vol. 1, Issue 1, 1998.

60   로널드 잉글하트·크리스찬 웰젤, 같은 책, 213쪽.

61   신한슬, 〈대표도, 조직도 없는 '달팽이 민주주의'의 승리〉, 《시사IN》, 2016.08.17.

62   이재훈·박권일·김경근·이창근, 〈청년조합원에 대한 이해와 노동조합의 과제〉, 사회공공연구원 연구보고서, 2019.

63   이졸데 카림, 이승희 옮김, 《나와 타자들》, 민음사, 2019, 151쪽.

64   이졸데 카림, 같은 책, 70쪽.

65   Tobin, James, 〈On Limiting the Domain of Inequality〉, 《Journal of Law and Economics》 Vol. 13, 1970, p. 264.

66   김양중, 〈국민 10명중 7명 의료영리화 반대〉, 《한겨레》, 2014.06.24.

에필로그

1   Fanon, Frantz, 《Black Skin, White Masks》, New York: Grove Press, 1967[1952], p. 211.

2   마이클 영, 유강은 옮김, 《능력주의: 2034년, 평등하고 공정하고 정의로운 엘리트 계급의 세습 이야기》, 이매진, 2020.

참고문헌

국내문헌

잡지 《고시계》

《考試界》, 國家考試學會, 1956年 6月號
《考試界》, 國家考試學會, 1956年 9月號
《考試界》, 國家考試學會, 1957年 8月號
《考試界》, 國家考試學會, 1961年 12月號
《考試界》, 考試界社, 1969年 5月號.
《考試界》, 考試界社, 1970年 8月號
《考試界》, 考試界社, 1972年 12月號
《考試界》, 考試界社, 1973年 10月號
《考試界》, 考試界社, 1973年 12月號
《考試界》, 考試界社, 1979年 4月號,
《考試界》, 考試界社, 1979年 8月號
《考試界》, 考試界社, 1979年 10月號
《考試界》, 考試界社, 1982年 5月號
《考試界》, 考試界社, 1985年 10月號
《考試界》, 考試界社, 1985年 12月號

《考試界》, 考試界社, 1986年 9月號

《考試界》, 考試界社, 1987年 4月號

《考試界》, 考試界社, 1990年 3月號

가 알페로비츠·루 데일리, 원용찬 옮김, 《독식비판》, 민음사, 2011.

가라타니 고진, 조영일 옮김, 《근대문학의 종언》, 도서출판b, 2006.

가토 슈이치 외, 이목 옮김, 《교양, 모든 것의 시작》, 노마드북스, 2007.

강순희, 〈참여정부 정책 보고서 2-31 비정규직보호 편〉, 대통령자문정책기획
위원회, 2007.

강승복·박철성, 〈임금분산에 대한 노동조합의 효과: 제조업을 중심으로〉, 《한
국노동경제논집》 37권 3호, 2014.

강준만, 〈왜 부모를 잘 둔 것도 능력이 되었나? : 능력주의 커뮤니케이션의 심리
적 기제〉, 《사회과학연구》 55집 2호, 2016.

강준만, 〈한국형 평등주의〉, 《한겨레》, 2008.12.14.

게오르크 루카치, 조만영·박정호 옮김, 《역사와 계급의식》, 거름, 2005.

경제사회발전노사정위원회, 〈2016 임금보고서: 임금체계 개편의 대안 모색〉,
2016.

곽중현, 〈자기계발로부터의 도피?〉, 한국사회학회 2009 전기 사회학대회.

고시계 편집부, 《저의 힘을 다하였나이다》, 고시계사, 1994.

고시계 편집부, 《정의의 월계관이 나를 기다리고》, 고시계사, 1992.

고시월보 편집부, 《어머니 아직 촛불을 끌 때가 아닙니다》, 고시연구사, 1984.

고용노동부, 〈임금체계 개편을 위한 가이드북〉, 2016.

공혜승, 〈고위공직자 절반은 SKY대학 출신〉, 《법률저널》, 2014.10.22.

교육부·한국교육개발원, 〈교육통계연보〉.

구해근, 신광영 옮김, 《한국 노동계급의 형성》, 창작과 비평사, 2002.

국사편찬위원회 편, 《Yun Chi-ho's Diary》, Vol.2, 1890.2.14.

국사편찬위원회 편, 《Yun Chi-ho's Diary》, Vol.3, 1894.11.1.

권성민·정명선, 〈실력주의의 이해와 비판적 고찰〉, 《인문학논총》 30권, 2012.

권창규, 《상품의 시대》, 민음사, 2014.

권현지·함선유, 〈연공성 임금을 매개로 한 조직내 관계적 불평등: 내부자-외부
자 격차에 대한 분석〉, 《산업노동연구》 23 (2), 2017.

그레고리 헨더슨, 이종삼·박행웅 옮김, 《소용돌이의 한국정치》, 한울, 2013.

금재호, 〈비정규직 함정은 존재하는가〉, 《분기별 노동동향분석》 13권 4호, 한국

노동연구원, 2000.

김경근, 〈중·고등학생의 능력주의 태도 영향요인에 대한 구조방정식 모형 분석〉, 《교육사회학연구》 26권 2호, 2016.

김공회·오승훈 〈대담하게 왜곡된 '위대한 탈출' 국내 첫 인터뷰와 사건의 전말〉, 《한겨레》, 2015.10.30.

김기옥, 〈조선시대의 과거제도와 현대 행정고등고시 제도의 비교연구〉, 《인문사회과학연구》 7권, 2000.

김낙년, 〈한국에서의 부와 상속, 1970–2013〉, 낙성대경제연구소, 2015.

김도영·최율, 〈대졸 청년의 공무원 시험 준비 및 합격에 나타난 계층수준과 교육성취의 효과〉, 《경제와 사회》 123호, 2019.

김도현, 《장애학의 도전》, 오월의 봄, 2019.

김동배·박호환 〈임금체계에 관한 근로자 인식〉, 《임금체계와 결정방식》, 한국노동연구원, 2005.

김동배·정진호, 〈임금체계의 실태와 정책과제〉, 한국노동연구원, 2006.

김동춘, 〈한국의 근대성과 '과잉 교육열'〉, 《근대의 그늘: 한국의 근대성과 민족주의》, 당대, 2000.

김동훈, 《한국의 학벌, 또 하나의 카스트인가》, 책세상, 2001.

김두식, 《불멸의 신성가족》, 창비, 200.9

김두환 외, 《압축성장의 고고학》, 한울, 2015.

김록환, 〈군경은 국가배상 못 받는다, 45년 전 유신 조항 그대로〉, 《중앙일보》, 2017.09.22.

김미영, 〈능력주의에 대한 공동체주의의 해체: 능력·공과·필요의 복합평등론〉, 《경제와 사회》 84호, 2009.

김민정, 〈휠체어 학생에 계단강의실 고집한 대학생들〉, 《조선일보》, 2017.04.05.

김부태, 〈한국 학력·학벌주의 인식체계 분석〉, 《교육학연구》 49권 4호, 2011

김상준, 〈변호사시험 합격 발표를 보며〉, 《매일경제》, 2018.04.20.

김양중, 〈국민 10명중 7명 의료영리화 반대〉, 《한겨레》, 2014.06.24.

김영란, 〈이데올로기와 복지태도〉, 《고려사회학논집》 9권, 1995

김영순·여유진, 〈한국인의 복지태도: 비계급성과 비일관성 문제를 중심으로〉, 《경제와 사회》 91호, 2011.

김용욱, 〈관료행태와 학벌〉, 《한국행정학보》 12권, 1978.

김용조·이강복, 《위기 이후 한국경제의 이해》, 새미, 2006.

김욱·이이범, 〈탈물질주의와 민주주의 한국과 일본의 정치문화 변동 비교〉, 《한국정당학회보》5집 2호, 2006.

김유미, 〈"불평등이 성장의 발판"…'위대한 탈출'은 피케티 허구 드러낸 역작〉, 《한국경제신문》, 2015.10.13.

김유선, 〈기업의 비정규직 사용 결정요인〉, 《노동정책연구》3권 3호, 한국노동연구원, 2003.

김재호, 〈조선왕조 장기지속의 경제적 기원〉, 《경제학연구》59집 4호, 2011.

김정희원, 〈'공정'의 이데올로기, 문제화를 넘어 대안을 모색할 때〉, 《황해문화》 109호, 2020.

김창환·오병돈, 〈경력단절 이전 여성은 차별받지 않는가?: 대졸 20대 청년층의 졸업 직후 성별 소득격차 분석〉, 《한국사회학》53집 1호, 2019.

김판석·윤주희, 〈고려와 조선왕조의 관리등용제도 - 과거제도의 재해석〉, 《한국사회와 행정연구》11(2), 2000.

김학주 편저, 《효경(孝經)》, 명문당, 2006.

김행범, 〈경제규제와 지대추출〉, 《한국제도경제학회》, 7(2), 2013.

김현민, 〈다원적 능력주의 개념의 탐색과 평생교육적 함의〉, 한국교원대학교 대학원 석사학위 논문, 2020.

김혜지, 〈OECD "한국 최고위층 부패 여전…비리 뿌리뽑지 못했다"〉, 《뉴스1》, 2020.08.11.

김환일, 〈일본 임금 체계의 역사적 변화에 관한 연구〉, 《한일경상논집》56권, 2012

나세웅, 〈국민 청원 하루 만에 6만 명…여자도 군대 가라?〉, MBC 뉴스데스크, 2021.04.19.

나은영·차유리, 〈한국인의 가치관 변화 추이: 1979년, 1998년 및 2010년의 조사 결과 비교〉, 《한국심리학회지: 사회 및 성격》13(2), 2010.

남춘호, 〈교육불평등과 노동시장〉, 《지역사회학》, 4권 2호, 2003.

노승혁, 〈이재명 "내년부터 공공부문 단기 비정규직에 더 많은 임금"〉, 《연합뉴스》, 2020.07.22.

다니엘 핑크, 김주환 옮김, 《드라이브》, 청림출판, 2011.

대런 애스모글루, 제임스 A. 로빈슨, 최완규 옮김, 《국가는 왜 실패하는가》, 시공사, 2012.

대한상공회의소, 〈한·미·일·독 기업의 채용시스템 비교와 시사점〉, 2013. 5.

데이비드 코츠, 이영철 옮김, 《현대자본주의의 유형》, 문학과지성사, 2003.

도정일·최재천, 《대담: 인문학과 자연과학이 만나다》, 휴머니스트, 2005.

레프 니콜라예비치 톨스토이, 윤새라 옮김, 《안나 카레니나》, 펭귄클래식코리아, 2011.

로런 리베라, 이희령 옮김, 《그들만의 채용리그》, 지식의 날개, 2020.

로널드 잉글하트·크리스찬 웰젤, 지은주 옮김, 《민주주의는 어떻게 오는가: 근대화, 문화적 이동, 가치관의 변화로 읽는 민주주의의 발전 지도》, 김영사, 2011.

로이 바스카, 이기홍 옮김, 《비판적 실재론과 해방의 사회과학》, 후마니타스, 2007.

루이 알튀세르, 서관모 옮김, 《마르크스를 위하여》, 후마니타스, 2017.

류동희·이종구·김홍유, 〈한국 대기업의 채용패턴 변천과정과 시대별 특성 비교 분석에 관한 연구〉, 《경영사학》. 27집 4호, 2012.

류숙렬, 〈이프를 열며: 여자도 군대 보내라!〉, 《페미니스트 저널 이프》, 2003년 봄호.

리처드 세넷, 유강은 옮김, 《불평등 사회의 인간존중》, 문예출판사, 2004.

리처드 세넷, 유병선 옮김, 《뉴캐피털리즘》, 위즈덤하우스, 2009.

리처드 윌킨슨·케이트 피킷, 전재웅 옮김, 《평등이 답이다 - 왜 평등한 사회는 늘 바람직한가》, 이후, 2012.

마리아나 마추카토, 안진환 옮김, 《가치의 모든 것》, 민음사, 2020.

마이클 샌델, 함규진 옮김, 《공정하다는 착각: 능력주의는 모두에게 같은 기회를 제공하는가》, 와이즈베리, 2020.

마이클 샌델, 이창신 옮김, 《정의란 무엇인가》, 김영사, 2010.

마이클 영, 유강은 옮김, 《능력주의: 2034년, 평등하고 공정하고 정의로운 엘리트 계급의 세습 이야기》, 이매진, 2020.

마이클 앨버트, 김익희 옮김, 《파레콘: 자본주의 이후 인류의 삶》, 북로드, 2003.

매슈 아널드, 윤지관 역, 《교양과 무질서》, 한길사, 2006.

미야지마 히로시, 노영구 옮김, 《양반》, 너머북스, 2014.

미셸 푸코, 이희원 옮김. 《자기의 테크놀로지》, 동문선, 2002.

민주노총 정책실, 〈산별노조 시대, 고용·임금·복지의 연대전략〉, 2007.

민현구, 〈과거제는 한국사에 어떤 유산을 남겼나〉, 《한국사 시민강좌》 46, 2010.

박권일 외, 〈공백을 들여다보는 어떤 방식: 넷우익이라는 '보편증상'〉, 《지금,

여기의 극우주의》, 자음과 모음, 2014.

박권일, 〈부자에게 유리한 한국형 평등주의〉, 《시사IN》, 2008.10.07.

박권일, 〈한국 능력주의의 형성과 그 비판: 《고시계》 텍스트 분석을 중심으로〉, 성균관대학교 비교문화협동과정 석사학위 논문, 2018.

박권일, 〈회원제 민주주의〉, 《한겨레》, 2020.06.25.

박남기, 〈실력주의사회에 대한 신화 해체〉, 《교육학연구》 54권 3호, 2016.

박노자, 《우승열패의 신화》, 한겨레신문사, 2005.

박노자, 〈한국적 근대 만들기 II : 인종주의의 또 하나의 얼굴: 일제시대의 범아시아주의〉, 《인물과 사상》 46호, 2002.

박도순, 〈대학수학능력시험의 구조와 의미〉, 《교육평가연구》 4권 2호, 1991.

박상윤, 〈구한말에 있어서의 다원주의의 수용〉, 1982.

박상혁, 〈롤스의 평등주의적 자유주의와 경제적 응분〉, 《철학연구》 78, 2007.

박성진, 《사회진화론과 식민지 사회사상》, 2003.

박숙자, 《속물 교양의 탄생: 명작이라는 식민의 유령》, 푸른역사, 2012.

박연 외, 《우파의 불만》, 글항아리, 2012.

박영은, 《사회학 고전연구》, 백의, 1995.

박원준·박진우, 〈언론사 기자채용 방식의 문제점에 관한 연구〉, 《동서언론》 10, 2006.

박의래, 〈직고용되는 인국공 보안검색요원, 신분은 '무기계약직'〉《연합뉴스》, 2020.07.04.

박정양, 《박정양전집》 4, 아세아문화사, 1984.

박주병, 〈능력주의와 과거제의 전통에 대한 교육학적 고찰〉, 《중등교육연구》 65(2), 2017.

박준식, 〈1987년 이후의 작업장 정치와 노동의 시민권〉, 《경제와 사회》 36호, 1997.

박준표, 《현대청년수양독본》, 영창서관, 1923.

박태주·오건호, 〈비정규직, 현대판 신분제인가〉, 《창작과비평》 통권 140호, 2008.

박효진, 〈무안읍 복용마을 사시합격에 동네잔치〉, 《무안신문》, 2008.01.12.

박희원, 〈민주당, "조국 딸 특혜 아닌 보편적 기회"〉, 《노컷뉴스》, 2019.08.21.

발터 샤이델, 조미현 옮김, 《불평등의 역사》, 에코리브르, 2017.

배규숙, 〈대한제국기 관립의학교에 관한 연구〉, 이화여자대학교 대학원 석사학위논문, 1991.

백정미·주은선·김은지, 〈복지인식구조의 국가간 비교: 사민주의, 보수주의, 자유주의의 복지국가와 한국〉,《한국사회복지》37호, 2008.

보성중고등학교,《보성80년사》, 1986.

사과집,《공채형 인간》, 라이스메이커, 2019.

새로운사회를여는연구원,《분노의 숫자》, 동녘, 2014.

서동진,《자유의 의지 자기계발의 의지》, 돌베개, 2009.

서민선, 〈조국 딸 2주만에 이름 없은 논문, 7년간 지속된 연구였다〉,《노컷뉴스》, 2019.09.04.

소영현, 〈근대 인쇄 매체와 수양론·교양론·입신출세주의: 근대 주체 형성 과정에 대한 일고찰〉,《상허학보》18집, 2006.

소영현, 〈전쟁 경험의 역사화, 한국 사회의 속물화〉,《한국학연구》32권, 2014.

손석희, 〈휴거, 조롱의 대상으로〉, JTBC, 2016.03.15.

손준종, 〈교육논리로서 능력주의 제고〉, 한국교육학연구 10권 2호, 2004.

손해용, 〈1인당 국민소득 '3만 달러시대' 개막…'4만 달러' 가는 길은 첩첩산중〉,《중앙일보》, 2018.12.01.

송영훈, 〈"폐급 XX, 공산당"…서울교통공사 비정규직, 인권위에 진정〉,《노컷뉴스》, 2017.12.7.

송준호,《조선사회사연구》, 일조각, 1987.

송호근,《한국의 평등주의, 그 마음의 습관》, 삼성경제연구소, 2006.

스티븐 제이 굴드, 이명희 옮김,《풀하우스》, 사이언스북스, 2002.

스티븐 J. 맥나미·로버트 K. 밀러 주니어, 김현정 옮김,《능력주의는 허구다》, 사이, 2015

신광영, 〈세대, 계급과 불평등〉,《경제와 사회》, 2009.

신광영·이병훈 외,《일의 가격은 어떻게 결정되는가 I》, 한울, 2010.

신광영, 〈한국사회의 불평등과 민주주의〉, 한국사회학회 심포지움 논문집, 2016.

신지수, 〈무릎 꿇은 장애인 학생 엄마들 "우리 아이는 혐오시설이 아니다"〉,《오마이뉴스》, 2017.09.05.

신한슬, 〈대표도, 조직도 없는 '달팽이 민주주의'의 승리〉,《시사IN》, 2016.08.17.

신효령, 〈노벨경제학상 디턴 "'위대한 탈출' 한국어판, 판매 중단하라"〉,《뉴시스》, 2015.10.26.

실비아 페데리치, 황성원·김민철 옮김,《캘리번과 마녀》, 갈무리, 2011.

아담 쉐보르스키, 최형익 옮김,《자본주의와 사회민주주의》, 백산서당, 1995.

아리스토텔레스, 이창우·김재홍·강상진 옮김, 《니코마코스 윤리학》, 이제이북스, 2006.

아마르티아 센, 박순성·강신욱 옮김, 《윤리학과 경제학》, 한울, 1999.

아마르티아 센, 이규원 옮김, 《정의의 아이디어》, 지식의 날개, 2019.

아이리스 매리언 영, 김도균·조국 옮김, 《차이의 정치와 정의》, 2017.

악셀 호네트, 강병호 옮김, 《물화: 인정이론적 탐구》, 나남, 2006.

안토니오 그람시, 이상훈 옮김, 《그람시의 옥중수고 1》, 거름, 2006.

안희경, 〈하워드 가드너 미국 하버드대 교수 "한국, 경제적으로 성공했는데… '전쟁터 사회' 벗어날 때도 돼"〉, 《경향신문》, 2014.01.27.

알랭 드 보통, 정영목 옮김, 《불안》, 이레, 2005.

알렉산더 우드사이드, 민병희 옮김, 《잃어버린 근대성들: 중국, 베트남, 한국 그리고 세계사의 위험성》, 너머북스, 2012.

앤서니 B. 앳킨슨, 장경덕 옮김, 《불평등을 넘어》, 글항아리, 2015.

양정호, 〈능력과 학벌의 특성 및 관계 분석〉, 《교육정치학연구》 19집 2호, 2012.

어수영, 〈가치변화와 민주주의 공고화: 1990~2001년간의 변화 비교연구〉, 《한국정치학회보》 38집 1, 2004.

엄기호, 〈노오력, 노력의 배신자〉, 《경향신문》, 2015.09.21.

에드워드 와그너, 이훈상·손숙경 옮김, 《조선왕조사회의 성취와 귀속》, 일조각, 2007.

에릭 올린 라이트, 권화현 옮김, 《리얼 유토피아: 좋은 사회를 향한 진지한 대화》, 들녘, 2012.

엘리너 오스트롬, 윤홍근·안도경 옮김, 《공유의 비극을 넘어》, 랜덤하우스코리아, 2010.

염운옥 외, 《일본과 서구의 식민통치 비교》, 선인, 2004.

오찬호, 《우리는 차별에 찬성합니다 괴물이 된 이십대의 자화상》, 개마고원, 2013.

오창민, 〈사시, 개천서 용 나는 시스템 아니다〉, 《경향신문》, 2015.07.19.

온라인뉴스팀, 〈변호사 되는 비용, 로스쿨이 사시의 1.7배라고?〉, 《법률신문》, 2014.08.27.

원지연, 〈근대일본에서 학교제도의 보급과 학력주의의 형성〉, 《외대사학》, 12(1), 역사문화연구소, 2000.

위르겐 하버마스, 임재진 옮김, 《하버마스의 후기 자본주의 정당성 문제》, 종로서적, 1983.

윌리암 맥스웰, 〈한국의 학생: 외국인이 본 한국의 교육과 학생관〉, 《사조思潮》, 1958년 12월호.

유길준, 《서유견문》, 대양서적, 1975.

유진오, 〈편편야화〉 27회, 《동아일보》, 1974.4.1.

윤대석, 〈경성제대의 교양주의와 일본어〉, 《대동문화연구》 59, 2007.

의학논문출판윤리 가이드라인; https://www.kamje.or.kr/board/view?b_name=bo_publication&bo_id=7

이경숙, 《시험국민의 탄생》, 푸른역사, 2017.

이광린, 《한국개화사상사연구》, 일조각, 1979.

이광수, 〈민족개조론〉, 《이광수전집》 10권, 우신사, 1979.

이광수, 〈신생활론〉, 《이광수전집》 10권, 우신사, 1979.

이광호, 〈근대 한국사회의 학력주의 제도화 과정에 관한 연구(1): 학력주의의 발생적 기원과 형태를 중심으로〉, 《정신문화연구》 17권 3호, 1994.

이남희, 〈과거제도, 그 빛과 그늘〉, 《오늘의 동양사상》 18, 2008.

이매뉴얼 월러스틴, 나종일·백영경 역, 《역사적 자본주의/자본주의 문명》, 창비, 1993.

이민영·김영두, 〈임금체계 변화와 노동조합의 대응방향〉, 강신준 외, 《노동조합과 임금체계》, 한국노동사회연구소, 1998.

이반 일리치, 노승영 옮김, 《그림자 노동》, 사월의 책, 2015.

이병훈·김유선, 〈노동생활 질의 양극화에 관한 연구〉, 《경제와 사회》 60호, 2003.

이상언, 〈소년, 영감이 되다〉, 《중앙일보》, 2016.07.20.

이상욱, 〈베트남과 한국의 전근대 과거제 비교연구 시론〉, 《연민학지》 14집, 2010.

이상학, 〈지대추구경합의 실제 사례: 과거제, 수학능력시험 및 고시제를 중심으로〉, 《한국공공선택학연구》 4권 1호, 2016.

이성균, 〈한국사회 복지의식의 특성과 결정요인: 국가의 복지책임 지지도를 중심으로〉, 《한국사회학》, 36집 2호, 2002.

이승현 외, 〈혐오표현 리포트〉, 국가인권위원회, 2019.

이시균·윤진호, 〈비정규직은 정규직으로 전환할 수 있는가?〉, 《경제발전연구》 13권 2호, 2007.

이양수, 〈기회균등과 실력주의 사회〉, 《시민인문학》 28호, 2015.

이양호·권혁용·지은주, 〈한국의 민주주의: 제도와 가치체계의 부조응〉, 《한국

과 국제정치》 29권 2호, 2013.

이원호, 《개화기 교육정책사》, 문음사, 1987.

이재율, 〈공적주의 분배적 정의론〉, 《한국사회과학연구》 9권, 1990.

이재훈, 〈하나고 학부모들, 공익제보 교사에게 "학교 떠나라"〉, 《한겨레》, 2015.09.09.

이재훈·박권일·김경근·이창근, 〈청년조합원에 대한 이해와 노동조합의 과제〉, 사회공공연구원 연구보고서, 2019.

이정규, 《한국사회의 학력·학벌주의: 근원과 발달》, 집문당, 2003.

이정규·홍영란, 〈한국사회에서의 학력의 사회적 가치변화 연구〉, 한국교육개발원 연구보고서, 2002.

이졸데 카림, 이승희 옮김, 《나와 타자들》, 민음사, 2019.

이종구·김홍유 〈한국 공채문화의 사적 전개과정과 시대별 특성 비교분석에 관한 탐색적 연구〉, 《경영사학》 25권 2호, 2010.

이지영·고영선, 〈대학서열과 생애임금격차〉, 한국노동연구원 워킹페이퍼 2019년 1호.

이지은, 〈거대 양당, 비례대표 선거의 흑역사를 새로 쓰다〉, 《한겨레》, 2020.03.22.

이진구·이효중·박상훈, 〈한국 인력채용 방식의 특성분석 연구: 공개채용제도를 중심으로〉, 한국산업인력공단 위탁 보고서, 2016.

이철승, 《쌀 재난 국가》, 문학과지성사, 2021.

이충우·최종고, 《다시 보는 경성제국대학》, 푸른사상, 2013.

이태준, 〈사상의 월야〉, 《매일신보》, 1941.3.4.~1942.7.5.

이한, 《정의란 무엇인가는 틀렸다》, 미지북스, 2012.

임지선·허남설, 〈비례대표용 위성정당은 준연동형 빈틈 파고든 '꼼수'〉, 《경향신문》, 2020.02.09.

자크 랑시에르, 양창렬 옮김, 《무지한 스승》, 궁리, 2008.

자크 랑시에르, 양창렬 옮김, 《정치적인 것의 가장자리에서》, 길, 2013.

자크 랑시에르, 진태원 옮김, 《불화》, 길, 2015.

작자 미상, 〈흙수저는 노력을 어떻게 해야 할지 모르는 경우가 많음〉, 《디씨인사이드》, '흙수저 갤러리', 2018.03.19.; https://gall.dcinside.com/board/view/?id=sc&no=213023

장덕진, 〈데이터로 본 한국인의 가치관 변동〉, 《한국인의 의식 변화》, 박태준미래전략연구소, 2016.

장신, 〈일제하 조선인 고등관료의 형성과 정체성: 고등문관시험 행정과 합격자를 중심으로〉, 《역사와 현실》 63, 2007.

장은교, 〈교육부 고위간부 "민중은 개·돼지…신분제 공고화해야"〉, 《경향신문》, 2016.07.08.

장은주, 〈메리토크라시와 존엄의 정치: 시민적 주체의 형성 문제와 관련하여〉, 《사회와 철학》 32호, 2016.

장인성, 〈소득격차의 확대와 재분배 정책의 효과〉, 국회예산정책처, 2009.

장홍근 외, 〈1987년 이후 30년: 새로운 노동체제의 탐색〉, 한국노동연구원, 2017.

전병무, 〈사법 관료의 식민지적 기원〉, 《내일을 여는 역사》 36, 2009.

전복희, 《사회진화론과 국가사상》, 한울, 1996.

전상진, 《세대게임》, 문학과 지성사, 2018.

전성표, 〈배분적 정의, 과정적 정의 및 인간관계적 정의의 관점에서 본 한국인들의 공평성 인식과 평등의식〉, 《한국사회학》 40집 6호, 2006.

전혜원, 〈노조여 세상을 바꾸려면 호봉제부터 바꿔라〉, 《시사IN》, 2021.01.25.

정성조, 〈인천공항 정규직노조 "보안요원 직고용은 불공정"…靑인근 집회〉, 《연합뉴스》, 2020.06.25.

정순우, 〈한국사회 교육열에 관한 역사.문화적 접근〉, 《교육사회학연구》 9권 1호, 1999.

정승국, 〈독일 금속산업 ERA 임금체계의 도입 과정과 구조〉, 윤진호·이병훈 외, 《일의 가격은 어떻게 결정되는가 2》, 한울, 2012.

정승국, 〈숙련과 임금체계 독일 자동차산업을 중심으로〉, 《산업관계연구》 9, 2010.

정유진, 〈공정함에 집착하는 불공정 사회〉, 《경향신문》, 2017.11.28.

정이환, 〈기업 내부 노동시장을 넘어? 일본에서의 기업 내 연공임금 극복 시도〉, 《한국사회학》 86(4), 2010.

정이환, 〈임금 분배의 공정성에 대한 노동자 의식과 결정요인〉, 《산업노동연구》 15권 1호, 2009.

정이환, 《한국 고용체제론》, 후마니타스, 2013.

정이환, 《현대 노동시장의 정치사회학》, 후마니타스, 2006.

정인관·최성수·황선재·최율, 〈한국의 세대 간 사회이동과 교육 불평등: 2000년대 이후 경험적 연구에 대한 종합적 검토〉, 《경제와 사회》 127호, 2020.

정철희, 〈문화변동과 사회민주화 : 탈물질주의 가치와 공중-주도 정치〉, 《한국

사회학》31, 1997.

정한울, 〈조국 이슈로 본 한국인의 공정성 인식 격차〉, 한국사회의 세대문제: 불평등과 갈등 세미나, 2019.10.25.

정해식·김미곤·여유진·김성근·류연규·우선희·김근혜, 《사회통합 실태 진단 및 대응 방안 연구(V)》, 한국보건사회연구원, 2018.

제이콥 해커·폴 피어슨, 조자현 옮김, 《부자들은 왜 우리를 힘들게 하는가: 승자독식의 정치학》, 21세기북스, 2012.

조던 엘렌버그, 김명남 옮김, 《틀리지 않는 법: 수학적 사고의 힘》, 열린책들, 2016.

조앤 로빈슨 외, 주종환 옮김, 《현대경제학비판》, 일조각, 1979.

조윤영, 〈조국 딸의 외고 동창, "스펙 품앗이 있었다"〉, 《한겨레》, 2020.05.07.

주예지 용접공 비하 발언 논란 영상 원본; https://www.youtube.com/watch?v=SYYMHaTyVvY

지그문트 바우만, 이일수 옮김, 《액체근대》, 도서출판 강, 2009.

지주형, 《한국 신자유주의의 기원과 형성》, 책세상, 2011.

존 롤스, 황경식 옮김, 《정의론》, 이학사, 2003.

채만식, 〈레디메이드 인생〉, 《채만식 중·단편 대표 소설 선집》, 다빈치, 2000.

천도정·황인태, 《법조인 선발제도별 법조계 진입유인 실증분석》, 경성e북스, 2014.

천정환, 《근대의 책 읽기》, 푸른역사, 2003.

최균·류진석, 〈복지의식의 경향과 특징: 이중성〉, 《사회복지연구》 16호, 2000.

최돈민, 〈학력주의에서 능력주의로의 전환을 위한 방안 탐색〉, 《교육종합연구》 7권 3호, 2009.

최장집, 《민주화 이후의 민주주의: 한국 민주주의의 보수적 기원과 위기》, 후마니타스, 2005.

최재봉, 〈신춘문예 100년과 《한겨레》〉, 《한겨레》, 2015.01.01.

프란츠 파농, 노서경 옮김, 《검은 피부, 하얀 가면》, 문학동네, 2014.

프리드리히 니체, 김정현 옮김, 〈도덕의 계보: 제1논문〉, 《선악의 저편·도덕의 계보》, 책세상, 2002.

플라톤, 박종현 역주, 《(플라톤의)국가(政體)》, 서광사, 1997.

피에르 부르디외, 로익 바캉, 이상길 옮김, 《성찰적 사회학으로의 초대》, 그린비, 2015.

칼 마르크스, 김수행 옮김, 《자본론》 1권 상, 비봉출판사, 2001.

칼 맑스·프리드리히 엥겔스, 최인호 외 옮김, 〈정치경제학의 비판을 위하여 서
문〉,《칼 맑스 프리드리히 엥겔스 저작선집》2, 1992.

크리스토퍼 헤이즈, 한진영 옮김,《똑똑함의 숭배: 엘리트주의는 어떻게 사회를
실패로 이끄는가》, 갈라파고스, 2017.

토마 피케티, 장경덕 옮김,《21세기 자본》, 글항아리, 2014.

토마 피케티, 안준범 옮김,《자본과 이데올로기》, 문학동네, 2020.

통계청, 〈가계금융복지조사〉, 국가통계포털(http://kosis.kr), 2019.04.11.

한국리서치 여론조사본부 정기조사팀, 〈한국사회 공정성 인식 조사 보고서〉,
《여론 속의 여론》3호, 한국리서치, 2018.02.02.

한숭희, 〈능력주의의 함정〉,《매일경제》, 2008.12.23.

한영우,《과거, 출세의 사다리》, 지식산업사, 2013.

한태희, 〈국민 10명중 8명 "한국사회 차별 심각⋯경제적 불평등이 주요인"〉,
《뉴스핌》, 2020.06.23.

황병주 외,《1970, 박정희 모더니즘》, 천년의 상상, 201.5

황수경, 〈내부자 노동시장과 외부자 노동시장의 구조분석을 위한 탐색적 연
구〉,《노동정책연구》3권 3호, 2003.

황지태·이천현·임정호·신동준, 〈법조비리의 실태와 대책에 관한 연구 (II) : 전
관예우(전관비리)의 실태와 대책을 중심으로〉, 형사정책연구원 연구총서,
한국형사법무정책연구원, 2019.

G. A. 코헨, 조승래 옮김,《이 세상이 백 명이 놀러온 캠핑장이라면》, 이숲,
2013.

L. 랜덜 레이, 홍기빈 옮김,《균형재정론은 틀렸다: 화폐의 비밀과 현대화폐이
론》, 책담, 2017.

국외문헌

Adriance, Walter M., 〈Specific Productivity〉,《The Quarterly Journal of
Economics》, Vol. 29, Issue 1, 1914.

Almond, Gabriel A., Verba, Sidney,《The Civic Culture: Political Attitudes
and Democracy in Five Nations》, Little, Brown & Company, 1965.

Anderson, Perry, 〈The Antinomies of Antonio Gramsci〉,《New Left
Review》, 1976 Nov.

Aoki, Masahiko., Murdock, Kevin., Okuno-Fujiwara, Masahiro., 〈Beyond

the East Asian Miracle: Introducing the Market-Enhancing View⟩, 《The Role of Government in East Asian Economic Development: Comparative Institutional Analysis》, Oxford University Press, 1998.

Atkinson, A. B., ⟨The case for a participation income⟩, 《The Political Quarterly》, Vol. 67, Issue 1, 1996.

Beck, Ulrich, 《Risk Society: Towards A New Modernity》, Sage Publications, 1992.

Bourdieu, Pierre, ⟨The Forms of Capital⟩ In J. G. Richardson(ed.), 《Handbook of Theory and Research for the Sociology of Education》, New York: Greenwood, 1986.

Bourdieu, Pierre, 《La distinction: critique sociale du jugement》, Paris, 1979.

Chambliss, Daniel F., ⟨The Mundanity of Excellence⟩, 《Sociological Theory》 Vol. 7, No. 1, 1989.

Chang, Paul Y., ⟨Candlelight Protests in South Korea: The Legacies of Authoritarianism and Democratization⟩, 《사회과학연구논총(Ewha Journal of Social Sciences)》 Vol.34, No.1, 2018.

Cho, M., Hyun, K. S., Chung, D. C., Choi, I. Y., Kim, M. J., & Chang, Y. P., ⟨eNOS gene polymorphisms in perinatal hypoxic-ischemic encephalopathy⟩, 《The Korean Journal of Pathology》, 43(4), 2009.

Clark, John Bates, 《The Distribution of Wealth: A Theory of Wages Interest and Profits》, New York: Macmillan, 1908.

Cohen, G. A., ⟨Freedom and Money⟩, 《On the Currency of Egalitarian Justice, and Other Essays in Political Philosophy》, edited by Michael Otsuka, Princeton University Press, 2011.

Cohen, G. A., 《Rescuing Justice and Equality》, Harvard University Press, 2008.

Cohen, G. A., 《Self-Ownership, Freedom, and Equality》, Cambridge University Press, 1995.

Cohen, Joshua, ⟨Procedure and Substance in Deliberative Democracy⟩, In Joshua Cohen, Philosophy, 《Politics and Democracy》, Harvard University Press, 2009.

Coué, E.,《Self Mastery Through Conscious Autosuggestion》, New York, NY: American Library Service, 1922.

Dahl, Robert, 《Democracy and Its Critics》, Yale University Press, 1989.

Darwin, Charles, 《On the Origin of Species》, Simon & Schuster, 2013[1859].

Déclaration des droits de l'homme et du citoyen, 1789.

EIU(The Economist Intelligence Unit), 〈Democracy Index 2020〉; https://www.eiu.com/n/campaigns/democracy-index-2020/

Elman, Benjamin, 《A Cultural History of Civil Examinations in Late Imperial China》, University of California press, 2001.

Fanon, Frantz, 《Black Skin, White Masks》, New York: Grove Press, 1967[1952].

Foucault, Michel, 〈Nietzsche, Genealogy, History〉, 《In Language, Counter-Memory, Practice: Selected Essays and Interviews》, edited by D. F. Bouchard, Ithaca: Cornell University Press, 1977.

Freedom House, 〈Freedom in the World〉; https://freedomhouse.org/report/freedom-world/

Furnham, A., 〈Just world beliefs in twelve societies〉, 《Journal of Social Psychology》 Vol. 133, 1991.

Gilens, Martin, 〈Inequality and Democratic Responsiveness〉, 《Public Opinion Quarterly》 Vol. 69, No. 5, 2005.

Graeber, David, 〈On the Phenomenon of Bullshit Jobs: A Work Rant〉, 《Strike! Magazine》 August 2013; https://www.strike.coop/bullshit-jobs/

Hardin, Garret, 〈The Tragedy of the Commons〉, 《Science》 Vol. 162, Issue 3859, 13 December 1968.

Herman, Edward S., Chomsky, Noam., 《Manufacturing Consent: The Political Economy of the Mass Media》, Pantheon Books, 1988.

Hijzen, Alexander, Gould, Eric, 〈Growing Apart, Losing Trust? The Impact of Inequality on Social Capital〉, IMF Working Papers, 2016.08.22.

Hochschild, J. L., 《What's Fair? American Beliefs about Distributive Justice》, Harvard University Press, 1981.

Hwang, I. J., Willis, Charmaine N., 〈Protest by Candlelight: A Comparative Analysis of Candlelight Vigils in South Korea, 2002-2017〉, 《Journal of Civil Society》 Vol. 16, No.3, 2020.

IMF(International Monetary Fund), 〈GDP List〉; https://www.imf.org/external/datamapper/NGDPDPC@WEO/OEMDC/ADVEC/

WEOWORLD/

Inglehart, Ronald, 《The Silent Revolution: Changing Values and Political Styles among Western Publics》, Princeton, NJ: Princeton University Press, 1977.

Jackman, Robert W., Miller, Ross A., 〈Social Capital and Politics〉, 《Annual Review of Political Science》Ⅰ, 1998.

Jacotot, Jean-Joseph, 《Enseignement Universel: Langue Maternelle》, 6 édition, Paris, 1841.

Jasso, Guillermina., Rossi, Peter H., 〈Distributive Justice and Earned Income〉, 《American Sociological Review》Vol. 42, No. 4, 1977.

Kekic, Laza, 〈The Economist Intelligence Unit's index of democracy〉, 《The Economist》, 2007; https://www.economist.com/media/pdf/DEMOCRACY_INDEX_2007_v3.pdf/

Knight, Frank Hyneman, 《The Ethics of Competition》, New Brunswick, 1997.

Krueger, Anne O., 〈The Political Economy of the Rent-Seeking Society〉, 《American Economic Review》64(3), 1974.

Lerner, M., Miller, D., 〈Just world research and the attribution process: Looking back and ahead〉, 《Psychological Bulletin》85, 1978.

Lincoln, J. R., 〈Work organization in Japan and the United states〉, 《Country Competetiveness: technology and organizing of work》, Oxford University Press, 1993.

Lippmann, Walter, 《Public Opinion》, Harcourt Brace & Co., 1922.

Matsuzawa, Hiroaki, 《Varieties of Bunmei Ron(Theories of Civilization)》, in Conroy, Hilary, Davis, Sandra T.W., Patterson, Wayne(eds), 《Japan in Transition: Thought and Action in the Meiji Era, 1868~1912》, London and Toronto: Associated University Presses, 1984.

Medina, Jennifer, Benner, Katie and Taylor, Kate, 〈Actresses, Business Leaders and Other Wealthy Parents Charged in U.S. College Entry Fraud〉, 《The New York Times》, 2019.03.12.

OECD, 〈In It Together: Why Less Inequality Benefits All〉, May 21, 2015; https://www.oecd.org/social/in-it-together-why-less-inequality-benefits-all-9789264235120-en.htm/

OECD, 〈Society at a Glance〉, OECD Social Indicators, 2019; https://www.

oecd.org/social/society-at-a-glance-19991290.htm/

Oxfam, SEI, 〈The Carbon Inequality Era: An assessment of the global distribution of consumption emissions among individuals from 1990 to 2015 and beyond〉, September 2020.

Ozaki, Robert S., 《Human Capitalism: The Japanese Enterprise System As World Model》, Penguin, 1991.

Rawls, John, 《Justice as Fairness: A Restatement》, Belknap Press, 2001.

RSF(Reporters without Borders), 〈World Press Freedom Index〉; https://rsf. org/en/ranking/

Sen, Amartya, 〈Just Deserts〉, 《The New York Review of Books》 March 4 1982.

Sørensen, Aage B., 〈Toward a Sounder Basis for Class Analysis〉, 《American Journal of Sociology》 Vol. 105. No.6, 2000.

Shatel, Tom, 〈The Unknown Barry Switzer: Poverty, Tragedy Build Oklahoma Coach into a Winner〉, 《Chicago Tribune》 1986.12.14.

Solow, Robert M., 〈Technical Change and the Aggregate Production Function〉, 《The Review of Economics and Statistics》 Vol. 39 No. 3, 1957.

Stigler, George J., 《Production and Distribution Theories: The Formative Period》, Macmillan, 1941.

Stocking, George W., Jr., 《Victorian Anthropology》, The Free Press, 1987.

Sztompka, Piotr, 〈Trust, Distrust, and Two Paradoxes of Democracy〉, 《European Journal of Social Theory》 Vol. 1, Issue 1, 1998.

The Economist, 〈Glass-ceiling index〉, 《The Economist》, 2018; https:// www.economist.com/graphic-detail/2019/03/08/the-glass-ceiling-index/

Tilly, Charles, 《Durable Inequality》, University of California Press, 1999.

Tobin, James, 〈On Limiting the Domain of Inequality〉, 《Journal of Law and Economics》 Vol. 13, 1970.

Transparency International, 〈Corruption Perceptions Index(CPI)〉; https:// www.transparency.org/en/cpi/2020/index/nzl/

Tullock, Gordon, 〈The Welfare Costs of Tariffs, Monopolies, and Theft〉, 《Western Economic Journal》 Vol. 5, 1967.

Turner, Adair, 〈What do banks do? Why do credit booms and busts occur and what can public policy do about it?〉,《The Future of Finance: The LSE Report》, London School of Economics and Political Science, 2010.

Veblen, Thorstein, 〈Professor Clark's Economics〉,《The Quarterly Journal of Economics》Vol. 22, Issue 2, 1908.

Veblen, Thorstein,《The Engineers and the Price System》, New Brunswick: Transactions Books, 1983[1921].

Walter, Henrik, et al., 〈The suggestible brain: posthypnotic effects on value-based decision-making〉,《Social Cognitive and Affect Neuroscience》, 9(9), 2014.

Weber, Max,《Economy and Society: An Outline of Interpretive Sociology》, translated and edited by Guenther Roth and Claus Wittich, University of California Press, 1978[1922].

Wehler, Hans–Ulrich, 〈Sozialdarwinismus im expandierenden Industriestaat〉 in Geiss, Immanuel & Wendt, Jürge Bernd(eds.),《Deutschland in der Weltpolitik des 19. und 20. Jahrhunderts》, Bertelsmann Universitatsverlag, 1973.

Welzel, Christian., Klingemann, Hans-Dieter., 〈Evidencing and Explaining Democratic Congruence: The Perspective of 'Substantive' Democracy〉,《World Values Research》Vol. 1, No. 3, 2008.

Woolf, Nicky, 〈Portland to vote on taxing companies if CEO earns 100 times more than staff〉,《The Guardian》, 2016.12.06.

World Bank, 〈Control of Corruption Index(CCI)〉; https://databank.worldbank.org/databases/control-of-corruption/

World Values Survey(data); https://www.worldvaluessurvey.org/WVSContents.jsp/

加藤弘之,《強者の権利の競争》, 哲学書院, 1893

天野郁夫,《試験の社会史 近代日本の試験・教育・社会》, 東京大学出版会, 1983

福澤諭吉,《学問のすゝめ》, 福澤諭吉, 1872

高田里惠子,《文学部をめぐる病い: 教養主義・ナチス・旧制高校》, 筑摩書房, 2006

한국의 능력주의

초판 1쇄 발행 | 2021년 9월 13일
초판 11쇄 발행 | 2024년 9월 5일

지은이 | 박권일

펴낸이 | 한성근
펴낸곳 | 이데아
출판등록 | 2014년 10월 15일 제2015-000133호
주소 | 서울 마포구 월드컵로28길 6, 3층 (성산동)
전자우편 | idea_book@naver.com
페이스북 | facebook.com/idea.libri
전화번호 | 070-4208-7212
팩스 | 050-5320-7212

ISBN 979-11-89143-25-1 (03330)

KB089573